西方社会建设研究译丛

丛书主编：周晓虹　王小章

Divisions of Welfare

A Critical Introduction to Comparative Social Policy

福利分化

比较社会政策批判导论

[英] 诺尔曼·金斯伯格　著　姚俊　张丽　译

ZHEJIANG UNIVERSITY PRESS

浙江大学出版社

总　　序

自党的十六大以来，我国逐步形成确立了经济建设、政治建设、文化建设、社会建设四位一体的建设中国特色社会主义的总体布局。在党的十七大报告中，更明确提出了以改善民生为重点的社会建设六大任务。社会建设的根本目标是实现社会和谐，社会和谐是中国特色社会主义的一个本质性属性。因此，作为建设有中国特色社会主义的一个重要方面，作为中国现代化进程中的一项伟大实践，我们的社会建设无疑必须坚持马克思主义、邓小平理论、"三个代表"思想和科学发展观的指导，但与此同时，同样无疑地，也应该借鉴吸取国外，尤其是发达国家社会建设方面的理论成就与实践经验。这是因为：第一，国外，尤其是发达国家，在其现代化的进程中，不仅积累了丰厚的物质文明基础，其社会在经历了多次的激烈振荡和翻天覆地的变化后也基本上趋于平稳；与此相应，在西方社会科学的发展中，围绕着社会团结、社会正义、社会公平、社会和谐等公众议题也建构起了丰富多彩、视角多元的各种与社会建设密切相关的理论和研究成果，这些知识成果作为精神文明的积累和象征是全人类的共同财富之一。第二，我们的社会建设无疑要立足于中国社会现实，要坚持中国特色，如今，我们已置身于一个全球化的时代，在这个时代，无论是社会建设所要应对的问题和风险，还是社会建设所可资利用的资源，乃至社会建设的成果，在一定程度上都具有全球互通性，就此而言，在今天，西方发达国家的那些与社会建设密切相关的理论与经验成果，特别是在当代新的语境中所产生的那些成果，对我们的社会建设实践而言，比以往具有更加直接的可借鉴性。正是基于此种认识，我们决定翻译出版这套译丛。

在选择译丛的书目时，我们有以下几点考虑：

首先，主要选取近期的研究成果，特别是 20 世纪 80 年代以来的研究成果；

其次，注重那些与当前我们社会建设实践的具体任务密切相关的研究成果；

再次，注重那些关注社会自我建设、自我发展能力的培育与生长的成果。

愿此译丛能有益于我国社会建设的实践与研究。

是为序。

周晓虹　王小章

2009 年 6 月 30 日

绪言和致谢

　　这是一部酝酿了很久并建立在我在这个领域十多年教学基础之上的作品。促使我写这本书的初始动机要追溯到1980年我在华威大学给研究生上的比较社会行政这门新课。后来，我很幸运到了南岸大学，并能够继续给研究生上这门题为比较社会政策的课，同时在华威大学很多同事继续教授类似的课程。我非常感谢那段时间出于兴趣选修这门课的学生，我从他们那里也获得了很多有益的启发。同时，我也要感谢这两所大学的同事们，以及校外评审专家们，他们给这门课程提出了很多建设性的批评和建议。这本书的主体内容是在三个公休假期中完成的，即1982年在华威大学的两个假期以及1990年在南岸大学的一个假期。我非常感谢这两所学校给予我这样的假期以便我完成这部作品。

　　我还要感谢托马斯考勒姆早教中心的简·威廉姆斯和彼特·莫斯提供的关于托儿所日托班的大量信息和资源。特别要感谢朱蒂·奥尔索、艾维塔·布莱、米克·卡朋特、鲍勃·邓肯、米里亚姆·戴维、派特·莱德利、菲尔·李、苏珊·朗斯代尔、劳伦斯·马洛、纳什·沙、大卫·泰勒、希瑟·韦克菲尔德和菲奥纳·威廉姆斯。他们在我准备写作本书的过程中提出了意见和支持。最后要感谢本书的出版人克伦·菲利普和三位匿名审稿人，他们提出了富有创意的和有建设性的意见和批评。

　　本书的主要章节都是针对某一个国家的个案研究，这些是在1990年夏天写的。后来，瑞典申请加入了欧共体，联邦德国吸纳了民主德国的五个州。我也根据这些变化作了相应的更新。但不可避

2　　免的问题是不同国家的社会政策分析通常因为一些逻辑困难而建立在若干年数据欠缺的基础之上。除了我本人的局限之外，历史也不是一成不变的，而且比较政策分析仍然处于刚刚起步的阶段。

诺尔曼·金斯伯格
于布尔克利

目　录

第一章　分析与比较福利国家

本书主要就四个福利国家对现代社会政策提出批判性的评价。各章节对每一个福利国家的研究都侧重于有关社会政策的实际数据，这些数据大多是官方统计数据，但在研究方法上决不仅仅是对数据的简单呈现。在数据选择与呈现上，为了尽可能地展现西方社会特别是与阶层、种族和性别分化有关的社会政策的起源、目标和结果方面的批判性议题，我们尽量摒除明显的偏见。毋庸赘言，提出一些批判性问题是很容易的，但是在现有数据基础上回答这些问题是相当困难的。读者对可能存在的过度解释甚至捏造数据的相关例子一直持有戒备心理。在这一章，为了对本书其他部分所用的方法作出解释，我们将检视政策研究中提到的有关方法论的、概念性的以及理论性的议题。

社会政策和福利国家基本是同义词。它们通常被用来描述政府在个人和家庭的收入、医疗保健、住房、教育培训以及个人照顾服务方面的举措。政府举措不但包括物质和服务上的直接供给，还涵盖了包括减税在内的各种有关个人福利的规定和津贴。后者包括雇主提供的职业福利，以及由营利性机构、慈善机构、工会、社区、宗教和其他自愿组织提供的福利，也包括由家庭成员、朋友和邻居非正式提供的福利。很明显，社会政策的边界已经延伸到了传统意义上经济政策（比如就业、工业、货币和财政政策）和社会政策（比如移民、法律效力、工业关系和刑罚政策）所关注的问题上。政策的概念至少在两个方面得到了有力拓展。首先，它必须覆盖非政府组织和地方政府这样的代理机构的行为，它们以政府和立法者自居并声称为社会政策负责。专业的地方行政政府经常在定义政策是什么的时候混淆视听。其次，社会政策概念还应当包括政府及其代理机构在相关社会问题上没有作为的领域。因此，当政府的不作为或不决策作为一种应对反对者压力的持久性行动时，它就变成了一种政策。（Heidenheimer et al.，1990：5）这种现象在家庭政策等领域特别明显，比如政府支持家庭的隐私性，但同时它又不可避免地在很多方面介入到家庭生活中。

无论从什么价值角度来实施社会政策，也不管其边界是如何界定的，社会政策的研究都包括了对其三项基本内容的分析，即政策的缘起、构成和影响，或者如海登海默等人（1990：3）提出的"如何、为何以及效果……政府追求作为与不作为的详细过程"。从激进的和批判性视角来看，政策分析应当努力做到对三项基本内容的分析，但是，在事实上做到这一点很难。关注政策缘起的目的在于理解政策变动的过程，同时也是为了从更加激进的视角来理解如何改变政策。为了了解政策的内容，批判性地看待政策目标与功能背后的东西是十分必要的。除此之外，根据阶层、种族、性别等批评性变量来审视政策的影响和结果也是必不可少的，而不是将政策的成功实施和良性意图都看做是理所当然的。因此，我们首先来讨论社会政策的影响，紧接着简要讨论一下社会政策的起源与内容。

社会政策的影响

无论是福利国家的支持者还是反对者都主张，福利国家的目的之一就是弥补根本性的社会分化和减少社会不平等。这也是福利国家思想的本质，但最终目的的达成并不是一蹴而就的。事实上，有显著的证据表明福利国家将阶层、性别和种族分化与不平等制度化。当然如果没有福利国家，在很多领域存在的阶层、性别和种族的分化与不平等的程度将更加严重。福利国家在减少或加剧社会不平等与分化上的矛盾性是本书的核心议题。首先，我们假设在美国、德国、瑞典和英国，福利国家是在男权制和种族制结构的资本主义（Williams，1989：xiv）背景下运行起来的。当然也存在许多其他重要的社会分化，福利国家对其具有关键性作用，同时围绕着这些福利需求，社会运动被广泛动员起来。这些社会分化包括由年龄、生理、智力、性取向、宗教皈依和民族认同等造成的分化。工业社会中的这些分化与阶层、种族和性别上的分化一样普遍。阶层、种族和性别变量的选择主要是由当代福利国家的政治学以及社会科学方面的数据所决定的，他们所反映的是政治在这些分化当中往往扮演着关键性角色。因此，我们在这里假定福利的三个核心社会分化是阶层、种族和性别分化。当然，有必要简单回归一下这三个概念的内涵。

阶层与福利的阶层分化

在资本主义社会，绝大多数人的现有和未来的福利首先取决于 *3* 出卖劳动力获得工资报酬。这种依赖性在一个工人或农业工人身上体现得很明显，但在他们的家人身上表现得不那么明显。工资被用来购买满足生活福利的必需品。劳动力被雇主或投资方所购买，而工人阶级则很难有效地控制投资方。通过政党政治、工会组织以及其他多种阶级斗争形式，同时通过由管制和税收来管理资本的国家，工人阶级在工作领域能够经常性的对资本施以正式和非正式的影响。资本存在的唯一目的在于获利并且在残酷的资本主义竞争中存活下来。因此为了获得一个公平的竞争标准，由国家对资本施以法律和行政管理是必须的。现代资本也要求国家确保工人阶级的教育、健康和福利水平以适应其劳动要求。除此之外，资本还要求工人阶级必须适应其规范的有薪雇用模式。福利国家也是资本对劳动力再生产要求的结果。工人阶级为争取福利而进行的斗争和资本对劳动力再生产提出的要求一起促成了福利国家的产生。福利国家概念不仅包括由公共机构所提供的直接性福利收益和服务，也包括由职业机构、营利性机构、志愿组织、慈善组织、非正式组织以及其他形式的个人福利所提供的津贴和服务。

资本主义经济不可避免地会经历利润增长和膨胀的繁荣期与利润下降和不景气的衰退期。很显然，在资本主义经济繁荣时期，福利国家会变得更为稳固，因为资本总是在那些福利服务的领域为利润寻找新的空间。在某些情况下，这对福利国家的部分私有化形成压力。事实上，无论一国经济状况如何，资本主义制度下的福利国家从来没有完全安全和稳定过。特别是经历经济衰退和大规模失业时，同时也是工人阶级的福利需求最为紧迫的时候，投资方往往会寻求削减福利国家开支。当然在这一时期，投资方也会支持运用社会福利来减少工人阶级对资本主义的不满情绪。

这些有关投资方为利润和公平竞争而斗争以及工人阶级为更好的生活条件而斗争的马克思主义阶级分析式的假设，在福利国家的形成过程中扮演了至关重要的角色。但是人们也很快发现这一分析方法存在局限性和不足，比如当它被运用到分析工人阶级内部由于收入、技能、雇用形式、社会地位、种族、宗教、性别、地区等导致的社会学和政治意义上的分化时。

为了对福利国家的影响作出更加精确的阶级分析，通常要使用职业社会阶层这一更加中性化的韦伯式概念，并且要运用能够根据社会阶层分析方法作出解释的有关收入分化和贫困方面的数据。在英国、瑞典和德国，官方统计人员和社会学家就职业分化进行分层研究已经很多年了，但问题在于他们通常受不同研究基础的限制。在美国，没有一个被广为接受的关于职业社会地位的定义，因此，种族被广泛应用为社会分层的一个核心变量。职业社会分类使用技能、身份以及收入来源等标准。通常韦伯意义上的工人阶层等同于体力劳动者和地位较低的白领工人，而那些在经理职位和专业岗位上工作的人则被看做是中产阶级。当家庭也用这种方法进行分层时，一般会把家庭中当家人（通常是男性）的职业分层，毫无疑问这种分层方法具有明显的性别偏见。

至少在自由民主主义思想看来，当代福利国家的目标就是要缓和中产阶级与上文所定义的工人阶级之间的福利不平等。然而，福利国家在减少这种不平等的程度上存在很大差异。事实上，中产阶级处处广泛受益于福利国家，并且当他们的利益受到损害时能够很好地从政治上捍卫他们的利益。至少在战后经济发展的黄金时代，资本主义制度下的福利国家对福利的社会阶层分布的全部影响都已经趋于稳定，并且强化了阶层结构。然而，福利国家的瓦解将更加不可避免地加深社会阶层间的不平等。

"种族"与福利的种族分化

资本主义建立在殖民主义和奴隶制基础之上，并以当代帝国主义继续掠夺和统治第三世界国家的方式长期存在。移民工人和他们的后代以及奴隶的后代都因为种族化过程而在西方社会或多或少地被内部殖民。这一过程要比资本主义更为悠久，正如反犹太主义那样，我们不能完全从奴隶制、殖民主义和现代资本权力来理解和解释这一过程。然而资本的国内利益是与这些过程相一致的，特别是当他们需要从贫穷的前殖民地社会以及其他从前奴役过的人群中招募廉价的移民劳动力的时候。殖民主义和当代帝国主义所推崇的种族优越论观点也导致了工人阶层中的种族分化，当然这也降低了以下这种可能性，即工人阶层团结起来作为一种集体力量推动资本主义制度的改革与转变。

本文所提到的"种族"概念是被当做一个政治和社会学类别来 5 使用的，其含义需要在特定的历史和政治语境中理解，因此其含义也容易发生变化。种族差异不是一个持续不变的客观现象。真正的生物学差异经常声称构成了种族差异，但事实上并非如此，换句话说，"种族"在社会和政治意义上被重构着，并且西方社会为了固化和维持作为资本主义发展标志的各种形式的"种族化"，在相关意识形态上做了详尽的准备。争论的焦点在于那些决定"种族"胜出的决定因素以及这些因素持续或消亡的条件。(Gilroy, 1987: 38 – 39)

因此，在现有的福利国家中，不同的人群给出了明显的种族划分，比如在美国有非裔和西班牙裔，在英国有亚裔和加勒比裔黑人，在德国有土耳其裔和其他南欧裔。美国是世界上唯一一个在种族与福利需求及供给上充分搜集统计数据的国家，但本书中也有不少对英国和德国有用的数据。

社会民主主义的福利国家通常都声称要消除种族不平等以及社会控制中的种族因素。然而以此为目标的系列政策只是在一些反种族主义运动已经产生一定现实压力的国家得到执行，比如美国和英国。少数族裔的生活经验以及社会学研究结果表明种族主义过程深深嵌入到现代福利国家当中。这些过程不能仅仅根据立法上明显的种族主义（比如移民政策）和行政执行过程中公开的主观种族主义作出解释。也不能从上文所提到的关于资本的结构性和社会经济性要求中得到满意的解释。制度种族主义这个词可以用来识别福利国家中那些导致少数族裔获得不公正对待的政策和管理过程。制度种族主义表现为以下几种形式，如怠慢少数族裔顾客，忽略少数族裔

6　　的特别福利需要或者忽视这些需要的正当性，在大的社区内包庇明显的种族主义行为。当前社会政策对种族不平等的影响因不同的福利国家而各异，但在所有的福利国家，社会福利在消除种族不平等和制度种族主义的同时又强化了它们。

　　男权制与性别分化
　　男权制简单来说就是男性占统治地位或者说女性处于被统治地位。以下是被广泛引用的关于男权制的定义，丹尼尔顿（1987：95）是这样解释的：

6　　　　基于男性占统治地位的普遍性事实，大家都赞成构建一个一般性概念来描述这一现象。男权制的概念暗示着男性的统治地位既不是资本主义社会的结果，也不是封建主义的遗留，而是其自身的独立结构。

　　在工业社会由男权导致的性别分化是个人福利的基础特征。福利国家无论是强化男性的优势位置还是在女权运动的压力下一定程度改变这种优势位置都扮演着重要角色。通常来说资本主义社会自济贫法出台以来，围绕着家庭薪水以及家庭中劳动力的男权分化等概念的社会政策得以建立起来。在这种模式中，已婚的男性养家者获得一份家庭薪水，这份薪水必须满足其家眷的物质和其他福利需要，这里的家眷包括在家照顾孩子的全职太太和其他家庭成员。济贫法和均值检验辅助系统已经对那些过于偏离普通标准的家庭给与救助以减轻其负担。男性主导的劳工运动实现了缴费式的社会保险，通过社会保险能够为病人、老人、失业者以及寡妇提供一份替代性家庭薪水以使他们免于沦落到接受贫困救济。
　　家庭薪水模式是男权制的，因为它把财务上的女性完全推向了依附位置，这又强化了男性在家庭中绝对的个人经济权力，并且被无处不在的男权文化进一步强化。事实上，男人的收入不足以支撑家庭，对福利国家来说这也引起了工人阶层男性和女性的压力。令人啼笑皆非的是，家庭薪水的不确定性可能加深了人们的家庭薪水意识，而这对于工人阶层和中产阶层来说意味着稳定和一定的社会

尊严。(L. Gordon，1988：619)

建立在家庭薪水模式基础上的男权社会保险构成了一系列改革的基石，比如美国的新政福利改革、瑞典在20世纪30年代进行的社会民主主义福利改革、英国在20世纪40年代进行的贝弗里奇福利改革和德国在20世纪50年代进行的阿登纳福利改革。家庭薪水导致的物质匮乏以及单身母亲的贫困鼓励着工人阶层妇女寻找有薪工作，同时也将妇女推到了争取福利国家斗争的最前沿。争取生育权、安全的节育权，为母亲特别是单身母亲争取适当的权益等，与过去一样对处于世纪之交的女权主义者来说同样重要。

战后福利国家的发展是伴随着以下两个过程进行的，一是女性就业特别是在福利国家就业的大幅增长，二是单身母亲家庭的大幅增长。这在一定程度上也导致女性在经济上不再依靠作为养家人的男性，而更多的转向依靠工作、收入以及作为服务提供者的国家。在福利国家背景下，男权在一定程度上转变了形式，具体表现在越来越多的女性承担着双重负担，即她们既要在家里从事无偿的家务劳动又只能在劳动力市场上从事低报酬的工作。因此可以说福利国家的发展为男权的现代重构发挥着关键作用。

随着游离在男权家庭之外的贫困单身母亲和老年女性的增长，7在过去的几十年中"贫困的女性化"概念不断被提出来。这可能折射出这样一个过程，即与早期相比，女性的贫困问题越来越少地被掩盖在男权制家庭内部。游离在男权家庭之外的贫困单身母亲和老年女性日益增长的贫困问题反映出建立在男权制家庭模式之上的福利制度的不足。当然男权导向的性别分化不是通过意识形态以及有关女性收入的相关政策来强化的，而是通过很多因素维持的，比如，阻碍她们控制自己的财产，纵容男性暴力，福利国家在减轻女性照顾老人和小孩负担方面的不作为。女性极力抗争在社会政策上表现出的传统与现代男权主义并存的局面。

因此，在本书中，通过女性对独立收入、合理堕胎、反对滥用抗生素以及儿童日托等权益的抗争，可以清晰地看到福利国家在性别分化以及男权制上的政策冲突。由于广泛使用的官方统计数据是把家庭当做一个整体看待并且统计"养家人"概念，因此很少能见到有关福利性别分化与不平等的有效数据。诸如日托和堕胎等福利重要基础部分的数据也并非在相互比较的基础上获得。因此，来自现代女权主义运动的推力为批判政策分析提供了越来越多有用的信息资源。

社会政策的起源

分析政策的起源需要我们分析政治与社会的影响、团体的压力，这些因素推动政府制定政策。主流政策分析在福利国家如何产生以及社会政策如何形成这两方面形成了多种学院派思想。以下作一个简要介绍：

- 议会政党政治，无论左翼还是右翼，如同直流电压一样都受到利益群体和压力群体的影响（政党多元主义）
- 政府、资方、劳工组织以及医生协会等团体之间的合作协商（合作多元主义）
- 政府自身在形成国民服务以及其他公共管理结构与传统方面的制度化能力（国家能力）
- 由工会运动推动的阶级斗争以及代表工人阶级利益的左翼政党（新马克思主义或社会主义）

8　　在接下来几章的政策分析中，我们引用和指涉的是那些适用于特定国家和政策背景的社会政策的主流传统。除了新马克思主义模式，这些主流思想都倾向于将政策描述成是由"上层"管理组织及其管理者决定的。根据一些解释，诸如俾斯麦、贝弗里奇、汉森、罗斯福、肯尼迪、撒切尔等政治家是政策变革的核心发起者。

激进主义者本能地倾向于强调政策变革是来自"下层"社会压力的结果。一种常见的说法是，压力团体和利益团体的影响主要来自于更为激进的社会运动、自发性活动以及偶发的煽动性暴动。过去几十年中的女权运动、民权运动、福利权运动以及反种族主义运动对本书中讨论的政策领域产生了深远的影响。

对美国来说，关于政策变革最值得一提的分析是由皮文和克洛（1971，1977）完成的。他们认为美国穷人（尤其是 20 世纪 30 年代的失业和产业工人）的持续抗争与组织化，以及20世纪60年代的民权运动和福利权运动推动了政府在社会政策领域的重大改革。皮文和克洛被批评没有认识到福利权运动也是妇女解放运动（L. Gordon，1988：623），并且女性的堕胎权要求和"支持行为"计划构成了对政策实现起到重大影响的不可缺少的一部分。

在西欧，很多关于社会政策起源的评论忽略了这些社会运动与抗争的价值。但毫无疑问的是，始发于20世纪60年代被社会学家称为"新社会运动"的抗争对福利国家的扩大产生了首要的积极影响。（Olofsson，1988）在西欧，包括女权运动在内的新社会运动还包括静坐运动、学生运动、福利权运动以及偶尔发生的城市骚乱。从一定意义上来说，这些运动并无特别的新意，它们只是现代历史上形成社会政策的激进大众运动浪潮中最新的一波。特别是在西欧，从一些历史角度和历史时刻来看，这些运动与组织化的劳工之间的关系非常密切。然而，持续的劳工运动使得劳工运动本身疏远于穷人运动和其他激进的新社会运动。当工会察觉到福利国家与他们所主张的利益相一致时，他们就会主张和捍卫福利国家的各项内容；但在很多地方由于工人之间的政治和经济利益分化，导致福利国家的目的得不到实现。

对福利统合主义的持续争论引起了人们对一方面存在的大众抗争和运动与另一方面存在的工会和政治组织之间关系的思考。福利 ⁹ 统合主义假定公民和福利国家之间存在约定，通过这个约定公民的福利和就业需求尽量得到满足，同时作为交换资方获得对工人合理控制的自由以及和睦的劳资关系。这一协定通常是在代表公民的工会、雇主以及政府之间协商达成的。这一制度在瑞典和奥地利很快流行开了，并且被米萨（1984）、李和雷班（1988）等人强烈推荐给英国。科尔皮（1983）和斯蒂芬（1979）这样的社会主义理论家把瑞典的福利统合主义当做民主阶级斗争的结果以及一种向社会主义的逐步转变。亚当斯和威尔逊（1980）为代表的一些女性主义者将瑞典模式中的社会民主主义、类统合主义的女性主义社会政策介绍到美国。像威尔逊（1987）这样的美国黑人活动家指出，通过有效的平等权和工作权立法来纠正美国日益扩大化的种族不平等，来实现社会民主统合主义计划。

在统合主义视角看来社会政策存在诸多弱点。第一个问题是代表性的，很多时候（特别是德国魏玛共和国时期）统合主义制度建立的社会基础过于狭窄，比如仅仅建立在组织起来的男性工人阶级利益的基础之上，而其他力量较弱的工人阶级则被排出了社会协定。第二点，统合主义福利国家倾向于禁止围绕福利需求的自发行动，比如将福利国家推向前台的大众抗争活动。这就不可避免地需要抑制、控制这种社会压力并将其推向官僚机构。

部分由于自身明显的特征或是历史学家和社会科学家固有的偏见，很多激进的社会运动都被掩埋在历史当中了。本书将聚焦于来自社会"下层"压力的影响，这种影响同样非常重要，但过去一直未得到重视。另外一个核心议题是社会政策是持续不断的冲突的产物，该冲突是指来自掌握了经济和政治权力的社会"上层"的压力和来自不断提出福利要求并通过社会运动来诉求福利要求的社会"下层"的压力之间的冲突。

社会政策的内容

10   社会政策的内容包括政策的结构与功能，当然也可以说是政策的特征与目的。很明显，社会政策根据公共财政、立法和公共或私人的福利管理来进行定量分析，换句话说，如同希金斯（1986：226）说的那样，社会政策是由"供应品、供应者和支付"构成的。政府和政策分析家热衷于获取社会政策内容要素的真实数据，而这些数据往往不能抓住政策执行中福利需求的本质和影响，这个问题又必须回到我们上文所提到的有关福利影响的讨论中。然而，在有关福利内容的经验问题背后是政策功能与目标的基本内容，是它们有力地推动了政府执行或不执行社会政策。这里至少可以从三个视角来看待这个问题，接下来的几章中我们将具体讨论这三个视角。

首先，被政治学家广为采用的理想主义路径认为，每一种福利国家都是意识形态冲突并最终出现制度化的主流意识形态后的产物。每一种社会政策或者福利思想都反映了对争论政治事件的决定性解决。这一分析方法产生了关于福利国家或福利思想的类型学，比如在本书中我们就分析了不同国家社会政策思想的具体特征。通常这种类型学是建构在主流政治霸权背景下对福利开支、权力和结果的经验分析基础上的。从种族、阶层和性别的批判视角来看，社会政策的功能就是为了维持和重构阶层、性别和种族关系而对政治共识的解释与运用。有些特殊政策的效果可以通过其维持或改变既有政治共识的程度进行评价。本书中，四个福利国家的现代福利共识分别被概括为社会民主主义（瑞典）、社会市场经济（德国）、自由放任主义（美国）和自由集体主义（英国）。

其次，越来越多的社会学研究把社会政策从理论上概括为如何在工业社会谋求解决社会整合和社会秩序问题。比如在危机到来时，国家通过改革社会政策来实现社会团结，俾斯麦在 19 世纪 80 年代的改革、瑞典在 20 世纪 30 年代的社会民主主义改革、贝弗里奇报告以及约翰逊在 20 世纪 60 年代进行的"伟大社会"施政纲领都属于此类社会政策改革。甚至在日益缺乏社会团结背景的今天，福利国家一些像英国国家健康服务这样的普通内容仍然能够激起人们的民族自豪感。有种观点认为社会政策的内容代表了公民的社会权利，这实际上是国家主义方法的一种费边式的变种。除了公民的社会权利之外，社会政策的内容还包括个人及其需求以及提升社会团结的功能。以上有关福利国家的观点在资本主义社会，特别是西欧，仍受到强有力的支持，但是他们也备受新权利和新社会运动的诘难。自由主义新权利者主张公民权应当体现在强化个人对国家的经济依赖以及一种官方肯定的社会团结，削弱由市场形成的社会秩序而主张个体自愿形成的社会秩序。新社会运动者则怀疑公民权概念在实际操作中将包括移民工人、单身母亲、家庭主妇、长期失业者等在内的许多人都悄悄排除了出去。

从批判的视角来看，福利国家的社会学后果在于对社会分化、特定阶层、男权化和种族化的社会关系的维持与合法化。本质上，社会政策将劳动纪律强加给工人阶级，站在资方的立场上实现劳动力再生产，强化男权主义家庭和女性的双重负担，在种族化群体中进行内部殖民化。这样一种批判性的功能主义政策分析路径为我们提供了巨大的洞察力，这种政策分析路径在本书中广为运用，正如李和雷班（1988：125 - 128）这样的新马克思主义分析家提出来的那样，该分析路径也存在一些缺陷。实质上，这些缺陷归结起来就是强调以上负功能的持续性和必然性，他们低估了国家实施政策变革的能力以及社会运动与阶级斗争带来的社会压力在社会政策制定与执行上的作用。当被应用到一些典型模式当中时，批判功能主义带有明显的资本主义、男权主义和种族主义逻辑。对政策内容的批判性分析应当揭示出以上这些"逻辑"是由当前政治和经济环境不断改变和形塑的。这些问题在接下来有关方法议题的讨论中将作进一步展开。

　　有关社会政策内容分析的第三种模式是经济分析方法。这时候社会政策被认为是经济政策的一部分，并且社会政策能够对经济影响力的执行和经济政策的制定起到有利作用。在绝大多数西方国家政府眼里，这是对社会政策的主流看法。自20世纪30年代以来，常见的对社会政策的经济分析由两类思想流派左右，通常我们称之为新古典微观经济学和凯恩斯主义宏观经济学。凯恩斯主义在战后繁荣时期处于支配地位，而从20世纪70年代中期经济发展进入滞胀和衰退以来，新古典主义经济理论重新复苏，代表性的现代模式有货币主义和供给理论。当然古典主义经济理论仍然对社会政策制定产生着巨大影响。新古典主义基于这样的假设，即除了在一些"外部性"（自由市场竞争对自身的负面影响）介入或者"公共产品"（比如国防）是首要的特殊环境中，自由市场能够使福利最大化。因此，新古典主义的经济学家根据实际政策通过限制"外部性"和提供"公共产品"对私人企业经济效率贡献或危害的程度来对其进行分析。凯恩斯主义本质上更加倾向于福利国家。社会政策被看做是财政政策的一部分，由政府税收、支出和贷款组成的财政政策是管理国家经济以实现控制通货膨胀与失业、促进经济增长目标的核心

手段。因此，福利国家无论是实施膨胀或是缩减的目的都在于稳定经济。凯恩斯主义根据社会政策危害还是提升了宏观经济平衡来对其进行分析。降低福利开支可以给膨胀的经济需求和经济过热降温。凯恩斯主义者认为从20世纪40年代到70年代福利国家的发展体现了成功的扩张性宏观经济管理，从70年代以后对福利国家增长的限制也有助于降低通货膨胀。新古典主义者则对这些说法提出了广泛质疑。当然，两个思想流派之间的隔阂很深，特别是当他们被运用到政府实际操作上时。

　　社会政策的新马克思主义、反种族主义和女性主义分析因为其功能主义倾向以及主张人类社会关系的抽象性，倾向于避免纯粹的经济学分析路径。然而，现代马克思主义经济学在对新古典主义和凯恩斯传统的批评中提出，20 世纪 30 年代以后福利国家的膨胀是福特主义累积体制制度化的一部分。在这种体制下，工资收入的提高和福利开支的增长一方面使得工人适应日益强化的福特主义生产模式，另一方促进了大众消费的日益增长（Clarke，1988：65)，并通过大众消费吸收工业流水线上生产的不断增长的消费品。从 20 世纪 70 年代中期开始，福特主义体制的弊端日益呈现出来，比如资本不能有效地提高产量以满足不断增长的消费需求造成的成本膨胀以及技术变迁带来的成本极速上升。削减工资和社会开支只能暂时缓解这一矛盾，因此资方正努力实现一个新的后福特主义的累积体制。在这些分析中，可以看到社会政策的发展是与资本主义经济的根本性失衡以及克服失衡的种种举措紧密联系的。

　　社会政策与福利开支本质上来说是由资本主义经济的危机、衰 *13* 落和繁荣与否决定的，这构成了本书的另外一个核心议题。在西方，福利思想的根本性转变有三个核心阶段，这三个阶段刚好都分别处于 19 世纪 70 年代、20 世纪 30 年代和 20 世纪 70 年代三次全球性经济危机时期。因此社会政策的发展与解决经济危机以及由经济危机造成的社会危机的种种措施密切相关。19 世纪 70 年代的危机催生了德国俾斯麦式的社会保险、英国的新自由主义以及美国的进步主义，促成了 20 世纪头 10 年的改革时代。20 世纪 30 年代的大萧条产生了美国的新政、德国的法西斯主义福利国家、瑞典的社会民主主义福利改革以及英国稍后进行的贝弗里奇改革。始于 20 世纪 30 年代指向各种福利集体主义的福利思想转变在战后持续经济繁荣的推动下走向了一体化。福利国家的扩张走向了终结，为了与日益明确化的资本主义要求一致，福利国家在一定程度上实现了再造。与布劳克（1987）、瑟伯恩和罗博里克（1986）在研究中所透露的观点相反，资本主义制度下的福利国家不是不可改变的。虽然新保守主义方案需要一个专制的福利国家来支持福利服务和收益的私有化，但这仍然有很大变数。在西方福利国家，从 20 世纪 70 年代和 80 年代早期的衰退中可以明显地看到工业关系和社会政策的重构。

在工人阶级分裂的基础上试图通过限制工资和社会开支在一定的受益率范围内，从而限制在资方控制范围内的工人阶级的种种要求。(Clarke，1988：86)

在一些国家，由新自由主义经济和社会政策造成的工人阶级的分裂可能呈现出多种形式，但是种族和性别分化几乎在所有工业社会都是普遍存在的。关于这些分化的探讨受到了强烈的抵制，并且也没有明显的证据表明本书所讨论的国家在过去 20 年里存在显著的种族和性别分化加剧现象。然而，在美国和英国这样的国家，新自由主义对其产生了巨大的影响，由收入、社会地位和职业造成的工人阶级之间的分裂越来越公开化，一个典型的例子就是"下层社会"这个概念的广泛使用，它被用来形容那些不论从福利安全网中受益与否都生活在贫困中的人们。20 世纪 90 年代早期的经济衰退似乎又加重了这些过程。

方法论问题

上文我们已经描述了社会政策分析的三大领域，在种种分析方法里，无论是主流的还是批判性的都提到了。"主流"这一概念用在这里主要是指那些在西方学院派的社会学、政治学和经济学当中占据支配地位的自由主义和社会民主主义研究者的成果。"批判性"一词在这里是用来描述马克思主义、女性主义和反种族主义，就像威廉姆斯（1989）在其著作中详细讨论过的那样，我们必须始终意识到这三种思潮在看待社会政策的视角上存在很大的差异。在主流学派看来，马克思主义者意义上的种族、性别和阶级问题充其量是一些外围性问题。毫无疑问，主流学派之间以及主流学派和马克思主义学派之间的争论构成了社会政策分析文献的主体。一开始，女性主义和反种族主义的研究某种程度上是以主流学派中的细分形式出现的，到后来他们就逐渐脱离了主流社会政策分析范式。我们在上文提到的有关社会政策起源与内容的分析性讨论本质上都起源于主流学派和马克思之间的争论，并且我们难以搞清楚的是他们如何被充分运用到女性主义和反种族主义政策分析中的。但明确的是，我们把马克思主义放入既定框架当中也是欠妥当的。

上文所讨论的关于政策分析在理想主义、社会学和经济学模式之间的区分并不能传达这样一种信号，即他们之间也是竞争的相互排斥的研究方法。本书吸收上文提到的政策分析模式的核心观点。无须赘言的是，理想化的福利共识或福利思想是形成社会团结或社会再生产的基本要素，当然这里的福利共识或福利思想也包含一些有关经济政策和理念的看法。从理想层面上说，福利国家的政治经济必须能够控制以上三种分析模式。然而，政策分析在实践当中无论是否明确说明，都必须在政策起源与内容上作出假定，因此，本章开始讨论的有关政策起源与内容的分析被人为地并且错误地割裂开来。

行动与结构

有关政策起源讨论的焦点在"行动"上，具体的机构和人为推动形成了社会政策。这意味着政策的内容来自于行动者之间权力冲突的解决方案。不管重点是否在政党、压力集团、阶级斗争、种族社会运动或者其他行动者，这种解决方案都反映不同行动者力量的利益以及力量的平衡。直接从政治选择的过程或者通过社会民主主义政治进行的劳工阶级动员来看待政策的实际目标与实施，经济发展或者意识形态深层结构的潜在破坏性影响就被忽视了。

有关政策内容的讨论，毫无疑问地，焦点关注于功能意义上的结构，也就是说社会政策对于政治共识的维持、社会团结以及经济平衡与增长起到不可替代的作用。因此社会政策之所以产生的必要性就在于满足了人们基本的社会和经济需求，而这些需要越来越不能通过无目的的私人和志愿途径来满足。在批判性分析看来，福利国家的作用在于对资本和资本主义社会关系、男权制的经济和社会关系以及种族化的经济与社会分化的再生产。功能主义也容易遭到去历史主义、决定主义以及改良主义的批评。

在理论层面上，许多马克思主义者以及吉登斯这样的社会理论家通过以下方式来解决行动—结构难题，即主张结构与行动概念假定在起源上不一样，两者之间存有辩证依存关系。（Giddens，1979：53）然而，在具体政策分析当中，行动与结构的方法论问题为批评方法提出了关键性问题。一方面，政策的起源与福利改革必须放在劳工运动、妇女运动和反种族主义运动的大背景下来审视。另一方面，我们很难认为结构性嵌入在西方福利国家中的男权主义、资本主义和种族主义因素，在没有发生剧烈变革的情况下能够转变成与以往很不一样的政治经济模式。因此，批判性分析容易被指责为"要蛋糕，然后吃掉蛋糕"，也就是支持社会政策改革并且将福利国家当做"底层"施加压力的结果来捍卫，同时另一种观点又认为福利国家的功能从根本上来说是不可接受的。

对于与社会政策密切相关的社会主义者来说，这种困境首次出现在19世纪80年代，当时俾斯麦一方面颁布了针对产业工人的社会保险计划，同时又宣布工人政治组织为非法。各项措施的目标在于通过承认专制的资本主义国家也能够推行支持工人阶级的社会改革，来阻止马克思主义在工人运动中日益增长的影响。俾斯麦利用了社会主义者当中否定任何进步改革可能的原教旨主义者和逐步推动国家进步改革的实用主义者之间的分化。实用主义者通过俾斯麦改革力量明显得到了增强，因为他们在保险计划管理中得到了重要的行政权力，虽然事实上仅仅是工人阶级中的一小部分精英从中获益。从那时起福利改革就经常给社会主义者带来两难困境。

西方福利国家的女性主义者也因为最近几十年间的性别歧视和公平措施而面临同样的两难困境。同时，人们发现除了对于一些中产阶级女性来说，男权并没有被明显削弱。强调权力平等的女性主义，特别是在美国，远没有从根本上挑战在劳动力市场、家庭以及福利国家中的制度化性别歧视。另外，人们争论的问题在于，妇女运动在这些政策背后产生了集聚性力量，这些集聚性力量开启了摧毁男权制的可能。在美国以及西欧国家，自20世纪60年代兴起的民权运动以及"种族关系"改革运动也陷入了类似的两难困境。一方面，这些措施没有能够明显地改变公共与私人领域中的种族不平等和种族主义制度化现象，而只是使得一些少数族裔精英分子从中受益。另一方面，由于进一步改革以及现有政策得以更加有利地执行，这些措施又在打破种族不平等以及种族化进程方面取得了决定性的变化。这里，我们将简要回顾一些批判性政策分析者试图用来解决行动—结构问题的例子。

在社会政策分析的阶级分析法看来，解决行动—结构问题的努力被看做"调和"（Jones，1985：47）或"妥协"（Lee and Raban，1988：133）的马克思主义观点，该观点致力于调和阶级斗争与资本逻辑之间显而易见的矛盾。因此，高夫（1979：65）认为福利改革的进程可以通过资方所主张的福利功能与工人阶级对福利国家所施加的政治压力之间的利益一致性得到解释，但是福利改革进程各阶段的重要性随着不同的政策议题而变动。正如高夫指出的那样，因为不同福利国家各自不同的政策内容和历史时期，政策问题必须分别得到解决。皮文与克洛（1971）的研究是调和研究的典范，他们将马克思功能主义运用到美国福利制度中男权主义与种族主义式管理的研究当中。他们的研究向人们展示了福利制度在美国南部诸州是如何将穷人，特别是黑人妇女推向低收入工作岗位的。他们还记录了该制度是如何被 20 世纪 60 年代的民权与福利权利运动所颠覆的。随着这些斗争的继续，福利制度变得越来越自由化，但是在性别与种族主义结构化的劳动力市场中的低收入工作的强制性仍然根植于美国福利制度的功能当中。

女性主义社会政策分析者也试图调和行动与结构。比如，L. 戈登（1988：628－629）指出，"提高家庭收入制度能够更好地解释福利国家的社会控制功能，但总体上说福利国家增强了女性的力量"。戈登强调面对劳动力市场以及女性反抗的现实，福利国家不可能成功实现传统的男权功能。在帕斯卡（1986）对英国社会政策的分析中，她特别强调福利国家导致了女性依附地位以及对女性生活社会控制的再生产。然而，她也注意到"这些争论的困难在于将女性描述成资本主义或是男权制等外在结构受害者的危险性"（Pascall，1986：238）。因此，女性反抗运动的首要意义已经超过了社会政策议题。诸如爱马仕（1987）和伯乔斯特、斯埃姆（1987）等西欧女性主义者通过主张近几十年来的妇女运动已经在一定程度上成功地将性别关系转变成男权的新形式，来调和行动与结构。如同沙宣（1987：180）所说：

　　具有相对自由性并且具有女性从属性质的转变以及日益增长的新矛盾都被功能主义观点忽视了，不管是否具有马克思主义的标签，这些功能主义观点根据国家政策是如何维持原子化家庭或者如何使得女性呆在家中来定义女性与国家的关系……女性在给予自由的同时又陷入了新的依赖网当中。

在新男权制中，大部分女性要承担有薪工作和无薪家务的双重负担，虽然在经济上更少依赖于男性，但更多依赖于国家服务。

在美国和英国，有关社会政策的反种族主义分析很少涉及行动与结构的理论问题。在美国，关注的焦点在于 20 世纪 60 年代的第二次变革运动中有关改革的实际作用的争论。甚至绝大多数批判分析家都承认非洲裔美国人在 20 世纪 60 年代的民权运动中迈出了关键性的步伐（Pinkney，1984：177），并且认为与废除奴隶制后的第一次变革运动不同的是，第二次变革运动决不是失败的（Marable，1984b：208）。平科尼和马罗波尔这样的激进研究者在揭露持续而显著的黑人经济和福利发展的自由神话时，都运用了结构和功能视角。因此，

在一个把经济建立于制度化的种族主义以及以黑人和劳工为代价的资本积累之上的国家，种族平等的要求从一开始就不可避免地带有先天不足。种族主义与资本主义扩张是美国制度逻辑一致性的副产品。（马罗波尔，1984b：211）

马罗波尔（1983）和平科尼（1984）描述了 20 世纪 60 年代的改革是如何形成一个特权黑人精英集团，如何给大多数黑人劳工阶级带来十分有限的益处，以及如何使城市底层进一步扩大并对其进行有效控制。马罗波尔的分析被看做是"结构主义"（Hochschild，1988：172），同时他将重点放在非洲裔美国人在形成第二次变革以及发展可能产生的第三次变革中的活动与反抗。在英国，反种族主义政策分析主要关注于阐明和挑战在一些移民、住房等特殊政策领域中的种族化过程。毫无疑问，来自于黑人团体和反种族主义运动的反抗和压力对福利国家起到了积极影响。然而，种族主义继续结构性地嵌入到劳动力市场、民族文化以及福利国家当中。如威廉姆斯（1989）所示，在英国社会科学领域出现了好几种反种族主义的

思想流派，他们都试图通过比较的方法来调和行动—结构问题。如19果种族主义本质上是结构功能主义的，那么种族主义者的行为就必须放在最广泛的文化和宏观经济层面上来思考和应对（Gilroy，1987；Miles，1989）。如果种族主义本质上根植于制度过程和个人与团体的行为当中，那么它就必须根据地方政治和团体反抗情况来分析和应对（Ben-Tovim et al.，1986；Ball & Solomos，1990）。涉及行动与结构时，很清楚的是它们强调的重点各不相同，它们之间也不可能是相互排斥的。

这里提到的批判性政策分析试图调和部分由于行动—结构难题导致的方法与政治上的两难困境。在分析政策起源时强调行动与分析政策实施和影响时强调结构功能，这两者之间并没有逻辑上的不一致。男权和种族主义结构化的资本主义背景下的福利国家显然有能力针对工人、女性以及种族化的少数民族，特别是他们当中组织化和特权化程度最高的那部分群体进行重大改革。然而，这些改革只是这些团体持续的社会和政治压力的结果。诸如我们上面提到的改革在相当长的时间里正向重构与改变了阶级、种族和性别关系，但是这些改变并不是不可逆转的，或者说他们并不是必然开启了一条通向资本主义、男权制和种族主义的终结之路。相反，很清晰的是，这些进步性的福利改革都可能会被颠覆，特别是当遇到资本主义经济危机的时候，并且福利国家可能会强化阶级、种族和性别之间的分化。

比较福利国家

社会政策的比较分析是一个备受争议的话题，因为它唤起社会科学家为比较福利国家发展出严格方法和思想流派的念头。没有什么可以离真理更远。20 年前这一研究领域几乎不存在，不过从那时起相关的研究和著作不断出现。研究的关注点集中于福利制度的历史与政治起源以及比较社会需求的公共总开支。在家庭政策领域以及政策的执行和影响等问题上，我们还只是看到了一丝曙光。特别是在种族、种族不平等以及社会控制的种族化过程等问题上，批判性的跨国资料仍然比较少。一个明显的例外是斯蒂芬·卡斯尔斯和

第一章 分析与比较福利国家

他的团队所进行的有关西欧移民工人的研究。(Castles，1984；Castles & Kosack，1973）这项研究回顾了西欧的移民过程以及少数族裔在劳动力市场中的位置。研究显示政府和种族主义的大众压力不承认少数族裔的完全公民权利，研究还暗示这几乎在所有国家都是普遍的现象。数据还表明种族化群体的福利地位在不同国家，如德国、瑞典和英国之间有巨大差异。然而，到目前为止还没有将这些现代福利国家中种族化群体的跨国差异理论化的努力。

学习资本主义跨国社会政策的学生要面对各种文献。首先，来自于国际机构和数据库的有效数据在不断增长，比如本书中所使用的统计数据。最重要也是最容易获得的资源包括经济合作与发展组织（OECD）、欧洲委员会（EC）以及卢森堡收入研究所（LIS）。这些组织对各国政府统计数据进行再加工已形成可比性。学生们被要求分析数据并将其理论化，当然这些由各国政府收集的统计资料组成的数据明显带有其自身的偏见。另外，经合组织和欧洲委员会这些机构并非首要关注比较社会政策。它们在这一领域的兴趣在于检视社会政策与公共开支及劳动力市场管制之间的关系。这样的数据倾向专注于直接的公共服务与福利，因此财政的、职业的和私人福利往往被忽视，并不是说政府不收集这方面的资料。就政策结果来说许多阶级、种族和性别这样的关键变量在绝大部分经验资料中都处于最边缘的位置。

19　社会保障制度的系统比较

跨国资料分析的另一种形式倾向于为比较福利国家的起源与运行发展出定量指标和概念。因此，在社会科学家看来，这些定量指标与概念是最值得比较的。分析家运用来自上文提到的政府机构和国际机构公布的以及未公布的数据发展出有关福利国家发展和影响的比较假设。因此，考虑到社会福利和社会分化的定义，这些分析很容易受到上文所提到的关键性限制的影响。我们将简要讨论三种主流类型。威尔斯金（1975）比较了64个国家在1966年的社会保障开支占 GNP 的比重。他得出结论，经济发展水平，也就是人均 GNP，从长远来看是对社会保障结果进行预测的决定性模式。换句话说，各国不同的福利意识形态与政治体制在解释社会保障支出差异上的作用，与各国经济发展水平以及与此相关的人口结构差异相比要小得多。因此，威尔斯金采取一种结构功能主义的立场并支持以下观点，即主张不管政治意识形态上的差异性如何，工业化与经济增长导致福利国家模式趋同化。这种结构功能主义的比较在随后出现的对功能主义的社会学批判理论以及"意识形态"终结理论看来，已经变得过时了。然而，尽管经济增长水平很低，西方国家无法从根本上维持福利国家的增长在一定程度上支持了以上观点。

与结构功能主义者相比，那些强调"政治因素"的分析者试图探讨西方福利开支与政府政治构成之间的定量关系。他们认为各种政治力量，特别是政党政治对福利国家的发展起到决定性作用，因此，比较政治差异性能够在很大程度上解释福利开支的差异性。因此，阿尔伯（1983）使用定量指标对 13 个西方国家在 1949 年到 1977 年之间的社会保障开支与政府政治形势进行了比较。他发现与没有社会主义政党或者中左联盟组成的政府相比，左翼政府更倾向 *20* 于大规模提高社会开支的比率。（Alber，1983：166）这一观点通常被描述成"阶级动员"理论，即主张福利国家的发展是与左翼政党对工人阶级的动员密不可分的。卡斯尔斯（1982）将 18 个经济合作与发展组织成员国的教育、收入补贴和医疗保健等社会开支与一些政治变量进行相关的分析。20 世纪 80 年代福利国家增长受到限制的通常都是保守主义政府主导的国家，近来一些经验研究结果也支持这一结论。在这些定量分析模型中的结构功能主义和阶级动员理论很容易受到这样一种批评，即认为他们忽视了不同福利国家的社会和政治历史以及这些研究者已经认识到的种种限制。（e. g. Castles，1982：88；Wilensky et al.，1985：12）充分考虑到这种批评但仍然坚持"政治因素"分析法的艾斯平－安德森（1990）使用 7 项定量指标来衡量福利制度的可及性、涉及范围和再分配效果，使用 4 项福利体制相关的定量指标来衡量福利国家的政治经济特征。将这些指标运用到对 18 个经济合作与发展组织成员国的分析上，最后发现福利制度的特征与政治体制模式之间存在明显的密切关系。养老金、疾病以及失业福利的相关执行指标涉及诸多重要问题，包括私人与公共养老金制度的平衡、福利的普遍可及性程度以及不同社会群体之间的福利差异程度。其中一个指标是对"去商品化"的测量，也就是养老金、疾病以及失业福利使得老年人、病人和失业者在脱离了劳动力市场之后可以拥有经济存活能力。因此,"去商品化"指标对那些免于出卖劳动力的工人从社会保障制度中获益的程度进行了量化判断。(Esping-Andersen,1990:54)表1.1给出了18个经合组织成员国在1980年的"去商品化"值,同时艾斯平-安德森区分了三种类型——处于顶端的盎格鲁—撒克逊和斯堪的纳维亚国家以及处于中列的西欧大陆国家。

表1.1　福利国家在养老金、疾病福利以及
失业保险方面的"去商品化"排序,1980年

国家	去商品化值
澳大利亚	13.0
美国	13.8
新西兰	17.1
加拿大	22.0
冰岛	23.3
英国	23.4
意大利	24.1
日本	27.1
法国	27.5
德国	27.7
芬兰	29.2
瑞士	29.8
奥地利	31.1
比利时	32.4
荷兰	32.4
丹麦	38.1
挪威	38.3
瑞典	39.1
平均值	27.2

来源:艾斯平-安德森,1990:表2.2。

用于评价治理类型的指标既考虑到经济发展又考虑到政治力量,所用的指标与威尔斯金和卡斯尔斯所使用的指标非常接近。艾斯平-安德森的模型支持了结构功能主义的观点,因为经济发展是与"去商品化"呈负相关的(Esping-Andersen,1990:52),并且经济发展很少或者不能对福利制度运行的其他指标作出解释。与福利制度运行呈现明显相关的三个政治因素分别是:政府中"左翼力

量"（工人阶级动员）的水平，来自天主教保守主义的选举支持力量，各个国家历史上的专制主义程度（独裁统治、有限制的选取权）。将这些政治指标放到一起就形成了治理的三种模式，如表1.2所示，艾斯平－安德森分别称之为"自由主义""保守主义"和"社会主义"。

表1.2　根据保守主义、自由主义和社会主义治
理特征的典型程度进行的福利国家划分

典型自由主义	典型保守主义	典型社会主义
澳大利亚	奥地利	丹麦
加拿大	比利时	芬兰
日本	法国	荷兰
瑞士	德国	挪威
美国	意大利	瑞典

来源：艾斯平－安德森，1990：表3.3。

自由主义福利国家的福利制度具有以下特征：污名化的以家计 *22* 调查为基础的救助扮演着核心角色，适度的社会保险福利以及由国家提供的个人福利。自由主义政治制度的特征在于工人阶级为代表的左翼和天主教、专制主义为代表的右翼力量交替出现。比较表1.1与表1.2，美国、加拿大和澳大利亚与理想类型非常吻合。至于像英国和日本这些其他国家，去商品化程度较低似乎与自由主义政体模式不是很一致。保守主义福利国家通过家计调查和私人福利强调社会保险，但是在形式上倾向于维持固化的阶层与社会地位分化，因此通过福利制度所起到的收入再分配作用很小。这些政体在其政治史上具有天主教保守主义的传统和专制主义的倾向。比较表1.1和表1.2，意大利、法国、德国还有奥地利在某种程度上都属于这种类型。社会主义或者说社会民主主义国家实现了最广泛以及最具有阶级再分配功能的福利制度，改变这种阶级结构，但并不是要消除阶级差异。与其说是福利不如说是劳动力市场上的种种措施用于培训和支持失业者以及那些受失业困扰的人。政治体制的特征不仅在于政府内部明显的工人阶级动员措施，还在于社会民主主义政党与诸如农民这样的其他群体形成阶级联盟的能力。这种去商品化与社会主义政体之间清晰的关系在荷兰、丹麦、瑞典和挪威表现得最明

显，但这种模式较少适合芬兰以及比利时这样的国家。

有一点差点忘记说明的是，作为这种理想类型建立基础的相关性，只是代表一种趋势而非直接的关系。另一点很明确的是，艾斯平－安德森的比较模型在本书所关注的一些问题上并非都能适用。种族和性别在他的定量模型中都没有发挥作用。比如，有关性别歧视以及关于耕植于福利制度的女性依赖性假说等问题都没有被纳入运行指标，另外女性的政治动员也没有被纳入到政体类型指标当中。然而，模型强烈暗示存在福利的阶级分化，或者艾斯平－安德森将之描述为"福利国家作为一种社会分层制度"。有关福利制度运行的指标暗示着社会地位以及职业社会阶层的剧烈分化，尽管这些概念不是建立在明确的定量基础上的。工人阶级动员的相关指标明确暗示我们，马克思主义意义上的阶级直接形塑着福利政策。艾斯平－安德森模型仅仅运用于养老金、疾病和失业福利以及劳动力市场政策。它还没有被应用到医疗保健、家庭福利与服务、教育、住房等政策领域。当这一模型考虑到私人和职业福利的时候，在贡献养老金方面的减税等财政福利就不能不被考虑到。当然，绝大多数的局限是被各国政府相关数据的缺失强加上去的。虽然有不少局限，艾斯平－安德森模型在发展定量方法应用到比较社会政策的阶级分析上仍然是最成功的。本书接下来的几章中，将会对该模型产生的三种福利国家类型中的每一类各举一个例子，另外还会增加英国这一对社会主义模式和自由主义模式进行特殊综合的福利国家。

结构多样性：比较社会保障制度

与定量文献分析不同的是，社会政策的定性比较分析是由"结构多样性"方法主导的，这种方法强调每一个福利国家的差异性或者说独特性是根植于国家的社会历史环境中的。这种多样性可能是由民主政治进程、文化价值、经济力量、人口因素或者其他因素结构性生成的。过去20年间，与此相关的研究越来越多，有时候仅仅局限在单一政策领域和少数国家。许多重要文献都提出了他们自己的结构性重点，包括里姆林格（1971）、罗斯和白鸟（1986）、阿什福德（1986）、弗里德等（1987）、莫里斯（1988）、卡斯尔（1989）、海登海默（1990）、鲍尔温（1990）以及米什拉（1990）。虽然这些

文献是否能够被称为"比较"研究仍值得争论，但是有关方法和理25

论方面的比较却仍然很少或者说缺位。许多文献当中用一章的篇幅来写一个福利国家，通常每一章都强调多样性和独特型，特别是当不同章节由不同作者来写的时候表现得更为明显。总的来说，所有这些文献都是在政治科学的主流多元或者是社会民主主义视角下写成的。本书也采纳"结构多样性"的说法，卡斯尔斯（1989：12 - 13）曾经强烈主张适用这种表述方式进行表述，他主张：

> 对一些特别个案进行调查研究，并不是强调单个国家的历史具有特别的过度决定性作用……当我们面对主观、制度和历史变量时，比较解释的逻辑不会突然消失掉。从特殊的国家经验中学习总会采取特别的模式，但是人们行动与目的的模式倾向于展示特定的内在相似性，同时也倾向于展示剩下的差异性；特别是在这种模式被人们生活在受制于结构变量的社会中这一现实所形塑的时候，这种倾向更加明显。

如同在绝大多数的结构多样性方法中一样，福利国家的"结构多样性"经常留给读者根据他们自己的知识以及福利国家的经验来评价这些内在相似性和剩余差异性。特别需要强调的是，福利国家的多样性是由种族、阶级、性别分化以及资本主义经济发展的特征所结构化的。

比较医疗保健制度

绝大多数关于社会政策的跨国研究关注的重点在于社会保险以 *24* 及社会救助福利。关于医疗保健政策的跨国研究大多数是经验性的以及对基本特征的描述性研究，这类研究首先关注政策制定者，也就是那些更多专注于实际目标的人。（Wilensky et al.，1985：48）然而，在医疗保健领域的公共干预、医疗保健制度中的权力斗争以及健康状态的结果等方面的多样性是引人注意的。目前关于哪些跨国因素形成了这些多样性的分析或理论讨论相对少见。从国家医疗保健制度的政策分析中得到的比较分析的核心政治维度，一方面是政治背景（也就是福利一致性）的影响，另一方面是医学专业性的影响。事实上关于医疗保健制度起源与管制的大多数论述都聚焦于国家政府（也可能是由国家管理的健康科层制）与医学专业组织之间的冲突与和解。涉及外生与内生行动者之间的相对重要性时有着截然不同的解释。（Wilensky，1975：51－52）分析者的研究表明，医学专业性和国家政治都扮演着关键性角色，他们之间的比较影响由国家背景决定。有关日益增长的医疗保健消费者和生产者运动的比较研究还比较少，但是女性健康运动被广泛认为在医疗保健提供上发挥着世界性影响。同性恋运动也被认为在推动艾滋病的医疗保健议题成为政策议程方面起到了重要作用。虽然关于医疗保健的主流政策分析是从多元主义以及政治选择视角展开的，但是仍然有相当多的社会经济维度形成了医疗保健制度的多样性。首先，几乎所有西方福利国家在战后发展的"黄金"时期都经历了医疗保健的公共开支占 GNP 比重快速增长的阶段，随后从 20 世纪 70 年代中期开始全面收缩医疗保健相关的公共开支（表 A.20、表 A.21、表 A.22）。这部分也与另外一项"结构性"维度相关，即医学科学知识技术与日益增长的跨国药物与医学技术公司的利益合谋所产生的跨国影响。根本来说由于工业化与宏观经济的发展以及产业工人的斗争，医疗保健通常被看做是一个产业，医院则被当做其中的一个工厂。明显低估医疗保健中国家差异性的功能主义和还原主义分析已经过时。本书所研究的国家中有越来越多的证据表明，医疗保健制度正日益商品化并作为工业领域的管理和成本控制的技术。因此，在进行批判性比较时，必须将这种医疗保健政策上的结构趋同性牢记在心。

比较家庭政策

与医疗保健与社会保障相比，家庭政策是福利国家介入得更加模糊的领域。只是到了最近并且是相当不情愿地，政府才被迫考虑能否实现女性机会平等与权利平等的社会政策的影响。家庭仍然被看做民主社会的私人领域，国家只是在经济危机的时候才应该对其进行干预。纳粹和斯大林模式的家庭政策仍然使得国家干预家庭政策背上骂名。这种在家庭领域实施不干预的理念本质上是与社会政策的现代设计不相符合的，事实上几乎所有现代社会政策都对儿童抚养以及退休老人等需要依赖他人的群体的照顾作出了相关安排。本书局限于讨论家庭政策的有选择性的几个方面，即与妇女、儿童福利、堕胎、学龄前日托、产假密切相关的收入维持与劳动力市场政策。对家庭政策以及女性社会政策的影响进行的跨国研究特别容易受到以下两个因素的限制：一是各国政府统计数据的不完整，二是跨国参数的不相容（比如对日托和非全日制就业的定义）。在一些关键性领域，比如堕胎服务获得的可及性、滥用抗生素以及对日托的需求，政府往往因为政治原因而倾向于收集正面数据。家庭政策的跨国多样性（至少在以上提到的领域）是由大量现代资本主义国家的基本功能和政治关注所决定的，这些基本功能与政治关注具有悠久的历史，包括：

- 关心和帮助贫困家庭，特别是大部分单亲家庭，使其免予或是不再继续维持男权模式；
- 或多或少的直接以穷人和种族化人群为目标的肥胖控制措施；
- 提高人口出生率，即运用家政政策措施努力提高人口出生率，通常政策目标偏离穷人和种族化人群；
- 干涉主义家庭政策，即提高国家在儿童发展和儿童人力资本方面的投资；
- 调配女性在劳动力市场内部和外部的有薪和无薪劳动。

这些功能或者关注的相对重要性在不同国家和不同的历史时期 *26* 不尽相同。包括教会、慈善组织、妇女组织、医疗业和教育学家等在内的一系列社会力量共同形成了这些政策。虽然政党政治总体上来说对家庭政策的制定不产生很大的影响，但是广义上的政治环境和福利一致性不可避免地形塑着家庭政策的形式与内容。最近几年里，一些女性研究者发展了对家庭政策的比较分析，主要研究女性的有薪工作和家庭政策之间的关系以及从事有关行动与结构的方法论问题的研究。

亚当斯和温斯顿（1980）比较了瑞典、美国和中国影响女性有薪就业的一系列政策。他们得出结论，既不是经济发展水平也不是来自社会运动和政党政治的压力能够有力地解释政府的家庭政策。

28　　他们发展出了一种称之为"国家能力"的解释，主张美国和瑞典之间的关键区别在于他们的政府采取"充分就业"政策、干涉主义以及协同性方法用于家庭政策的意识形态和管理能力上的区别。鲁杰（1984）比较了英国和瑞典在女性有薪就业和日托上的政策，得出了与亚当斯和温斯顿十分相近的研究结论。正如鲁杰（1984：19）所说，"对英国和瑞典在女性政策上区别的解释是根植于国家与社会关系理论中的……这种国家与社会关系的特征根据不同的国家形态而发生变化"。鲁杰将福利国家常见的双重类型运用到家庭政策的相关领域。英国的政策被当做自由主义福利国家模式的例子来进行分析，其中在政策制定层面上，有关女性角色的传统观念仍然起很大作用，另外针对女性的劳动力市场政策是市场导向的。瑞典的政策被当做法团主义福利国家模式的例子来进行分析，其中对劳动力市场进行积极的干预以促进女性的有薪就业，另外通过立法的形式确保性别平等。鲁杰的法团主义模式与艾斯平－安德森的社会民主主义治理模式非常符合。艾斯平－安德森（1990：27）注意到，保守主义福利国家都不遗余力地致力于保存传统的家庭模式。社会保险明确将无工作的家庭主妇排除在外，同时家庭福利鼓励母性的存在。日托和相关的家庭服务明显存在着发展不足问题。美国、英国和德国的家庭政策分析提出了以下建议，保守主义和自由主义治理模式在家庭政策上的不同，与保守主义和社会民主主义治理模式在这方面的不同相比显然不是那么明显。应用源自于福利制度分析的比较类型学并不十分契合于家庭政策分析。凯默尔曼和卡恩（1978：3）在诸如英国、美国以及德国这样具有模糊家庭政策的福利国家和诸如法国和瑞典这样具有明确家庭政策的福利国家之间作了一个有益的区分。

27　　　与以上分析形成显明对比的是，诺里斯（1987）通过论据表明政党政治因素至少与家庭政策的一些方面相关。诺里斯发现在经合组织成员国内一方面是女性的经济与社会地位指标，另一方面是宏观经济、政党政治以及社会变量（比如天主教的力量），这两者之间存在相关性。她发现不管政府的政党政治状况如何，人均 GNP 都与就业妇女的比重相关。然而，社会民主主义政府都对以下两者产生了明显的正向影响，一个是男女工资的平等化，另一个是打破劳动

力市场中由性别导致的职业隔离。右翼政府严格限制堕胎的合法权 29
并且限制提供日托。然而，堕胎服务的可及性除了与天主教的力量
密切相关之外，还与人均 GNP 密切相关。与通过国家能力分析得到
的结论相比，运用大量国家作为案例以及一系列指标，在女性社会
地位比较以及比较社会政策上得出了更为复杂的结构多样性。罗
伯瑞（1988）指出了这种多样性的一些其他方面。比较了英国、
法国、意大利和美国之后，她发现无论是单身母亲的数量还是妇女
的就业比重都与用做家庭福利和服务的公共开支没有相关性。这
指出了家庭政策在其目标实现上可能存在无效率，或者至少说这
些政策通常包含相互矛盾的功能。对单身母亲问题的处理上就是
一个生动的例子。她们经常被鼓励去寻找工作以减少对福利的依
赖，但同时福利机构和政治家们又宣扬全职太太和温馨家庭的优
点。通过比较四个国家妇女在劳动力市场中的位置，罗伯瑞得出结
论，不能说哪种模式对妇女来说更好，哪种模式对妇女来说更差。
因此，

> 那些能够提供更加灵活的就业形式，能够提供更多机会兼
顾家务活和工作的社会，也仅仅能提供较低的收入和社会地
位，与之相关的通常都是这些工作，比如英国的兼职工作、意
大利的非正规部门就业。通过家庭形成阶段维持职业连续性以
及职业地位的机会，必须建立在反对同时承担家务劳动和工作
的双重负担造成的缺陷，或者只是因为建立在无报酬的女性劳
动基础上的家庭合作的有益性，这样的机会才能得以继续。对
福利国家提供福利的依靠可以为女性进入劳动力市场提供一个
更为平等的基础，但是这种福利提供是与国家强烈支持家庭意
识与母性意识分不开的，并且这也会对女性在劳动力市场中的角
色和社会角色产生自相矛盾的影响。（Rubery，1988：280－281）

明确的是，除了国家能力与直接的政治因素之外，女性和雇主的劳 *28*
动力市场策略与政府一样，是根据社会经济、人口和文化环境而不
断变化的。在这里通过对国家的分析形成的论述仅仅是对这种多样
性的很小部分作出了解释。

全书概要与构成

本书试图运用的跨国政策分析采取了批判性的结构多样性的研究方法。福利国家是在国内由政治、文化、社会和经济环境所形塑的。然而，社会政策也是由富裕的西方国家，特别是男权与种族主义结构的资本主义背景所决定的。所有福利国家都在阶级、种族和性别分化上有着自相矛盾的影响。福利国家都将福利国家的起源归结为根据阶级、种族和性别区分的社会结构决定的支持力量与反对力量之间调和的结果。社会政策的内容是由一系列维持现代资本主义的存在所必需的意识形态的、社会学的和宏观经济的要求所构成的，这些要求是在变动的经济和社会环境中历史性地形成的。特别重要的是，福利国家在国际经济危机时期（比如战争年代以及1974年以来）经历了明显的重构化过程。

本书的主要章节是对四种福利国家模式进行个案研究，这些个案包括瑞典、德国、美国和英国。研究涵盖了福利国家从战后重构以来几十年的时间，但关注的重点尽可能放在当代。美国、德国和瑞典经常被当做三种比较福利模式的典型例子，也就是艾斯平－安德森所说的"福利资本主义的三个世界"。英国作为第四个个案研究被包括了进来，一定程度上英国是一个福利国家类型的混合产物，在福利国家当中，它在多样性和独特性上更加明显。每一个个案研究都由五个标题构成：意识形态与福利开支、收入支持政策及其结果、种族与种族不平等、妇女和家庭政策、医疗保健制度。这样一种结构逐渐成为解决以下问题有效的实用方法，即在我们不放弃不同国家多样性中的共通性的情况下，如何将批判性视野运用到政策分析的经验材料中去。收入支持、家庭和医疗保健是三个受到关注的政策领域。收入支持或者社会保障政策在整个福利国家当中居于核心位置。对于批判性政策分析来说，充分考虑到收入不平等、贫困与劳动力市场过程中的阶级、种族和性别维度是必不可少的。家庭政策清晰地反映出福利国家的男权结构，比如，堕胎、单身母亲以及日托等问题已经成为当代妇女斗争运动的焦点。由于各国不同的财政与管理模式，医疗保健制度更具强烈的跨国差异性。当然，关于资源、管理和健康状况不平等等内容，还存在不少可比较性的结构冲突。如上文所述，本书所使用的数据来自于国际机构、政府统计资料以及社会科学研究资源。有效数据也存在很大的局限性，比如数据的不足，用于比较目的的定义之间自相矛盾，缺少用于阶级、种族、性别分化的批判性数据，以及其他许多由于既定的社会科学和政府规范造成的偏见。因此，读者必须保持自己的判断力。

第二章　瑞典：社会民主主义福利国家

　　大多数资本主义福利国家的忠实拥护者都将瑞典看做最接近福利国家理想模式的国家。在战后绝大部分时间里，瑞典成功地实现了稳健的经济增长，充分就业，是全世界最高生活水平的国家之一，同时实现了在西方世界最大的、最昂贵的也可能是最平等的福利国家。我们似乎可以看到瑞典正顽强地不断挑战着资本主义本身的"逻辑"。自由市场权力的辩护者认为，瑞典福利国家模式实质上是通过以牺牲个人、家庭和企业的自由为代价创造了一种新型的威权主义，这样一种制度其自身的制度刚性可能会导致其走向自我毁灭。在左派看来，许多马克思主义者和女性主义者可能会因为现代瑞典社会固化的阶层结构和男权制而指出其福利国家成就的局限性，他们主张瑞典式的福利国家只是在一定程度上削弱了由资本和男权造成的压迫和不平等。随着经济全球化的发展，欧洲联盟的出现以及瑞典经济自身在 20 世纪 80 年代陷入衰退，现有瑞典式福利国家自身的生存越来越成为问题。

　　关于瑞典现代福利国家开始于何时并没有明确的定论。瑞典的政策历史是一个渐进主义的故事，也是一个缓慢但公平且持之以恒的社会福利发展过程。正如许多分析家指出的那样，瑞典是个自工业革命以来就没有被卷入帝国主义殖民扩张或战争中的国家，这反映了民族和宗教单一制社会中特有的妥协与合作的政治传统。瑞典在意识形态上明确转向福利国家发生在 20 世纪 30 年代，当时的社会民主党（SAP）在最大程度上放弃了马克思主义和新古典的或者说通货紧缩的经济政策而转向凯恩斯主义经济政策。一开始，在包括公共建设工程和食品价格补贴在内的反经济周期经济政策的基础上，从 1932 年开始，社会民主党就在瑞典联合政府中占据主导地位，除了中左联盟在 1976 年到 1982 年之间的短期执政。整个 20 世纪 30 年代后来被考罗拜（1978，1983）描述成劳资双方具有历史意义的妥协。一方面，私人资本一方被允诺保证其经济，特别是保证它不会受到来自国有化的威胁；另一方面，在经济范畴之外，社会民主党以全民的名义而非劳工的名义在国家政策上取得了决定性的影响力。虽然主要建立在普遍主义和进步主义的阶级再分配基础上，但事实上从 20 世纪 40 年代到 50 年代瑞典的福利国家只是在缓慢地增长。从 20 世纪 60 年代到 70 年代，在更加中立化的再分配基础上，福利收益和服务快速增长，同时也团结中产阶级为福利国家做贡献。越来越多的妇女实现就业所产生的压力也是政策形成的重要推动力。从 20 世纪 60 年代晚期开始，滞胀、失业与工会运动日趋暴力化等问题聚集在一起，迫使政府直到 20 世纪 80 年代早期为止一直采取强烈的凯恩斯主义来保护福利国家，并将失业率保持在相对较低的水平上。瑞典在应对福利国家财务危机和 20 世纪 70 年代的经济衰退上与大多数资本主义福利国家相比，存在很大的不同。因为 20 世纪 80 年代早期的经济衰退，政府逐渐转向实施更为严格的反通货膨胀的工资政策和收缩性的公共开支政策，与此同时福利国家的增长也转向停止。

意识形态与福利支出

社会民主主义霸权

我们很难找到对瑞典社会民主主义福利国家概念的清晰的理论 *31* 性阐述或概要性阐述。我们不得不从过去一个世纪的社会政策实用主义的点滴发展中来重构瑞典社会民主主义福利国家的概念。从 20 世纪 30 年代开始由社会民主党主导的政策形成过程主要受到民粹主义和社会主义两种意识形态的影响。民粹主义具体说来就是试图在选民当中寻求一种更具有可接受性的治理模式，社会团体之间的合作与妥协以及结构上的反社会主义。社会主义则包含经济民主、政治责任以及社会平等的发展和工人阶级利益的增长。虽然瑞典社会民主党已经执政相当长的时间，但他们依然继续在民粹主义和社会主义的矛盾上纠缠不清。评论者通常将瑞典社会民主的意识形态表达成既不是彻底的社会主义，比如考罗拜（1983）或者斯蒂芬斯（1979），也不必然非此即彼地放弃社会主义而倾向于累进自由集体主义，比如廷斯滕（1973）。也就是这样，社会主义的意识形态和表面言论仍然是社会民主党生存的基本教义以及意识形态更新的基准，但是平民实用主义和政治现实主义构成了社民党在政府中政策的基础。

在20世纪30年代，这种福利意识形态中的三种要素十分显著。首先，以平等、关爱、合作和助人为特征的"人民之家"来形容福利社会的未来。（Korpi，1978：84）这一著名说法是由社会民主党领袖阿尔宾·汉森在1928年提出来的。强调"人民"十分明确地发出了这样的信号，即将社会民主党关注的重点放在工人阶级的需求上。很快地，社会民主党与农民党成功地进行了联盟。在20世纪50年代后期，社会民主党将农民吸收为同盟，同时转向阶层地位日益增长的白领工人和专业技术人员，将他们也当做蓝领工人阶级的同盟。"家"这个词意味着在国家基础上重造一个共享的社区……任何人的所得都不能超过其付出，但也决不能将任何人排斥在社区供给制度之外。（Heclo and Madsen，1987：158）"人民之家"直接与另外一个观念密切联系，也即是强调限制竞争与不平等的"团结"思想。也就是说特别强调以下两点：一是在20世纪40年代作为福利国家支柱的普遍性水平式给付福利，二是在20世纪30年代后期实施的工会对社会互助工资政策的贡献。这也强调工资应该与工人的表现而不是资本的利润率相关，并且工资之间的差异应该最小化。从20世纪30年代以来，社会民主主义意识形态的第三要素是严格恪守凯恩斯主义的反经济周期政策，特别是运用基础设施建设带来的公共就业和劳动力市场政策来应对失业。20世纪40年代和50年代福利国家的社会民主主义意识形态实践的基本原则是严格遵守以下原则，即充分就业以及通过提供普遍性水平式给付福利用以应对疾病、低收入等基本风险。当然这与英国贝弗里奇的福利国家自由集体主义概念与工党社会民主主义相结合具有很大的相似性。

整个20世纪60年代，社会民主党面临的压力促使其根据阶级和种族来更新对结果公平性所作出的承诺。学生运动，福利国家中贫困的再现，女性主义以及其他激进主义、新社会的复兴有力推动了这一过程。1969年是一个转折点，社会民主党在一份政策报告中主张要进一步强化社会平等，并且认为社会平等是劳工运动面临的首要议题。也就是说：

> 一个平等的生活条件意味着获得可改变的人际关系，更好的社会环境……那些被遗留在后面的人没有充分的资源消费普通商品，无论在效率上还是从社会变迁的角度来看都是障碍……在社会民主主义观念看来，毫无疑问的是，在天赋、健康、智力或者是工作能力上的巨大差异将会导致不一样的生活机会的不同安排。(Heclo & Madsen, 1987: 174 - 175)

这份报告强调工资和收入差异、贫困、失业以及性别不平等应当成为更加积极处理的议题，报告还指出应该通过对那些有特殊困难的群体进行有目的的改革，将福利国家建立在贝弗里奇式普遍主义基础之上 (Heclo & Madsen, 1987: 178)，所谓的有特殊困难的群体也就是那些在战后经济繁荣时代被遗留在后面的人。在 20 世纪 70 年代，这种"平等运动"对社会民主党的意识形态和政策产生了重要影响；尤其是导致了在 1971 年采取严格的累进所得税制度。这也导致福利国家中服务和工作人员快速膨胀，同时在提高结果公平方面收效甚微。

整个 20 世纪 70 年代，在劳工运动中恢复生机的工会组织的精力 *33* 集中在"经济民主"问题上，即避免通过国有化和社会化的方式实现对私人工商业更为直接的控制。建议就是由工会控制"工资收入者基金"并从实质利得税中分离出来，基金要能够在龙头公司中实现控股，并且通过管理和投资政策起到实质性杠杆作用。要求"经济民主"的压力部分反映了大众对日益增长的结构性失业以及工人无力影响日益增长的跨国公司的决策两方面的担忧，从长远来看这导致工人阶级群体福利的恶化。1983 年在经济衰退之后工人运动也陷入了停顿，政府不断淡化工资收入者基金，也就是说这一主要由工人贡献成立的基金对资本决策的影响越来越小了。在 20 世纪 80 年代，以争取结果公平和经济民主为目标的社会运动的影响力下降了，同时社会民主党在来自新右翼的意识形态压力和国家财政危机背景下，逐渐采取"新现实主义"的立场。在社会民主党内部反对资本主义意识形态的运动是由科尔里夫·费尔德领导的，他在 1982

年到1990年之间出任瑞典财政大臣。从1984年开始，他就指责反资本主义的煽动仍然在劳工运动中发挥着作用（Linton，1984）。在1989年4月17日，接受《金融时报》采访的时候，他表示，市场经济是一种有活力的、有效率的经济制度，它能够在这个充满缺陷的世界上产生最优结果……当然在自由社会中它也受到民主力量的影响。仔细分析他的公开言论和政策背后的意图，我们会清楚地看到他正试图通过激进的自由市场改革计划推动瑞典向前发展（Woodall，1990：15），这项改革包括削减税收和福利，更高水平的失业以及鼓励医疗和福利服务的私营化。虽然由于社会民主党领导层不支持他的政策，费尔德在20世纪90年代初就辞职了，但是这些新现实主义、支持资本主义或者说市场社会主义的观点在社会民主党内部取得了决定性影响。在20世纪90年代，社会民主党在未来社会经济政策的问题上面临一系列的意识形态危机。

福利支出

毫无疑问，瑞典在福利国家方面的公共开支水平在资本主义国家中是最高的。1981年，也就是最后一年我们看到的可比较的统计 *34* 数据是有效的真实社会开支（表A.1），社会开支占到了GDP的33.5%，相比较在1960年瑞典的社会开支水平只是略高于经合组织国家的平均水平。直到20世纪60年代，瑞典的实际福利开支水平远远落后于社会民主主导的意识形态所期望的水平。瑟伯恩根据由非好战性、财政保守主义以及工人对直接征税的反抗决定的低税收传统，来解释他称做"社会滞后"的现象。经合组织的数据还表明，瑞典在1960年到1975年中福利开支增长占经济增长的比重比经合组织国家平均水平并不高出许多，但是在1975年到1981年，瑞典的真实社会福利开支以四倍于本国经济增长水平以及两倍于经合组织国家平均社会开支增长水平的速度快速增长（表A.1）。换句话说，正如凯恩斯的前瞻性解释指出的那样，与绝大多数其他资本主义福利国家不同的是，瑞典政府在20世纪70年代的经济衰退中维持并扩大了福利国家。具有讽刺意味的是，在1975年到1981年之间除了一年之外的所有时间社会民主党都处于在野状态，但中右翼执政联盟并没有在福利开支政策上有明显的偏离行为。总体公共开支从巅峰时

> 从 1982 年开始削减公共开支的负担已经下降了，特别是在投资项目领域；一些城市基础设施工程的建设也随之下降了。在教育、医疗保健和警务工作上存在严重的人员短缺。人们普遍抱怨国立幼儿园太少，排队等待髋关节置换手术和白内障手术等手术的人比两年前大大增加了。与伦敦相比，可以说绝大部分公共服务运行良好……但是瑞典选民切身感受到了他们享受到的服务正变得越来越糟糕。

与其他西方国家相比，瑞典的福利国家需要非常高水平的个人　*34*
和企业所得税来支撑。虽然收入和财产税已经作了相当大的改进，但是一个熟练产业工人在 20 世纪 80 年代后期仍然要将其总收入的大约 40% 用来缴纳各种地方和国家收入所得税，这一数字已经从 20 世纪 70 年代后期的大约 50% 逐渐有所下降。雇主必须要支付工资单上 43% 金额的税为社会福利做贡献，对此人们经常在降低工资征税比重还是制造通胀价格上谁更有效争论不休。由雇员缴纳的那部分社会保险费很明显是失业福利的财务来源。否则，瑞典福利国家的财政支持主要依靠中央政府、地方政府和工资税收（Olsson，1989：图 3）。大规模的减税改革始于 1990—1991 年，政府同时宣称将继续发挥减税的积极作用。虽然间接税和财产税不断增长，但是税务改革毫无疑问要对公共开支的日益削减负责。瑞典福利开支的未来当然也反映了上文提到的社会民主党内外对意识形态争论的结果。

收入支持政策及其结果

收入不平等与贫困

从表 A.2 中我们可以看到在瑞典作为总收入一部分的来自福利　*35*
国家的现金收益与其他国家相比明显不一样。在 1980 年，瑞典的现金福利占到了家庭平均总收入的 29.2%，相比之下英国是 17.2%，德国是 16.5%，而美国只有 8%。为了支付这些开支，瑞典的收入所得税征收平均总收入的 28.5%，这里的总收入不但包括工资收入还包括公共和私人汇款以及财产收入等，而其他三个国家的收入所得税率仅仅在 13% 到 17% 之间。根据家庭规模调整过的家庭可支配收入再分配方面的统计数据为我们提供了有力的证据，来支持瑞典的收入征税制度和收入支持制度具备比较优势作用（表 A. 3 和表 A. 4）。在 1972 年到 1973 年以及 1980 年，与绝大多数资本主义福利国家最高 20% 这样明显偏低的占比相比，最低 20% 和 40% 的再分配比例已经占到了可支配收入相当高的比重。基尼系数（表 A. 5）也显示，瑞典在西方国家里是实现最公平的收入再分配的国家之一，其收入再分配的公平程度远远超出本研究中的其他三个国家。来自欧尚（1986：表 23）和艾贝尔格等人（1987：表 8. 11）的最新数据表明瑞典福利国家至少到了 20 世纪 80 年代早期，仍继续在相对经济的基础上发挥收入再分配。艾贝尔格等人（1987：140）得出结论，税收和收入转移制度似乎在 1980 年比 1967 年更能发挥收入再分配的效应，但是作为 1971 年税务改革以及收入关联国家养老金发展的结果，大部分变化发生在 20 世纪 60 年代晚期和 70 年代早期。从 20 世纪 70 年代中期到 80 年代早期，在收入再分配领域很少发生显著性变化。（Olsson，1986：58；Aberg et al.，1987：151）专业技术和经理阶层已经能够维持他们的社会地位，这是因为与其他职业社会阶层相比，这两个阶层中有越来越大比重的女性投入到全职有薪工作中去。（Aberg et al.，1987：136）艾贝尔格等人使用一个称做"家庭消费顺差"的指标来衡量从可支配收入中扣除"家庭消费顺差"之后，一个家庭还需要多少钱才能够维持包括住房在内的基本福利水平所需的开支，他们的研究表明从 20 世纪 60 年代以来消费的分配变得越来越不公平。专业技术和经理阶层从各种各样的减税中日益受益，特别是在抵押贷款方面受益匪浅，与低端阶层相比他们的生活水平已经达到或超过生活必须的水平。当把财产和消费都考虑进来的话，专业技术和经理阶层"虽然从长期来看面临收入平等化问题，但是他们已经成功地在经济资源方面取得了稳固的领导位*36*置……这在很大程度上要归因于减税和 20 世纪 70 年代的高通胀水平"（Aberg et al.，1987：150）。同样的情况也发生在 20 世纪 80 年代，甚至更为严重。

表 A.6 显示使用经济距离贫困衡量法在 1980 年有 5% 的瑞典人口处于贫困状态。毫无疑问这在本研究所讨论的四个国家中是最低的，当然也并不比德国 6% 的水平低多少。在瑞典似乎很少有其他关于贫困的数据。对于以家计调查为基础的社会救助没有国家层面上的统计结果，不管怎样，对于瑞典，正如欧尚（1987：73-74）指出的那样，"家计调查为基础的社会救助所具有的羞辱性特征使得我们很难用社会救助的统计数据来作为衡量绝对贫困和相对贫困的指标"。与许多其他福利国家的情形不同的是，绝大多数瑞典单身母亲和低收入老人因为退休金和福利制度的发展而不必依赖于社会救助。不过这些人与长期失业者一起构成了现代瑞典的相对贫困者。这里我们将通过分析社会救助申请者的处境、收入支持制度中的失业者和女性来分析福利国家中相对贫困者的境况。

养老金

在 1980 年，瑞典法定养老金计划覆盖了 85.5% 的养老金支付，*36* 毫无疑问这一水平比资本主义国家的平均水平要高得多（表 A.8）。除了法定养老金之外，大概还有一半的瑞典养老金领取者能够从职业保险养老金或是私人保险养老金那里获得收入。瑞典有两套法定养老金安排，包括基本均一养老金和作为补充的针对较高工资收入者的收入关联养老金（简称 ATP）。所有的瑞典公民以及在瑞典长期定居的外国人都有权获得基本均一养老金，这项政策在 1948 年开始实施；水平更低、更为普遍的法定养老金从 1913 年就已经存在了。最早从 1951 年开始，均一养老金根据物价每年作出调整，但事实上在 1949 年到 1984 年之间均一养老金对比零售价格的真实价值已经增长了 350%。（Olsson，1986：表 8）瑞典与本研究中其他国家形成鲜明对比的是，给予所有老人一份普遍养老金使其从根本上远离贫困。这对于女性来说也具有特别意义，她们往往有着更长的寿命并且可能只是到了最近才拥有职业退休金。经过长期而激烈的斗争之后，收入关联法定养老金在 1959 年由专门的议会投票获得通过，不过这恐怕是瑞典现代福利国家历史上意义最为重大的争论。（Heclo，1974）这可以看做是一项胜利，即由社会民主党和工会运动提出的普遍收入关联国家养老金主张对由中—右翼政党提出的国家管理的职业或私人养老金主张的胜利。在社会保险方案支配养老金供给方面，瑞典要比本书中其他三个国家来得更为彻底，瑞典在1980年私人养老金占所有养老金支出的比重不会超过5%。虽然许多社会主义者反对收入关联养老金的不平等基础，但是贯穿20世纪50年代的争取ATP运动有助于将白领联盟整合到瑞典社会民主党中去。因此社会民主党设法在日益增长的"新中产阶层"中扩大其支持面并且在福利国家中给予他们物质的关切。（Stephens，1979：179）通过1959年的养老金改革，"工党思想"和社会主义之间的分歧暴露无遗，这也反映出，即使是没有再分配功能的福利改革也会具有强化劳工社会地位的动员作用。（Pontusson，1984：80）收入关联养老金只是在20世纪70年代开始对老年人的收入起到显著的贡献作用。收入关联养老金提供一份与物价指数挂钩的养老金，其数额是工人退休前15个工资最高年份平均工资的60%，同时必须要有30年的缴费记录。如果缴费不足30年，则收入关联养老金的支付按不足的比例进行下调。因此，这一支付水平和申领条件比绝大多数法定养老金制度都要来得慷慨。到20世纪80年代中期，59%的养老金领取者领取收入关联养老金。在1969年瑞典增加了一份基础养老金之外的补充养老金用于帮助那些没有收入关联压养老金或者只有收入关联养老金数额较少的人。到20世纪90年代早期，超过90%的男性和超过65%的女性能够领取足额的收入关联养老金。（Olsson，1986：表10）

虽然瑞典的法定养老金制度具有普遍性和慷慨性，但是领取养老金的老人在收入上仍然存在明显的结构性不平等。最富裕的是那些被职业或私人养老金覆盖的在私人领域工作的白领雇员，接下来是有年金养老金的公共领域的雇员，在接下来那些有年金养老金的熟练工人。更低层次上的是那些只依靠法定养老金的退休金领取者和那些处于最底层的只领取基础养老金的人。这些人包括大量自雇者、农民和其他没有完全资格申领收入关联养老金的人。然而与英国、美国和德国相比，瑞典的老人收入当中只有很少一部分（11%）来自于雇用工作（表A.9）。也许瑞典福利制度最重要的成就在于将收入转移考虑在内的话（表A.6），只有仅仅0.1%的老年人处于贫困状态，相比之下，这一比重在德国是 9.3%，英国是 18.1%，美国是 20.5%。

毫无疑问随着收入关联养老金和年金养老金的发展，近几年老年人之间的收入不平等不断增长，特比是在男性和女性之间。正如艾贝尔格等人（1987：130）解释的那样，许多女性只能得到较少的养老金已经成为一种惯例，这主要因为她们通常是家庭主妇……还有就是没有达到最多 30 年有薪工作的要求。即使是这样，相比男性而言，具有相对较高的收入以及相对宽松的养老金领取资格使得瑞典的女性比本研究中其他三个国家的女性处于较优越的位置上。艾贝尔格等人（1987：表 8.7）通过性别和职业社会阶层比较了瑞典养老金领取者在 1967 年和 1980 年的收入。这一阶段女性在养老金收入上的阶层差异依然没有大的变化。男性中，蓝领和白领工人之间的养老金差距缩小了，但是这两个阶层与专业技术和经理阶层之间的养老金差距或多或少还是原来的样子。很清楚的是，只要工资和收入差异是由阶层和性别结构化的，而养老金的支付是建立在收入关联基础上，老年人收入的结构化差异就不可避免。因此，在相当程度上，瑞典的退休金制度反映和维持了阶层和性别的不平等，但是在过去 20 年间瑞典男性蓝领养老金领取者相对的社会地位得到了提高。

社会救助

以家计调查为基础的社会救助是由作为社会工作制度一部分的 *38* 地方社会服务部门来管理的。支付比例由地方决定并且福利通常是生活环境调查的一部分。该计划以削减贫困著称，直到 1956 年被改革并且被重新命名为"社会救济"（SB，社会津贴）。在 1963 年申请社会救助的人数下降到占总人口比重空前低的 3.5%，之后就一直在 4% 到 7% 之间徘徊。虽然有儿童和住房津贴作为补充，福利的平均水平保持在适度水平上，通常是职总工资的 3% 到 4% 之间，基础养老金水平的四分之一。（Olsson，1987：表 4）在过去的 20 年间，绝大多数申请者都是老人或贫困家庭，但是 20 世纪 80 年代以来社会救助申请者中绝大多数是没有小孩的单身年轻人。因此，瑞典没有小孩和老人家庭的贫困率达到了 7%，在四个福利国家当中是最高的（表A.6）。在那些造成对社会津贴的需求上升的因素中，社会工

42　作者列举了失业、精神或身体疾病以及酗酒和毒品问题。正如古尔德（1988：104）所说：

　　在 1981 年到 1985 年之间与社会津贴（SB）申请增长相关的另一因素是来自斯堪的纳维亚以外地区的难民和移民的增长。一些地方政府报告称大约 10% 的移民和难民家庭要申请社会津贴，在斯德哥尔摩据说相关比重已经增长到 40%。

　　少数族裔更容易陷入失业状态，同时他们往往不能够满足获得领取覆盖疾病、老年、失业和工伤等风险的主流福利的资格标准，因此他们更倾向于依赖社会津贴（SB）。社会津贴支出能够大大补充低收入者，同时对于那些只有一份工资收入的单亲家庭来说要避免相对贫困变得更加困难（Nasenius & Veit-Wilson，1985），甚至是在单亲家庭津贴将许多单亲家庭生活水平提高到社会救助水平之上的情况下。

39　　古尔德（1988）在 1984 年就斯德哥尔摩一个贫困社区中对社会津贴管理的争论提出了一份精彩的报告。关注的焦点是削减贫困管理中老人的尴尬处境：一方面为了切断他们对国家的依赖以及鼓励独立和自助，惩罚和威慑社会津贴申请者；另一方面在更为仁慈、自由的观点看来，社会津贴申请者对生存的意义具有不可剥夺的权利。在 1982 年对社会津贴进行的改革中，可以明显地看到一条在这两种观点之间的中间道路，对于这条中间道路似乎可以从不同社会工作的不同工作重点中得到解释。在社会津贴申请者的强大压力下，斯德哥尔摩管理者办公室中的社会工作者选择了一条更具激进性的路径，也就是鼓励大多数申请者增权和组织自身及其生活而不是转向社会津贴。据说这些申请者中的许多人都存在毒品或酒精滥用问题。瑞典具有十分浓厚的清教温和主义传统，在这一背景中，国家的威慑性压力甚至是强迫性力量也许是使这些申请者走向自立的最佳办法（Gould，1988：118），在这一点上无论是左翼还是右翼都普遍支持该观点。然而来自社会救助申请者的反对推动了一项官方调查，并且产生了一份折中性的报告。到了 1986 年社会工作者似乎已经缓和了策略，成功申请社会救助的人数在上升，同时社会工作的职位也在增加。因此，这看起来似乎是由穷人成功反抗惩戒性的、威慑性的救济制度的经典案例，同时也是福利工作者反对福利国家的低利用率的显著案例。当前瑞典的社会救助制度的作用不仅在于惩戒也在于维持一个下层阶级，当然也十分明显地有利于不同人群之间的社会融合，这些人群包括年轻的后物质主义者或者说遁世者、年长的长期失业单身者、少数族裔以及其他无法获得法定收入支持制度的人。

43

失业与劳动力市场政策

乍一看战后瑞典的失业率特别低，并且无论以哪种标准，瑞典的失业率都低于本研究中的其他国家（表 A.10）。官方或者"公开"的失业率是以有保险的失业者数量占据有失业保险的劳动者总数的比重为基础的，但是并不包括处于培训和找工作状态的参加保险或是没有参加保险的人以及那些处于其他劳动力市场中的人。很显然，这种对登记失业率的定义很狭隘，因为年轻人、女性和其他从事有保险工作时间不长的人都应当被计算进来。除了在 1982 年到 1984 年间曾经达到空前的 3.5% 之外，战后的公开失业率一般都在 1% 到 2.5% 之间浮动。20 世纪 70 年代中期和 80 年代早期的世界性 *40* 经济低迷时期曾使得瑞典的公开失业率出现过相应的短期上涨。当然如果把各种国家劳工计划中的工人也包括进去的话，失业率将是现在的三倍以上。1988 年的失业率是 1.6%，但如果考虑到劳工计划中的人，失业率将上升到 5%。（OECD，1989b：图 22）这还不包括那些正在找工作或者是已经找到工作但没有资格领取福利以及没有被劳工计划养活的人。如果包括提早退休的人，那些没有登记失业的"消极就失业者"以及勉强从事临时工作的人，经合组织（1989b：62 - 63）认为在 1984 年未充分利用的劳动力占到了劳动力总数的 14%，虽然这一比例从那以后已经明显下降了。20 世纪 50 年代和 60 年代大量招收移民工人以及从 60 年代开始越来越多的女性投入到有薪工作中，这些大大缓解了一些行业和国家的劳动力短缺问题。

至少直到最近，瑞典就业政策中的核心部分一直是在 20 世纪 30 年代采纳的由工会和资方进行国家层面上的集中谈判形成的"互助工资政策"。基本原则是"所有由于地区、产业或企业之间在利润或

第二章　瑞典：社会民主主义福利国家

者'工资支付能力'上的差异造成的工资差异都应该被铲除"
(Bjorklund & Holumlund，1990：23)，或者说不管企业或行业的利润
率如何都应该实现"同工同酬"。因此，低效率的、依靠低工资支撑
的企业被淘汰出局，同时那些效率高的盈利企业也不会负担起被激
进的工会运动不断抬高的工资。超过80%的劳动者被组织进工会，
年度工资协商在就业政策中扮演着核心角色。20世纪80年代以来，
在日益增长的失业、徘徊不前的实际工资以及资方和工会日趋激进
的政策诸多背景下，互助工资原则在一定程度已经半途而废了。

工资互助的必然结果是来自低效率企业的多余工人应当在国家
的帮助下接受再培训或是重新调配工作。因此，在20世纪40年代瑞
典劳工局（AMS）得以成立，该机构特别是在20世纪50年代和60
年代为私人资本动态重组瑞典工业扫平了道路。瑞典劳工局通过一
系列措施实现管理。首先，就业服务在国家层面上将失业者安排到
空缺岗位上。所有的空缺岗位和裁员都必须依法告知就业服务部
门，由就业服务部门来支付大量的流动和重新调配工作的补助金。
重新调配工作逐渐采取一系列财政刺激的形式，直到1987年被削
减。大量的失业者被鼓励迁移到南部经济发达的地区，当然这个过
程会导致失业者原来生活社区的崩裂，因此对这种迁移他们是非常
不情愿的。其次，劳工局在培训中心和学校组织培训计划。再次，
瑞典劳工局对包括救济工作方案、在职津贴、招聘补贴在内的创造
就业机会措施进行监管。最后，实施包括劳动力市场中的工资津贴
化等大量特别措施来应对就业障碍。在"积极"的劳动力市场计划
上投入的花费是失业福利开支的两倍多，在总量上接近GDP的
2%，这在经合组织国家中是最高的。积极的劳动力市场措施占据了
相当高比重的支出，整个20世纪80年代这个比重·直在30%到
50%之间浮动，这些支出被用于失业者。从比较角度来看，这些措
施的另一重要结果是瑞典在1988年只有8%的失业者失业超过一年
以上，而在欧洲地区这一比例的平均水平约为50%。

失业保险救济制度（UIB）对于瑞典式福利国家的普遍主义和公
立机构直接供给福利特征来说显然是个例外。失业保险救济由工会
控制的自愿团体进行管理，在财务上由政府、工会和资方共同出
资。在1950年只有三分之一的劳动者被覆盖，但是到了20世纪80

年代覆盖了超过80%的劳动者。根据公平且严格的申领条件，救济最多发放12个月；不同的失业保险救济社团在出资和获益水平上存有较大差异。比如那些具有高失业风险的成员（如体力劳动者）的出资额度要高于那些失业风险较低的成员（如脑力劳动者）。（Kerans et al.，1988：136－137）随着政府在1974年加大对失业保险救济的投入，失业保险救济的申领条件变得宽松了，失业保险救济提供的救济标准也日趋统一，并且所有的工会成员都被强制要求加入失业保险救济社团。虽然失业保险救济需要征税并且是与收入相关联的，但是根据经合组织（1989b）的数据显示瑞典是唯一一个在对待有保险失业者的慷慨程度上超过卢森堡和丹麦的国家。因此失业保险救济领取者因失业获得的可支配收入仅仅下降了12%到29%。1980年失业保险救济的平均支付是在职平均总工资的78%。（Olsson，1987：表4）

由于一系列原因失业保险救济仍然是由工会实施自愿管理。首先，失业率的普遍低水平加上工会会员率的高水平意味着政府接管这些社团的压力并不是很明显。其次，失业保险救济社团自19世纪以来就被工会当做吸收和维持成员的一项重要手段。赫克洛（1974）指出在过去的一个世纪中瑞典工会在提高对失业者的帮助上扮演着核心角色，相比之下英国工会就要相对忽视了这个问题。从工会的角度来看，志愿模式的优点在于：

> 社团成员由他们所信任的同事来提供服务，工会不再直接 *42* 为其成员提供服务，受益者倾向于把自己当做他们各自工会中持续的一份子。进而工会可以更清楚地了解成员的工作环境，同时与失业者形成正规的联系。（Kerans et al.，1988：132－133）

工会继续捍卫失业保险救济制度的原因在于，"在一个没有只雇用某一工会会员传统的国家，为成员提供此类服务对于工会的支持和认同的维持十分重要"（Kerans et al.，1988：138）。在1974年，工会出台了一项针对无保险者的失业援助救济，只要满足特定申领条件，这项救济最多能领取6个月并且均一制的支付方式也特别适合。然而到了20世纪80年代，失业援助性救济的受益人数超过了领取失业保险救济人数的两倍多，这其中大部分是年轻人。正如沃格特（1987：226）主张的那样，越来越多的二十几岁的年轻人和各个年龄的女性时而处于失业状态，并且无法申领失业保险救济，虽然他们可以申请失业援助救济。

在过去的 20 年间，瑞典政府形成了巨大的公共部门赤字为实施"充分就业"政策提供经费，相关措施包括为工业部门直接提供津贴，在福利国家和积极劳动力市场政策领域扩大就业，所有这些措施都吸收了大批失业者。到了 20 世纪 80 年代晚期随着日益增长的通货膨胀和工业斗争，通过以上我们描述的措施来实施"充分就业"受到了新现实主义者越来越自信的质疑。经合组织（1989b：55）将瑞典高于平均水平的通货膨胀归因于低失业率和协调良好的劳动力市场，这些使得工会大大提高了在工资谈判中的力量。他们建议官方的失业率增长 1% 将会使瑞典的通货膨胀降到经合组织平均水平上。（OECD，1989b：71）伍德尔（1990：9）得出结论说，"对于除了瑞典人之外的任何人来说，那都似乎是很小的代价"，但在是否失业和通货膨胀之间的权衡日益明朗化这个问题上还不是很清晰，这将有待于瑞典政府在 20 世纪 90 年代对之作出何种解释。

女性、劳动力市场与收入支持

根据经合组织（1985a）的案例记载，瑞典劳动力市场中女性的状态在不同视角看来各不相同。女性占就业劳动力比重（表 A. 12）从战后低于资本主义国家平均水平（20 世纪 50 年达到 26.3%）到 20 世纪 80 年代上升成为仅次于芬兰的第二高女性就业比的国家（1987 年达到 48%）。到 1987 年为止，79.4% 未达到退休年龄的芬兰女性处于就业或培训等经济活动状态，这一比例已经接近男性的经济活动比。在我们研究的四个国家中，这是最高的女性经济活动水平（表 A. 13）。战后最初几年中女性经济活动水平较低一定程度上反映了瑞典在战争中的非参战国状态，因此对女性的就业需求特别低。从 20 世纪 60 年代开始通过积极的劳动力市场措施，女性被紧紧吸收到有薪就业中去。1970 年已婚女性占到了参加劳工局就业培训计划总人数的 46%，而在 10 年前这一比重仅仅是 14%。（Wilson，1979：79）从 20 世纪 70 年代早期开始，女性在参与各种劳工局就业计划以及从中获得支持方面取得了和男性同等的地位。

女性每小时工资占男性每小时工资的比重在战后持续上升，到
1981 年这一比重已经达到 90%，这在经合组织国家中是最高的。这
一数据来自蓝领工会联盟，并没有覆盖女性就业的所有领域。按照
鲁杰（1988：183）的说法，"以工会中的全职工人为样本，女性的
收入占男性收入的比重要比先前认为的低，总的来说在 1981 年这一
比重是 80.5%"。1981 年有 46.4% 的女性雇用者从事兼职工作，这
在经合组织成员国的女性兼职就业比中是第二高的。（OECD，
1985a：表 1.3）对于那些每周工作少于 22 小时的人来说，社会福利
和职业保护都会明显地下降，但是并不清楚多大比重的女性兼业劳
动者受此影响。随着兼业就业的增长，在将职业差异考虑在内之
前，在可比较的职业领域，女性的周薪大概是男性的 30%。通常人
们认为女性中的登记失业率要高于男性，当女性从劳动力市场措施
受益的同时，失业冲击着男性主导的产业，这一差距在 20 世纪 70 年
代扩大了并且在 80 年代缩小了。比较男性和女性之间的失业率水平
是有问题的，因为女性的隐性失业率往往更高。然而以经合组织国
家为基础，整个战后阶段女性失业率要持续高于男性失业率（表
A.14）。一项官方调查发现 90% 年龄在 20 岁到 59 岁之间的女性希望
获得就业，但只有 80% 实现了就业。（Vogel，1987：270）女性在瑞
典劳动力市场中至关重要的特征是横向和纵向的职业分化，并且形
成了其他西方国家都类似存在的模式：89% 的秘书、94% 的护理人
员、78% 的商店售货员以及 90% 的清洁工都是女性。（Scriven，
1984）然而，与其他国家相比，在福利国家女性往往较少在私人领
域从事非技术工作而通常在公共领域就业。根据艾斯平－安德
森（1990：202）的说法，"1965 年到 1985 年期间，在瑞典女性占据
了所有医疗、教育、福利方面的就业岗位增长量的 87%"。他总结
说，在过去的 20 年间女性就业已经从私人行业的"垃圾工作"上升 *44*
到了福利国家中的地位高、报酬高的工作。然而，这导致因性别而
产生的横向职业分化日益增加，即女性更倾向于从事行政工作和福
利事业。从这个角度来看，与美国和德国相比，

瑞典在这三个国家中是职业性别分化最严重的国家。超过

一半女性被锁定在典型的女性职业上，只有少数女性能够渗透到男性主导的职业中。瑞典的后工业化又加重了这一问题。(Esping-Andersen, 1990：212)

因此，我们可以看到在瑞典女性并不被当做男性在工业领域的替代者。作为 20 世纪 60 年代和 70 年代反经济周期凯恩斯主义经济政策一部分的福利服务的扩张带来了就业岗位，女性成为这些就业岗位的受益者。首先作为雇主，瑞典的福利国家在过去的 20 年或者 30 年间影响着女性的福利。在劳动力市场措施上积极的性别歧视、性别平等立法以及工会压力都在一定程度上有助于提高女性相对于男性的工资和收入，但是这些压力对于横向和纵向的职业分化只能起到很小的积极作用。(Ruggie, 1984：第 4 章) 从事兼职工作的女性不断增长，她们中的大部分从事低报酬的服务业工作，这似乎反映了女性工作者的日益边缘化，她们也曾被当做工业后备军……而现实正在被有关家庭价值方面的"动听"的说教所掩饰 (Ruggie, 1988：185)，这也正是下面要进一步讨论的。

44 　　带薪休假的权利（因为疾病、休假、生产等）是瑞典工人引人注目的成就，女性往往能享受男性两到三倍的带薪休假。艾斯平－安德森（1990）和伍德尔（1990）将带薪休假贬义地称为"带薪矿工"。在任何一天都有 20% 的女性就业者正处于一种或另一种带薪休假当中，在公共领域这一比重达到了 30%。对于有三个以下孩子的母亲来说，接受带薪休假的比重是 47.5%，是全体就业者国家平均水平的四倍。在此基础上艾斯平－安德森（1990：156）主张，在瑞典"相当一部分正常情况应当是劳动时间事实上成为了'福利时间'"，这也表明雇主对购买来的劳动力商品的控制能力受到严重的限制。正如鲁杰（1988：186）所述，包括由酗酒和抑郁在内的精神压力造成的相关疾病可能直接导致了女性因病休假量的不断增长。在瑞典，无论男性还是女性的因病休假水平都要比大多数其他资本主义国家高出许多，这可能反映了其相对慷慨和包容的病假工资制度。虽然遭受来自工会的强烈反对，社会民主党政府还是在 1990 年宣布了一项改革，也即是由雇主对因病休假的头两个星期负责，以此来减少带薪休假的滥用。

福利分化

要解开女性在劳动力市场中的处境与她们获得收入支持福利的
资格之间的联系远不是件容易的事情。然而，通过瑞典女性在有保
险的就业方面的突出代表个案，我们发现女性在退休金、疾病、失
业和其他福利受益权利方面的资格与女性就业维持在一定水平上密
切相关，相比之下像德国这样女性就业率明显要低的国家，瑞典的
女性就业福利要好得多。因为较之与瑞典男性低得多的收入和高得
多的失业率以及女性大多从事兼职工作，瑞典女性与其他国家女性
相比相对有利的社会处境仍然是十分有限的。

少数族群与福利国家

移民

瑞典人普遍被描述成只有一种语言，一种单一的路德教宗教传   *45*
统，一种共同的文化和历史，没有成为殖民主义者也没有被殖民过
的民族。当地的芬兰人、拉普人、犹太人和吉普赛人形成了历史悠
久的相对较小的少数族裔社区。最近，拉普人和政府就获准前往瑞
典最北端放牧进行一场即将失败的抗争。早在20世纪30年代，瑞典
经历了一场大规模的向外移民，特别是从贫穷的农村地区向美国移
民。在20世纪30年代"人民之家"这样的社会民主主义思想以及扩
张性的社会经济政策得以确立，部分是因为他们要实现控制生育率
下降这一目的。福利国家的建设很明显与国家认同和目标的复兴相
关。正如有影响的社会民主主义者冈纳·缪尔达尔（1938：204）所
说，担心国家人口下降掺合了一种轻微的民族主义在里面。在1938
年写给一个美国读者的信中，他对于移民是否可以部分解决人口这
一问题表现得模棱两可。（Myrdal，1938：203）在同样的背景下，他
又写道：

> 我们只是过多地关注于人口的身体、智力和道德质量而不
> 是人口的数量。现在至少在瑞典因为同一种族人口结构，人口
> 质量不再取决于其种族差异。（Myrdal，1940：203）

50 　　缪尔达尔后来在美国成为非常著名的自由种族关系改革论的鼓吹者。在瑞典他实际上暗示着一种对待种族和移民的社会优生学态度，这一态度在过去和现在都是瑞典和其他国家社会民主主义意识形态的显著内容，当然这一态度很少被公开表达。

　　从20世纪50年代中期到60年代后期，大量外来劳工来到瑞典，他们中的绝大部分来自于芬兰，但也有来自南斯拉夫、希腊、土耳其和意大利。根据威驰根（1982：153）的研究，他们中的大多数，特别是芬兰人属于主动来到瑞典。在1954年芬兰劳工获准自由进入瑞典，同时冰岛、丹麦、挪威、芬兰和瑞典实现了北欧的自由劳动力市场。负责集中招募劳工的瑞典机构在安卡拉、雅典、罗马和贝尔格莱德建立起来。这些机构在20世纪60年代末期都关闭了，除了在南斯拉夫的机构在1977年才关闭。从1967年之后政府使用现有的移民法律来限制非北欧移民数量的日益快速增长，因此"从1974年开始实际上已经没有非北欧劳工移民进入瑞典了"（Widgren，1982：153）。从1974年开始非北欧移民主要由以下两类人构成：一是已经在瑞典定居的移民劳工的家属，二是来自包括拉丁美洲和南部非洲在内的世界许多地区的政治避难者（瑞典对政治避难者的界定要比其他国家宽松得多）。在接受外国定居者的亲属方面的管理上瑞典要比英国和德国宽松许多。另外，在20世纪70年代早期来自芬兰的移民被施以更为严格的控制，实际上意味着每一个芬兰外来劳工在获准进入瑞典之前必须通过瑞典国家就业服务机构获得一份稳定的工作。20世纪70年代初的经济衰退导致大量芬兰工人离

46 去，根据威驰根（1982：149）所说，"36%在1970年来到瑞典的芬兰移民在1972年离开了瑞典"。于是到了20世纪70年代中期，和北欧其他地方一样，瑞典建立了一套严格的移民控制制度，只是有节制地允许芬兰人、定居移民的亲属和政治避难者进入瑞典。这项政策后来被纳入了1975年和1976年的移民政策行动中。根据哈玛（1984：29）的研究，在边境日常移民控制行动中，移民官员从1976年开始就奉命根据生理外观来甄别非北欧人，这是公然的制度层面种族主义的表现。依据限制未充分就业国家的劳工进入瑞典劳动力市场（Widgren，1982：151）和保护瑞典劳动力市场（Hammar，1984：28）来制定移民控制法律。在20世纪70年代公开失业率明显

增长之前，考虑这些因素的确起到作用；同时在20世纪50年代开始雇用女性的时候，类似的讨论也曾出现过。有关移民控制的另一次官方争论出现在20世纪60年代晚期，争论的内容是"如果定居移民的数量变得太大的话将不可能保证他们都获得合理的生活水平"。（Hammar，1984：41）实际上暗示着可能会产生一个下层阶层，他们必然会加重福利国家的负担。

少数族群的社会地位

1981年大约有12%的瑞典人口的祖籍是移民，其中半数是芬兰人；有预测表明"到2000年，有20%到25%的瑞典人口将由祖籍为其他国家的人构成"（Castles，1984：64）。因为有定居许可，所以外来劳工及其家属的处境相对安全。因为所有的居民都必须要有身份证号码，并且由于税收制度的高效率限制了非正规经济的存在，所以非法移民的数量可能比较小。警察被指责拦截非北欧面孔的人检查身份证。在瑞典居住满五年，外国人就可以申请并获得瑞典公民身份（对于北欧公民来说期限是两年）。瑞典的入籍政策比绝大多数资本主义国家要宽松得多，然而很少非北欧居民申请加入瑞典国籍，这可能是因为他们即使没有瑞典国籍也觉得相当安全，另外也可能是因为不允许存在双重国籍。

直到20世纪60年代中期并没有专门直接针对外来劳工及其家人的积极社会政策措施，他们被假定和瑞典人一样享受相同的福利国家支持。在1964年到1974年之间，关于社会同化论观念是否应该继续实施还是应当采取文化多元主义的观念，存在很长时间的公众争议和讨论。最终在关闭了对非北欧劳工移民之门的1975年的移民政策行动中，包含了针对瑞典移民和少数族裔社会的自由的文化多元主义的意识形态。这项政策有三个目标：生活水平的平等、选择的文化自由，以及土生瑞典人和少数族裔之间的政治融合。因此，政府在政治、社会和文化组织和活动上促进少数族裔的发展，包括在学校开设一定程度的双语教学，在1976年取得至少三年居住权的外国人有权参加地方和社区选举投票。根据在劳动力市场、生活水平和福利方面的平等很难来对瑞典少数族裔的社会地位作出评价。威驰根（1982：表9）提供的调查结果显示外籍劳工往往承受更为危

52　险和令人不愉快的工作条件，在 20 世纪 80 年代外籍劳工中的公开失业率是整个劳动者失业率的两倍。涉及少数族裔社会的需求问题，很少有证据表明在实现福利国家的可及性和享受福利国家两方面的公平性上存在积极有效的措施付诸实施。虽然种族歧视在 1976 年欧共体新宪章中明确被认定非法，但这并不意味着英国的种族平等已经实现了和欧共体的一致。然而，少数族裔工会代表和地方政治家在推进这些议题上正变得越来越积极，相关的呼声也越来越大。正如拉尔森（1991）所记录和描述的那样，在近几年瑞典社会公开的种族主义和种族主义政治出现了明显的增长。这包括种族袭击和骚扰，同时也包括警察、公务人员和房东的种族歧视行为。

因此，有证据表明主要由 20 世纪 50 年代和 60 年代的移民劳工，特别是来自南欧的移民劳工的后代构成的新少数族裔形成了瑞典种族化的下层社会。福利国家在多大程度上促进或是组织了这一进程还不清楚。从 20 世纪 60 年代后期发展起来的移民控制政策，虽然比其他国家相对宽松，但歧视非北欧移民，相对歧视程度较轻地对待芬兰移民以及对来自亚洲、非洲和东欧的避难者实行的签证制度，都反映出这一政策的制度种族主义。

女性与家庭政策

意识形态与家庭政策改革

48　瑞典的家庭政策以其在一些核心方面的相对"自由主义"而著称，这反映了瑞典人当中广为接受和支持的一些价值观。比如，私生子的非法地位在 1917 年被废除，自由离婚改革在 1920 年得以实施，同性恋在 1944 年被非罪化，并且 1956 年在学校开展强制性的性和节育教育。公众对单身母亲及其子女的支持越来越普遍化，人们对未婚同居现象也更为宽容。与西方其他大多数国家相比，从传统男权角度将婚姻和家庭看做几乎神圣的私人制度的卫道士在瑞典的影响力很小。这些自由主义价值深深地根植于瑞典的文化和社会经济历史中。（Myrdal，1945：第 3 章）到了 20 世纪 80 年代，超过 35% 的儿童出生于未婚家庭，30% 有 18 岁以下儿童的家庭是单亲家庭（其中90%是单身母亲家庭），超过一半的结婚者要离婚，这一比率是英国的两倍。与那些已经在其他国家形成政策的意识形态传统一样，瑞典的家庭政策也是由其他意识形态传统混合起来形成的。这其中包括特别针对工人阶级的生育控制建议，将其作为与伴随着大家庭而来的贫困作斗争的手段。比如新马尔萨斯主义思想在世纪之交对后来在20世纪20年代早期实现的现代节育技术的普遍推广产生了巨大影响。意识形态传统的混合物还包括女性主义传统、布尔乔亚主义、自由意志主义和社会主义的变体，与其他地区不同的是他们对瑞典产生了两次较大的政治影响浪潮。第一次浪潮的巅峰是妇女在1919年取得选举权，第二次浪潮则出现在20世纪60年代。

战争期间，由于瑞典的出生率是欧洲最低的，鼓励提高人口出生率的思潮占据了统治地位。因为对迁出和迁入移民的问题已经进行了讨论，在那个时代人口总数的下降成为直接与民族衰亡相关的重大政治议题。瑞典鼓励提高人口出生率但并不反对生育控制，而是主张"每一个儿童都应当是被渴望的儿童"，国家应当尽力鼓励人们生育合适数量的小孩，这一观点被广为接受。社会民主党在1932年上台执政以后开始将各种思想统一到应对"人口问题"的措施中。阿尔瓦和冈纳·缪尔达尔在1934年写成的著作《人口问题危机》中实现了各种意识形态的综合，后来缪尔达尔在1945年出版了一本英文扩展版的《人口问题危机》。这本书的作者主张人口政策和社会主义社会的经济政策应当是密不可分的，因此国家和家庭应当相互保护、共促繁荣。缪尔达尔的追随者将生育率下降归因于改进的生育控制、童工的减少，以及最关键的是家长身上日益增长的不公平的养育小孩的经济负担。家长被刻画成维持国家的贡献者，同时他们自身却因为这份贡献而受穷。社会政策的目标应当实现以25%的速度提高生育力，通过大幅度提高儿童福利来鼓励"中等规模的家庭"提高下一代的质量，降低私生子数量同时鼓励结婚，同时也强调在民主社会为人父母的自愿性特征。这些目标计划通过一整套对个人福利所有领域的集中化服务和援助来实现。缪尔达尔的追随者尽量使他们的政策远离同时期正在斯大林俄国和纳粹德国实施的政策。事实上，一开始"社会民主党抨击缪尔达尔的追随者，将他们称做民族主义，甚至军国主义；甚至一些保守主义者认为他们是在暗中推行社会主义"（Adams & Winston，1980：183），但最终还是鼓励提高人口出生率的观点获胜了。他们的计划毫无疑问特别强调普遍的福利措施，而不仅仅直接针对工人阶级或者穷人，他们还强调承诺使用家庭福利服务和受益来消除阶层之间特别是儿童之间的不平等。缪尔达尔的追随者的家庭政策路线主要是以儿童为中心的，与将儿童当做有价值的人力资本的观点相类似，他们认为国家应该加大对儿童的投资以确保其未来的安全。该计划在方向上当然不是女性主义的，并且家庭政策对于女性社会地位的影响没有直接表现出来。因此，缪尔达尔（1945：121）承认：

> 保护职业女性结婚和生育的权利变成了保护而非破坏家庭价值……在职业妇女中强制的独身或生育实质上是一种信号，即社会根据现代条件调节自身的无能为力。因此民主视野下的人口政策又为已婚女性争取就业权提供了一个新的支柱。

因此缪尔达尔的改革计划中包括产假及福利，社会化的日托以及鼓励男性承担更多的家务劳动。该计划的很多内容已经超出了社会民主党在20世纪30年代和40年代的实际政策制定的范围。缪尔达尔的书的重要性在于，对于社会主义者来说人口政策突然变成了撬动难以实现的与保守主义者合作的社会政治改革的杠杆，这些保守主义者本来还准备指望股票交易所的存款。（转引自Scott，1982：13）与凯恩斯反经济周期公共开支政策一致的人口政策因福利国家的膨胀而具有正当性，从更大层面上看这些人口政策直到今天仍然是对的。

紧随缪尔达尔的报告而来的20世纪30年代的家庭政策改革，包括公立医院提供免费孕产服务，为大家庭提供特别的公共住宅计划，根据家庭规模进行房租减免、儿童税收津贴、结婚贷款，为一些单身母亲提供生活费用担保以及为母亲提供就业保护。1948年普遍的儿童津贴代替了原来非正式的儿童税收津贴。虽然儿童津贴并不强制与通货膨胀挂钩，但大部分和具体物价保持同步（Olsson，1986：图20），并且增加到大约一个产业工人总收入的5%。20世

50 年代通过医疗保健和法定的产假来实现生育控制和家庭规划建议方面的法律条款被制定出来。在相关条款中引人瞩目的是缺少自由堕胎改革以及针对 7 岁以下儿童的日托和学前教育（小学从 7 岁开始），这两项内容很大程度上反映了对传统意识形态的挑战。有关出生率改革的效果是有争议性的，和其他问题一样这一问题在 20 世纪 30 年代中期之后逐渐平息下来，可能更多地与经济复苏和失业率下降有关。

有关家庭政策改革讨论的第二波浪潮始于 20 世纪 60 年代中期。提高人口出生率依然摆在议事日程上，特别是在那些保守主义者中，他们关注到大部分父母越来越多地倾向于只要一个小孩。随着贫困在需要抚养孩子的家庭中，特别是单身母亲家庭中的卷土重来，家庭贫困成为另外一个日益受关注的问题。比这两个因素更为重要的是，与 20 世纪 30 年代相比，妇女运动的新女性主义及其内涵以及因为女性就业增长而创造的需求都被牢牢地提上了政治议事日程。（Liljestrom，1978）这两个紧密关联的压力促进了“性角色平等”运动的出现，这一运动也是福利国家争取结果社会平等的广泛社会运动中的一部分，并且使得社会民主党在 20 世纪 60 年代走向激进化。

从 20 世纪 60 年代早期开始，大量女性社会学家、经济学家和心理学家研究了女性就业对家庭和儿童的影响以及男权制在家庭和女性就业机会上的影响。她们主张打破家庭内部现有的劳动性别分化，在福利国家和就业上实行平等机会政策，在家庭之外实施更为积极的行动。社会民主党的妇女组织在 1964 年采纳了这些观点，并且最终这些观点被整合进该党在 1969 年开始实施的“争取平等计划”中。然而，这份报告决不是一份女性主义宣言，正如斯科特（1982：7）解释的：

> 就像瑞典早期的社会措施能够被接受是因为它们是被当做 *51*
> 解决人口危机的方案提出来的……所以性角色平等计划也类
> 似，因为它是与每个人都相关的平等计划的一部分……因此，
> 与女性或男性的社会地位相关的一些更为激烈争论的措施被束
> 之高阁，所以说对女性的包容也只是存在于潜在状态。

　　紧跟着性角色平等运动而产生的许多政策改革包括自由堕胎法律改革、更长时间的法定产假以及扩大日托服务，下面我们将具体讨论这些问题。失业津贴也延伸到对福利国家没有投入贡献的家庭妇女身上。在所有政策中可能意义最重大的是，在1971年对男性和女性采取独立的税收制度，这对于一个妻子来说即使从事兼职工作也比丈夫工作更长时间要划算得多。(Scott, 1982: 72)

　　　单身母亲

51　　单身母亲的处境为展示当代瑞典家庭政策的成就和不足提供了一个很好的例证。1983年19%的有18岁以下儿童的家庭是单亲家庭（表A.16），其中90%是单身母亲家庭。瑞典单亲家庭的比重比英国和德国要高得多，但是比美国要低一些。只有9.2%的瑞典单亲家庭是穷人，这与本书中研究的其他福利国家相比，是一个相当低的比重。在1979年86%的瑞典单身母亲拥有工作，这是一个比本书中研究的其他国家高得多的比重，也比双亲家庭中母亲工作的比重要高许多（表A.17）。当家庭规模被折算进来（表A.18），瑞典单亲家庭的纯收入是双亲家庭纯收入的87%，这与其他三个国家，特别是美国相比是一个相当高的比重。然而假定福利国家鼓励了单亲家庭的存在无论如何是个大错误。相反，调查和统计分析清楚地表明单身父母在许多方面处于经济不利状态。(Kindlund, 1988: 76) 在1981年有20%的单身母亲家庭依靠社会救助，相比之下只有9%的单身父亲家庭和3%的双亲家庭需要依靠社会救助。单身父母并没有被保证获得最低收入，但是较高的维持性收入在1937年得以实现，并且收入水平随之不断上升。与物价挂钩、均一的支付大概是儿童津贴比率的一倍半，但是支付是有条件的，也就是领取支付的父母要努力实现父系的延续（Kindlund, 1988: 89），因此并非所有的单身母亲都能从中受益。大约有14%既处于单亲家庭又处于再婚家庭的儿童能够从维持性收入支付中获益，这部分支出是用儿童津贴来支付的。政府从父亲那边回收三分之一的支出补偿。瑞典的单身母亲家庭从福利国家获得的支持要比世界上其他任何国家都要慷慨许多，但是还远没有达到与双亲家庭相平等的程度。福利国家只是成功地做到了使她们中的大多数免予依靠家计调查为基础的社会救助。

福利分化

堕胎

直到 1975 年进行自由改革之后，和其他国家一样瑞典争取脱胎
权利运动才如火如荼地开展起来。1934 年人们十分关注明显增长的
非法堕胎数量，一个政府委员会建议在一些特殊事件上脱胎应当非
罪化。这些特殊事件不仅包括强奸和遗传性问题，也包括社会现象
如那些母亲大多数情况下处于身体极度衰弱状态，生活在悲惨的贫
困当中，容易遭受职业损害或者容易背负未婚先育的羞辱，以及生
育小孩可能损害夫妻关系。然而人口委员会开始将缪尔达尔的观点
转变成政策，否决了堕胎委员会的报告，他们认为母亲们所面临的
社会问题应当通过福利国家的福利和服务，特别是生育控制来缓解
和预防。唯一一个人口委员会赞成的能够进行合法堕胎的社会状态
是那些身体极度衰弱的母亲，对于她们来说生小孩可能会危及其生
命。人口委员会的观点占据了主流并且在 1938 年立法规定只有当生
育对母亲的生命和健康存在严重威胁时堕胎才是合法的，对于威胁
程度要由医生十分谨慎地作出解释。同样在 1938 年，禁止出售和发
放避孕药的法令被废止了，这促使爱莉丝·奥特森·詹森这个性教
育志愿者发出这样的评论"人口委员会在避孕药问题上所鼓励的志
愿亲职的美好信念也在堕胎问题上有所松动"（转引自 Liljestrom，
1974：43）。保守主义和自由主义为一方，妇女组织和蓝领工会为另
一方，两方之间就合法堕胎问题展开了激烈的斗争。在此背景下，
在 1946 年原先对合法堕胎所作的非常严格的社会医学方面的限制明
显放松了。在 20 世纪 40 年代和 50 年代非法堕胎的数量估计是合法
堕胎数量的两倍多，但是为了得到一个合法堕胎名额，这个妇女必
须"以她自己很虚弱并且生活不能自理为由来说服医生。她必须屈 *52*
服于诊断的游戏规则，必须要表现出无力的、颓废的或是神经质
的……而不能表现出有活力的、负责任的和成熟的样子"（Liljes-
trom，1974：59）。

在 20 世纪 60 年代随着妇女运动的兴起和对堕胎的社会和医学
态度的日益变化，基于社会因素而进行合法堕胎的数量开始上升，
直到 1974 年相关的改革方案在议会获得通过，非法堕胎就此消失
了。瑞典政府用了 10 年时间来制定堕胎的自由主义改革法案。1965

年瑞典政府任命了一个政府委员会，该委员会在 1971 年报告说，女性应该拥有即早、安全和合法的堕胎的权利，但这并不意味着堕胎可以被当做一种生育控制形式，堕胎仅仅是一种"最后的手段"。最终该方案在 1974 年获得议会批准并且在 1975 年初开始生效。该法律规定如果医生确信不会给孕妇的生命和健康带来伤害，那么她就有权终止怀孕最多 18 周的妊娠。在第 20 周之后，社会工作者必须调查堕胎女性的状况以此来通告医生的决定。医生拒绝对孕期未达到 18 周的孕妇实施堕胎必须上报到健康委员会用以备案。对于怀孕 18 周以后的情况，医生的任何决定都必须上报到健康委员会，同时由社会工作调查进行通报。除非危及孕妇的生命，否则如果胎儿可以被生育却进行堕胎就是非法的，但是对于胎儿健全的判定具有一定的医学上的酌情空间。

　　1974 年的堕胎方案改革似乎在瑞典赢得了广泛的赞同，最终这一议题似乎已经从政治议事日程上消失了。从方案实施以来，粗略来看堕胎的数量基本维持不变，与英国相比，瑞典的堕胎数量基本维持在每 1 000 名 15 岁到 44 岁女性中有 20 例的水平上。医疗保健和堕胎方案取得一项十分明显的成就在于 95% 的堕胎是在怀孕 13 周前进行的，这对于女性来说更加安全，对于医疗保健制度来说也更加经济。与其他国家相比，这是非常顺利的。

　　日托与育儿假

　　从 20 世纪 60 年代之前开始，女性就业的增长以及伴随而来的性平等和妇女运动的兴起对社会政策产生了显著影响，使得社会政策关注儿童的抚养和照顾，特别是那些年龄在 7 岁以下的学前儿童。到 1983 年绝大多数（82%）学前儿童的母亲有工作，这与本书研究的其他三国的情况形成了显明对比（表 A.15）。相关政策在两方面得到发展，首先通过在日托上大量增加公共投资，其次通过给予父母实质性法定权利享受带薪产假来照顾儿童。这两项措施明显能够互相补充，一项措施特别对那些双职工家长提供离家的看护支持，另一项措施支持在家的亲代抚养。值得注意的是两项政策设计的初衷都是为了使双职工家长以及他们的小孩获益，而不是不管这些父母是否有工作，普遍地为所有人提供福利。毫无疑问，这反映出在瑞典女性的就业比例非常高，因此可能另人感到奇怪的是关于儿童照顾的争论并不是围绕着儿童为中心的。

1974 年瑞典开始实施双亲保险计划，并且从那时开始定期提高保险水平。基本权利包括由社会保险支付的期限为 12 个月的，收入额度为在职总收入 90% 的休假，这一带薪休假可以由父母们根据其意愿自由享受。父母必须在同一雇主那里连续工作 6 个月，或是先前工作的 24 个月中有 12 个月是在同一雇主那里工作的，这样才能有资格享受双亲保险。父母双亲不能够同时休假，但是可以将假期分成不同的几个阶段。据拉帕波特和莫斯（1989：10）所说：

> 又进一步获得 6 个月的无薪休假，这样从 1991 年开始父母 *54* 们的全部 18 个月的休假变成按照 90% 在职收入的标准来支付；事实上这就等于有资格享受将近 20 个月的休假，因为休产假的人同时也有资格休年假……实际上大部分父母在生完小孩后就立即一次性休完所有的假期。从 1989 年 7 月开始，休假的期限被延长到了直到小孩 8 岁为止。

政府比较希望父母们能够将休假拉长到一个更长的时段，或者是在部分时间休假。其他能够获得在职总收入 90% 的休假权利包括"50 天的怀孕休假，10 天的父亲产假，当儿童生病需要照顾或者他们的正式看护人生病导致其需要看护时，家长可享受每年每个儿童 9 天的假期（在 1985 年平均每个生病儿童父母的假期是 7 天），以及每年两天的假期用来参观儿童的幼儿园或者学校"（Rapaport & Moss, 1989：10）。所有这些其他假期所需资金都由社会保险支付，并且没有资格限制，所有劳动者都有资格享受。最后，父母有权每天只工作 6 个小时直到小孩长到 8 岁为止。不巧的是没有关于产假休假率的官方统计数据，但是通过上文我们讨论过的"缺勤率"数字，可以肯定产假休假的比重是高的。1986 年有 83% 的父亲休产假，但是父亲们除了休假照料生病的小孩，很少休其他规定的假期，在 1985 年父亲们只使用了 44% 的假期。因此，1984 年在子女出生的前 6 个月里面，父亲只占用了其 1.9% 的假期，在子女出生 6 个月后的时间里这一比例上升到 9%。在 1974 年到 1980 年之间父亲们的育儿假期的使用与母亲们相比上升了，但从那之后就开始适度下降。新特基斯（1987：151）认为这种情况是"经济形势"的结果，也即实际收入的下降和就业安全感下降迫使父亲们少休育儿假。瑞典家庭中角色颠倒的现象明显要异常得多。拉帕波特和莫斯（1989：38）获得的印象是"瑞典的父亲们比英国的父亲们承担了更多的家庭责任，但是并没有充分的证据能证明这一点"。到了20世纪90年代，政府的平等机会政策试图鼓励男性多休育儿假。总的来说，非常明确的是瑞典的社会政策在鼓励对子女的亲代抚育上比较多地倾向干涉主义，相比之下其他国家更加典型的只是由政策制定者和政治人物提出一些观念上的告诫。

在过去20年里针对7岁以下儿童的学前和稍大一点孩子放学后的日托提供公共供给和资金已经成为瑞典福利国家最显眼的新服务发展。日托还是一如往常，但是改变了定义和变量使得对日托的膨胀作出精确的定量测量变得不可能。在1967年，根据波冯斯坦和威廉－欧尚（1973：表13）的研究，父母工作的7岁以下的儿童绝大部分都是由私人来照看，大部分是在家中由保姆、亲戚或者伙伴来照看，也会由私人保姆来照看。只有16%的儿童进入到全托或者半托的幼儿园或者学前班。到了1987年所有7岁以下的儿童中，53%仍然是由私人来照看，并且主要呆在家中；另外47%的儿童由专职保育员或者是市政日托机构来照看。（Broberg & Hwang，1991：表5.6）到了1987年34%的3岁以下的儿童在市政托儿所接受照看或者是由专职保育员来照看。到了1991年政府计划向所有父母在工作、学习或培训中的超过18个月大的儿童提供公共日托或者专职保育场所。

这些数据背后反映了过去20年间两项主要发展，即集成管理的市政日托服务和市政专职保育服务的发展和扩大。日托服务包括托儿所、母亲俱乐部和半托幼儿园。服务供给在地方行政当局中间有很大的差异，一些地方为3岁以下的儿童不提供看护场所或提供很少的看护场所。绝大部分地方行政当局也组织专职保育计划：

> 保育员领取的是混合月薪，但要求她们至少照看4个全托的孩子，或者为那些半托的孩子提供相同时间的看护；为了拿到薪水，她们许多人还必须照看那些8岁到10岁的需要半托的

孩子。如此多的儿童都是以半托的形式参加组织化专职保育计
划，其中一个原因是许多市政当局只接受有全托需要的儿童到托儿
所，他们声称托儿所太昂贵了不能只用做半托照看。（Broberg &
Hwang，1991：78）

该报告明显给人以这样的影响，即市政日托是一份收入十分有
限的并且几乎由女性来承担的辛苦工作。由儿童家长支付的报酬占
到了专职保育和市政日托人员收入的 10% 至 15%，同时家长们的支
付还与他们本人的收入状况相挂钩。单亲家庭优先获得日托服务，
但是市政日托服务却忽视了移民家庭的孩子。（Broberg and Hwang，
1991：90）

专职保育和市政日托反映了长期存在的政治观点的分野，这一
政治观点的分野在过去 20 年的政治议事日程上占据主导地位。（Ad-
ams & Winston，1980：99；Broberg & Hwang，1991：96 - 98）在政治
权利方面，保守和中间政党都反对市政日托的扩大化，他们认为在
这方面进行公共投资对于那些陪伴小孩待在家中的父母来说是一种
歧视。这些政党主张国家应当通过更加普遍的儿童照料津贴鼓励更
多的父母待在家中。只有当两方面都能够得到公共津贴支持的时
候，父母才能够在待在家中和购买日托服务两者之间作出选择。非
社会主义倾向的地方行政当局更倾向促进专职保育，并把专职保育
看做日托的一种更为灵活和家庭化的形式。在扩大市政日托这个问 *56*
题上更为传统的地方行政当局和中央政府之间存在相当大的矛
盾。（鲁杰，1984：第 6 章）非社会主义倾向政党关注的焦点在于使
用市政日托上出现的阶级不平等现象。根据布博格和黄（1991：
130）的研究，"父母的教育程度和职业地位越高，他们会更早地将
子女送到家庭之外的日托当中"。事实上，在使用日托上的阶级差异
可能更多地反映了养育子女的文化态度的差异，在这一点上非社会
主义政党似乎更占上峰。而居住在乡村或是相对传统地方的中产阶
级父母抱怨缺少托儿所，托儿所成了单身父母和贫穷儿童优先选择
的对象。

与福利国家的其他发展一样，瑞典公共资助型日托的扩张也卷
入了对阶级和性别议题的关注。公共资助型日托决不是对所有需要

它的人来说都是可得到的，大部分公共资助型日托都是建立在半托的基础上的，不清楚这是否是母亲们的需要或是由雇主对兼职工作人员的需求以及日托公共资源的有限所决定的。

新男权制？

以上我们展示了大量对瑞典家庭政策的比较分析。绝大部分分析者赞同，从20世纪60年代开始的改革与女性就业需求与机会密切相关。比如鲁杰（1984：299）根据不同国家女性就业者在劳动力市场中的地位及其与国家的关系上的差异来解释瑞典日托事业的蓬勃发展，相反英国的日托发展却陷入了停滞。鲁杰强调瑞典显明的法团主义，劳工运动、资方和国家之间的合作有力地推动了女性就业的提升。因此有关瑞典女性就业者最明显的进步是各种就业者之间的"趋同化"趋势……以阶级、职业和性别为基础的就业者之间的差异正在逐渐消失并且对就业者的机会和工资的决定性作用越来越小。（Ruggie，1984：340）根据劳动力性别分割的证据作出以上判断可能有些过于乐观主义，但是普遍得到认可的是瑞典女性事业的快速进步是与其国内社会主义和劳工运动的蓬勃发展密切关联的。鲁杰（1984：24）驳回了女权主义的解释，但她所说的也不能完全说

明瑞典和英国在女性政策上的明显区别。亚当斯和温斯顿（1980）根据两个国家不同的女性主义策略来解释美国和瑞典之间女性社会发展的区别。他们指出瑞典女性已经通过社会政策改革去追求"社会女性主义"，而美国女性还在通过法律和制度改革去实现"权利平等的女性主义"。亚当斯和温斯顿提出瑞典女性已经选择通过已有的政治和社会组织而非更加自治的组织形式去推进自己的目标。社会女性主义在瑞典民主社会中扮演着重要角色，不仅仅是在社会民主和劳工运动中。正如亚当斯和温斯顿（1980：157）指出的那样，"很难说福利国家反映了职业妇女的各种需要，因为在大量女性进入劳动力市场之前绝大部分社会民主党的福利计划就已经存在了"。女性在形成20世纪30年代人口政策上的实践主义并由此造成人口政策在实践过程中没有体现强烈的民主意识，这已经成为瑞典家庭政策的一个显著特征，这也使得瑞典的家庭政策明显区别与同时代的斯大林俄国和纳粹德国的家庭政策。

将社会女性主义成功整合到主流政治中有效地阻挡了更具批判性和更为激进的女性主义运动的发展。斯科特（1982：158）暗示，在瑞典诸如强奸危机中心、遭受家庭暴力女性庇护所、自助女性健康诊所等自发、自治的女性主义发起组织很少见。"女性主义"一词在瑞典比绝大多数西方国家更具革命和分离主义色彩。因此，对这类自发、自治组织的需要十分强烈，并且在20世纪80年代已经开始出现相关组织。（Morgan，1984：661-663）正如斯科特（1982：157-158）所说：

> 瑞典福利国家自相矛盾之处在于其自身已经吸收了很多女 *57* 性主义的要求，同时瑞典女性发现要"摆脱男性价值体系下'平等性'的侵蚀"似乎比其他方面更加困难……男性感觉他们已经为女性做了很多……但他们希望所做的这一切都必须在现有的男性制度框架中完成。

近来许多来自斯堪的纳维亚国家的女性研究者通过剖析男权制来分析瑞典福利国家的局限性。爱马仕（1987）将斯堪的纳维亚福利法团主义看做在男性主导的法团制度的男权制的重构，同时女性正严重依赖于这种男权制的重构。女性比男性在就业上更加依赖于福利国家，她们的日常生活比男性的生活更为直接地依赖福利国家的服务和福利，因为女性仍然承担着更多的家务和照看小孩的负担。在更为宽泛的法团主义制度和福利管理的更高级别上的真正权力仍然掌握在男性手中。爱马仕（1987：76）指出，因为女性在事关分配的实际决策过程中只起到很小的作用，我们可以将斯堪的纳维亚国家模式形容为一种保护女性的国家。伯乔斯特和斯埃姆（1987：154）也指出，作为女性从福利国家发展中充分获益的结果，男权权力仍然通过女性同时作为母亲和就业者的双重角色的制度化来维持，这使得男性可以充分巩固其在公共和私人法团主义制度中的权力。斯堪的纳维亚福利国家因此对女性产生了自相矛盾的影响，一方面扫除了一些有关女性首先应该从事无报酬的家务劳动的传统男权主义的固有看法，另一方面对女性来说既是雇用者又是供给者的福利国家形成了一种新形式的男权主义公民权。

医疗保健制度

财务与管理

58　　从技术上来说，瑞典的国家医疗服务和英国或者意大利的国家医疗服务没有多大的渊源。这是因为大量医疗保健服务和财务不是由中央政府直接控制的，而是由选举出来的地方当局——县议会来控制的。另外，门诊诊疗和一般项目服务是由地方半自治性质的疾病保险基金来支付。国家的所有公民不论是否是纳税人都有权享受住院、门诊和初级医疗服务。病人需要为一般项目服务和门诊诊疗付费，在 1984 年费用是私人医生（在保险基金登记备案过的）5 克朗*，公立医生 4 克朗。牙医服务需要处方费用和补助性费用。住院是免费的，不过长期住院的慢性病患者必须每天支付 3 克朗的费用。纳瓦罗（1975：74）十分确定地指出"将瑞典保健制度的基金看做国家健康保险的例子实际上是一种误导，因为瑞典医疗保健的获得不是建立在以贡献确定资格原则上的，并且90%的基金来自于地方和国家税收。

　　使用另一个不同变量，可能会发现瑞典公共部门的健康服务比英国更为广泛。因此，1984 年瑞典在健康服务上的公共开支占到了健康服务总开支的91.4%，这在经合组织国家当中是第二高的，相比之下英国的比重是 88.9%（表 A.19）。在 1985 年，只有两家小的私人诊所提供急诊服务，并且只有5%的医生在私人医疗部门工作。正如 M. 戈登（1988：210）解释的，虽然患者去看私人从业医生，但是绝大多数私人从业医生是与医院或公共诊所相关联的，他们的个人收入补充着他们从公共资源那里获得的基本收入。早在 1960 年，英国和瑞典就成为 6 个提供100%住院治疗公共覆盖的发达资本主义国家中的两个。与英国相比，瑞典最引人瞩目的地方就是国家资源投入到健康服务上的比重（表 A.20）。1984 年英国的医疗保健支出占到了 GDP 的 5.9%，相比之下瑞典是 9.4%，只有美国能超过

_____

　　*　"克朗"为瑞典的货币单位。

福利分化

这一比重。根据每个人的医疗保健总支出（调整为同等购买力），瑞
典在1984年是每人花费了1 445美元，相比之下经合组织国家的平
均水平是917美元（OECD，1987：表20）；在表A.21中也能看到相
关数据。从1960年到1975年在18个经合组织成员国中，瑞典的医
疗保健开支占GDP比重的增长是最快的，但是到20世纪80年代瑞
典又成了占比增长最慢的国家之一（表A.22）。根据瑞典健康福利管
理委员会的资料，在20世纪80年代，国家已经对县议会（其提供了
大部分健康服务）设置了严格的费用限制，并且取得了一定效果，医
疗费用占GDP的比重从1982年的9.7%下降到1986年的9.1%。（转
引自Diderichsen and Lindberg，1989：222）这意味着和德国以及英国
一样，瑞典非常成功地在国家财政危机的背景下控制住了医疗保健
费用。

　　瑞典医疗保健制度决定性的管理和财务大权掌握在26个郡议会 *59*
手中，他们掌管着医院和绝大多数通过门诊诊所实现的初级保健。
在战后经济发展的黄金时代，对新医院的大量投资随处可见，以医
院为基础的科学医学占据支配地位，相比之下对初级卫生和预防医
学措施的投资要少得多。为了使医院数量的增长更加理性化，1962
年中央政府出台了法律详细规定了住院治疗服务的标准和规章。对
新医院建设和医生培训的政府拨款被用来鼓励遵守政府的相关法
律。到了20世纪60年代晚期，"主要因为大众中的不满情绪超过了
不断增长的地方税收"（Navarro，1975：5），这些地方税收是医院主
要的资金来源，医疗保健计划机制被加强了并且开始发挥明显作
用。因此从20世纪70年代早期开始医院数量的增长开始下降。到
1982年瑞典对郡议会的中央集权控制明显减少。1962年的立法被废
除以此来支持非集中化的管理，其中，

　　　　详尽的中央管理和近距离的监督被宽泛的计划和协调取
　　代……国家现在依靠两个途径来指导郡议会的行动：通过对政
　　府希望看到的各种健康计划提供特别拨款，还有通过在国家保
　　险制度上设计特别条件以此来使郡议会对一些特别计划更感兴
　　趣……国家投资被引导到预防医学和精神病医学上。（Lane and
　　Arvidson，1989：86-87）

　　　　这一改革减少了中央政府在管理医疗保健上的直接权力，但是在这一制度下地方政治家在控制医疗费用上压力很大，因为这直接影响到地方税收。因此在整个 20 世纪 80 年代，很少有新的医疗保健项目上马，而且同时越来越强调经济效率。一个明显的变化就是直接根据预算来确定临床医生的数量，也称做"基本单位制度"。这可以形成更好的财务责任制和财务规章，同时如果不能上升到临床水平，医疗专业人员的权力就被保留下来。(Lane and Arvidson，1989：94) 医疗保健上的去集中化管理和费用意识之间的矛盾和复杂性十分巨大。

　　　健康体系中的权力斗争

　　　瑞典的医疗保健议题似乎是非常去政治化的，从某种意义来说围绕医疗保健议题明显的政治或社会斗争很难见到。多少有些异乎寻常的是，这可能反映的现实是，医疗保健服务在形式上是由地方选举出来的政治人物控制的。这不可避免地意味着消费者、工会和医疗保健的专业政治是在现有的地方政党政治结构中运行的。因此，医疗保健政治学没有直接纳入主流政治学中。对旁观者来说，事实上有关优先权、资源和产业关系等的决定形成是高度科层制化的，并且主要由中央和地方政府会同医疗行业来处理。

　　　自从社会民主党在 20 世纪 30 年代取得执政权以来政府和医生之间就医疗行业的社会地位和报酬问题进行了持续的斗争，在这背后反映了在卫生行业自治上的普遍冲突以及政府试图控制医疗行为的企图。社会民主党在 20 世纪 30 年代上台执政的时候允诺要在只有 30% 的医生受雇于郡议会医院的背景下实现国家医疗保健服务。医疗服务由在自己诊所开业的私人医生或者是以论量计酬为基础的公立医院来提供。到了 20 世纪 70 年代，正如上文所提到的，绝大部分医生成为公共医疗保健制度中拿工资的雇员。这一转变并不是一帆风顺的，而是通过两个过程才得以实现的。首先，政府组织了一个委员会在 1948 年公开出版了一份关于医院外服务和门诊服务的报告。事实上委员会中有 5 人不同意这个报告，这在瑞典非常罕见，但是这个由瑞典国家医疗委员会总干事阿克塞尔·霍耶制定的少数人支持的报告反映了社会民主主义思想。在霍耶看来：

个人需要的所有医疗保健服务在治疗时都应该是免费提供
的。通过现有的管理机构来传递这一理念是社会的责任，这一
管理机构要包括和协调公共卫生、住院治疗以及建立在个人基
础和非卧床医疗服务之上的预防医学。特别是非卧床医疗服务
过去大部分都依靠私营医生的状况必须由公共医疗服务来提供
和管理。（转引自 Serner，1980：101）

换句话说，霍耶希望建立一个全部由政府雇用的拿工资的医疗
服务行业，一个包括预防、治疗和护理服务在内的体系，并且所有
的医疗消费都是免费的。他的观点与英国的同行安奈林·贝文基本
上一致。和贝文一样，霍耶的建议受到了来自瑞典医学协会为代表
的医疗行业的强烈反对。正如安德森（1972：78）解释的那样，"霍
耶是一个公开的社会主义者，但即使在瑞典这一标签并不与医疗行
业非常吻合的国家"。社会民主党没有充分发动公众和工会支持霍耶
的建议，他们躲在幕后，改革的行政策略失败了。瑞典医疗协会在
反对霍耶上要比英国医疗协会反对贝文的努力成功得多。因此，最
终在 1955 年政府实施补充医疗保险来覆盖非卧床医疗，医院外的医
生继续以个人论量计酬为基础从事医疗服务，同时病人从保险基金
中偿还一定比例的医疗费用。

在整个 20 世纪 50 年代和 60 年代，医疗行业的情况发生了变 *61*
化，那些坚决捍卫医务人员地位的老一辈卫士们渐渐退休了。新投
资的重点集中在作为瑞典医疗保健制度核心的郡医院的住院医疗
上，由此导致一般医疗服务的萎缩。越来越多的医生成为国家雇用
的住院医生。瑞典医疗协会内部冲突集中在住院医生之间的收入不
平等，特别是那些能够从论量计酬服务中受益的医生和那些不能从
中受益的医生之间的收入不平等。这与 20 世纪 60 年代社会民主党内
部出现的平等运动相一致。因此 20 世纪 70 年代医疗保健官僚制度中
的合作理性化推动者成功地将所有住院医生全部雇用化并且成功地
废除了对非卧床医疗服务的论量计酬。这项改革后来被称做"七项
王冠改革"，即根据 70% 的费用膨胀率来命名的。事实上出现了一个
双重费用膨胀制度，如果去看私人医生要支付高得多的医疗费用，
排队去看公立医疗机构的医生费用要低许多。到 1971 年医生和其他

公共部门专业技术人员工会的成员一样继续为工资和政府展开激烈的斗争，这一斗争因为紧急情况而中断。医生们已经进入到传统的集中交涉阶段，并且一些霍耶制定的规则得以实现。在获得非卧床医疗服务可及性上的不平等被大大减少了，同时困扰低收入人群的费用屏障也下降了。医学专业人员内部的收入差距减少了，更多的优先权给予那些诸如精神病学和老年医学等地位相对较低的医学专家。"七项王冠改革"是社会民主党内部平等运动的主要成就之一，并且成功地向人们展示了瑞典的医疗行业是如何没有权力的。（Starr and Immergut，1987：237）

　　20 世纪 70 年代和 20 世纪 80 年代期间，社会民主党和瑞典医疗协会之间的关系出现更为和谐的景象，也没有出现明显的冲突。1979 年国家强迫医生们到缺少医疗资源的地方去工作，对此瑞典医疗协会发起了"保护自由事业"运动来应对政府的要求，但总体来说医生们似乎是与该计划合作的。最近的 1982 年瑞典医疗协会反对医疗服务管理的集中化趋势。这项管理改革的一项重要内容就是将管理责任从临床责任中明确区分出来，以及主张最终的医疗责任由郡议会来承担而不是由具体的医生来承担。瑞典医疗协会没有在争论中占据优势，但是有意思的是，随着 20 世纪 80 年代在医疗保健开支实际增长上的冻结，郡议会在确立临床优先权和具体开支上已经没有多少操作空间。合作理性化推动者（政治家和管理者）和医疗行业之间的冲突在郡医院的权力之路上继续进行。

　　健康状况与健康不平等

62　　瑞典人的健康水平无疑是全世界最高的之一。婴儿死亡率已经在西方世界持续保持最低水平，在 1985 年是 6.8‰。预期寿命也是西方国家中最高的之一，明显要比本书中研究的其他资本主义国家好。在这些参数上，瑞典和瑞士的情况一样。（OECD，1987：表 8和表 9）麦克斯韦（1981）在 20 世纪 70 年代对 10 个最发达的资本主义国家使用 17 种年龄和性别比的死亡率进行综合排序，结果瑞典排在第一位，一定程度上领先于在医疗保健上相对开支较低的瑞士（表 A.23）。这些统计数据可能在很大程度上反映了瑞典的生活水平与福利国家总体上相比是相当高的，特别是在医疗保健制度方面，虽然麦克斯韦的发现也暗示着社会民主主义福利国家可能会产生一些不同的影响。

　　和英国一样，整个20世纪70年代三个核心的相互关联的议题在瑞典卫生政策领域占据主导地位：削减资源、提升技术需求和成本以及根据健康状况和健康不平等区别对待。强调采用医院为基础的、治疗的和高科技途径进行医疗保健的"技术主义理念"在瑞典医疗服务上尤其占据主导地位。因此，与美国或者英国相比，瑞典的住院医疗占据更为优势的位置，相比之下非卧床医疗就不是那么普遍。这种情况在20世纪80年代随着门诊中首诊医疗预算翻番开始发生变化。我们可以部分根据社会民主党所强烈主张的将技术理性作为工业和社会进步的副产品运用到医疗保健上来解释瑞典特别重视医院的医疗技术。（Diderichsen，1982：195）到了20世纪70年代中期，在野党反对社会民主党在技术理性上的相关设想，并将其应用到核电上，逐渐在绿色运动的形成过程中获得了动力。社会民主党在核电问题上过于自信的承诺是导致其在1976年下台的主要原因。

　　因此，不断上升的健康需求和有限的卫生资源面临的不断增长 *63* 的压力造成的困境，不仅导致了1982年的管理集中化，也让人们重新关注预防医疗和健康结果的平等性。与英国不同的是，并没有迹象表明这些议题是由公共部门工会和左翼推动的，因为他们从来就没有在公共论战中取得特别的优势位置。（Carr-Hill，1989：40）然而社会科学家和流行病学家在20世纪70年代发现在死亡率和患病率上有明显的不平等。雷·格兰德（1989）考查了大量工业社会中人口总体死亡率的变动情况。他发现虽然瑞典儿童和婴儿死亡率的总体不平等情况很低，但是就成人来说，瑞典与22个国家死亡率的平均变动情况相比并没有好很多。有关死亡率的阶级差异的数据不是很多，因为政府还没有意识到这些变量，但是在有限证据的基础上，艾里克森（1987：56）推断说"瑞典不同阶级之间在死亡率上存在一些差异（虽然比较小）"。瓦尔科宁（1989）认为对于男性和女性来说，包括瑞典在内的6个国家的成人死亡率与受教育水平有关，另外一个影响因素是阶层。运用1968年、1974年和1981年的生活水平调查资料，谢尔斯特伦和伦德伯格（1987）发现女性、老

年人和蓝领工人阶级中存在明显更高的健康问题发生率，并且从
1968 年以来他们的不利程度在很大程度上依然没有什么变化。和其
他工业化社会一样，瑞典女性比男性承受更多的疾病和健康问题的
困扰，虽然她们的预期寿命更长。在过去一段时间里，人口中健康
状况差的群体对医疗卫生服务的使用显著增长，这意味着不平等可
能以其他方式扩大了。然而，对于退休的人来说医疗保健的获得依
然比较困难。(Diderichsen，1982：194) 这可以反映出非卧床医疗的
付费原则和这样的现实，即穷人不得不排队而且比那些可以支付更
高的费用来看私人医生的人等待更长的时间来预约医生。有限的证
据表明福利国家作为一个整体在抑制健康状态的阶级和性别不平等
上只是起到了有限的作用。

在 20 世纪 80 年代早期由政府组织的关于这些议题的专家报告
促成了 1985 年健康政策法案的通过，该法案认识到"应该给予那些
处于高风险状态的社会群体特别的关注⋯⋯体力劳动者和低工资收
入雇员、移民、长期失业者、独居者、离婚男子以及那些收入水平
低以及具有社会和精神问题的父母的子女"（转引自 Dahlgren and Di-
derichsen，1986：536）。

令人奇怪的是，女性的健康问题没有被特别提及。法案也建议
为预防医学、公共卫生、流行病学和初级保健提供特别资源。该法
案在保守主义、社会民主主义和激进主义公共卫生方案三种完全不
同形式的政策处方之间进行了艰难的折中。包括瑞典保守党在内的
保守主义强调通过竞争和私有化来增加不动产资源，同时强调个人
应对与生活方式有关的健康问题负责。主流的社会民主党仍然强调
科学医学与公共部门高成本效率的计划和管理相结合的好处，以及
医学技术和药物对于瑞典出口的重要性。经济增长的进步会给医疗
保健和更低水平的失业率提供更多的资源，同时也被看做对健康问
题的主要贡献因素。激进的公共卫生运动主张实现根本性的转变，
优先发展初级保健和预防措施，以低健康水平群体为目标。他们将
政策重点从个人生活方式改变转向强调确保所有群体能够作出充分
的选择这一共同的公共责任。该法案实施之后的第一份公共健康报
告（再版在 Diderichsen and Lindberg，1989）慢慢走向激进立场，但
似乎也不能说该法案意味着瑞典在健康政策和优先发展上实现了真

正引人注目的转变。在这种合作中，私人资本继续实施对工业、金
融和商业的控制而没有受到政治干预的较大冲击。

结论

从 20 世纪 30 年代开始，社会民主主义统治已经形成了瑞典式的
福利国家，这十分明显地区别与本书研究的其他福利国家。这种统
治建立在组织化劳工、资本和国家之间一定程度的合作之上，而这
种合作在其他福利国家是不存在的。瑞典经济在很大程度上由私有
利益集团所有和控制，不管人们无数次地将瑞典描述成社会主义国
家。瓦伦堡家族有效控制着超过斯德哥尔摩股票交易总值三分之一
的财富。然而这一极具动力的资本主义经济与大范围的福利国家的
发展一起实现繁荣。从 20 世纪 30 年代以来，正如我们看到的那样，
福利国家已经成功改善了福利上的阶级和性别不平等，虽然同时也
重建甚至维持了阶级、性别和种族不平等和压迫的形式。社会民主
主义统治也许暗示着福利国家和资本主义经济的成功发展是一个共
生的过程，但这是不可证明的。从 20 世纪 70 年代开始，和许多其他 *64*
国家一样，私人资本以及一些社会民主党人已经开始相信福利国家
对实现进一步的经济增长是一种严重的拖累。在左翼看来，正是因
为私人资本不受限制的活动给福利国家在失业、再教育、社会角色
错位、提前退休等方面带来了额外的负担。毫无疑问的是到了 20 世
纪 90 年代，社会民主主义统治面临着自 20 世纪 30 年代以来最大的
压力。这一切在 1990 年的 2 月变得明朗起来，当社会民主党政府没
有在议会通过一揽子改革计划之后只好辞职了，这一揽子的改革计
划包括为期两年的工资冻结以及禁止罢工，以此来换取人们继续支
持福利国家。政府撤回了工资冻结和禁止罢工，但是现在仍然提议
实施更高的间接税，削减社会救济以及推迟本来计划在 1991 年延长
的产假。在这些斗争的背后是许多其他福利国家共同面临的许多
议题。

首先是福利国家对工人阶级影响的问题。在瑞典工人阶级当中
越来越多地人感觉到，福利国家有差别地使专业技术和经理群体获
益，并且工人阶级可能在税收上对福利国家的贡献和福利国家的成

72   本不成比例。有关东欧和其他地方福利国家的此类争论也是普遍存在的。一种可以理解的反应是呼吁增加工资和减税从而把钱放到工人的口袋中，用这些钱工人们可以购买他们需要的福利服务和产品，而用不着国家向他们发号施令使他们的需求应当如何得到满足。比如在日托问题上这一争论已经得到了证实。另一相关议题是福利国家的渐行渐远以及专制主义。围绕着社会救助申请者的权利、毒品成瘾、儿童看护等问题的时候，这一问题已经变得十分突出（Gould，1988），瑞典式的福利国家已经倾向采取相当专制主义的行动模式。这种模式对更为有效的福利权利，对顾客的更好维护以及更多的消费分享存在着日益增长的压力。这又与第三个方面——过去20年间新社会运动的出现相关。在一定程度上，社会民主主义统治的力量阻挡了一些这类运动，比如上文讨论过的自治性的妇女运动。然而反核电运动以及和平运动在过去几年里对政治领域的影响日益增长。在1988年绿党第一次跨越了4%得票率的门槛并且因此获得了议会议席。他们关于地方分权和消费者权力的哲学影响着社会民主党。最后，很明显的是作为对国内过高水平法人税的反映以及作为欧共体单一市场中确定的一员，瑞典企业越来越多地到海外进行投资。

65   1982年到1991年的社会民主党政府努力应对这些压力，同时尽力解决通货膨胀并尽量保护福利国家，无疑福利国家的现有模式仍然十分普遍。因此谈论社会民主主义统治的崩溃是十分不成熟的，虽然很明显已经可以看到福利国家的增长在20世纪80年代已经终结了。新的中右翼政府在1991年成立，和他的前任在20世纪70年代一样不可能进行激进改革。然而，从长远来看，其统治将会适应新资本主义和国际现实，在缺乏可行的社会主义模式情况下走向社会市场经济模式的新现实主义。

福利分化

第三章 德国：社会市场经济福利国家

德意志联邦共和国根据基本法即重要的成文宪法诞生于 1949
年。占领德国的西方盟国，特别是美国政府对这部宪法的形成和战
后德国社会的形成发挥了重要的影响。该宪法特别强调对政府社会
政策的法治和管理。这部宪法还委以福利国家方面相当大的权力给
地方州和地方政府。关于这部基本法在何种程度上满足社会主义者
或其他激进要求存在着持续不断的争论，但是也可以解释说，迄今
为止这部宪法推进了"一种具有一定社会导向的私人资本主义哲
学"(Sontheimer, 1972：34)。在德国具有决定性作用的政治力量是
基督教民主联盟（CDU）及其更加保守的来自巴伐利亚的搭档——
基督教社会联盟（CSU）。它们共同领导了 1949 年以后的联邦政府，
除了社会民主党（SPD）和自由民主党（FDP）联盟在 1969 年到
1982 年之间执政过。所有的执政党都将社会市场经济思想作为其意
识形态的外壳。

德国的政治经济可以被划分成三个有时间顺序的阶段。直到 20
世纪 50 年代末期大多数人仍然生活在相当节俭和短缺中的大背景
下，20 世纪 60 年代中期，快速的经济增长（经济奇迹）得以实现。
尽管 20 世纪 50 年代的失业率很高，同时面临从东德涌入的大量难民
带来的切实压力，在社会福利议题上德国没有出现普遍存在的政治
冲突。资方沉醉于技术不断进步的生产设备出现的喜悦中，同时在
法西斯主义的破坏之下，德国的工人阶级及其组织的极其虚弱也使
得投资方津津乐道。(Hirsch, 1980：116) 保守的基督教民主联盟在
20 世纪 50 年代进行的社会政策改革从民主化的工人阶级那里获得了
充分的支持来维持统治。从 20 世纪 60 年代中期到 70 年代中期这一
阶段可以看到在福利国家劳资冲突和斗争的复活，这导致对社会市

场经济更为保守的解释不再那么令人信服。社会民主党和自由民主党联盟展开了三重法团主义应对来自工人阶级组织日益增长的压力。福利权利得到扩大，逐步推进的福利国家改革得以实施，凯恩斯主义的反经济周期经济政策得以采纳同时实际工资得到提高。在20世纪70年代的经济滞胀中，社会民主党和自由民主党联盟放弃了自由凯恩斯主义和法团主义的原理，转向实施从紧的财政和货币政策，这一政策在1982年以后被保守主义政府继续实施。从1973年开始登记失业率上升得非常快，到1980年仍然保持在10%左右，同时实际工资的增长停滞不前。将结构失业率持续保持在高水平上对于控制通货膨胀和恢复资本的收益性很有必要，这一点似乎已经被大家接受。从1975年开始，社会福利方面的公共开支已经开始倾向实际上持续的限制和削减，但是社会福利在中产阶级和工人阶级中的普及又保证了社会福利制度的相对完整。在过去20年间，新社会运动不断涌现，比如绿色运动、女性运动、同性恋运动以及和平运动，这些新社会运动关注的内容没有在激进社会政策上取得突破性的成功。

意识形态与福利支出

社会市场一致性

在德语中"福利国家"这个概念具有一定程度的贬义内涵，即暗示着一种家长式的依赖同时会破坏个人的自由和创造力，这与美国"福利"的含义不太一样。然而现代德国自1871年建立以来，无论是保守主义者还是社会民主主义者都积极强调社会政策或社会政治。国家干预这一社会政治和社会政策的混合物，意味着通过一系列治国策略来确保社会团结和社会安宁。在基本法里，这体现为社会福利国家这个概念，国家对于提供收入和就业安全的承诺要得以实现，要通过强调私人社团或群体（超越了雇主和工会）、家庭和个人的支持义务来实现。并不存在任何关于福利结果平等化的承诺，甚至不存在一个明确的社会安全网。正如查普夫（1986：132）指出的那样，这可能听起来像抽象的哲学演讲，但这些理念仍然体现在西德的制度和政策中，其制度和政策是由紧密建立在职业地位和收入相关贡献原则上的特定群体强制保险制度支配的。根据社会福利国家的原则，作为公民社会中的社会伙伴，雇主和工会对工资和收入决定有着唯一责任。并没有明确的政府工资或价格政策，也没有最低工资立法。

社会市场经济的思想依然是对德国社会政策意识形态的最佳概括。这一概念在 20 世纪 40 年代末期的德国由基督教民主联盟提出来，是为了将新国家的合法化区别于德意志联邦共和国成立之前的合法化以及强加给德意志民主主义共和国的合法化。这一概念还代表了对专制主义国家的法西斯主义和斯大林主义观念的一种自由资本主义反应，法西斯主义和斯大林主义观念都是对公民社会制度的不信任和破坏。在西方盟国和德意志民主主义共和国建立的鼓动下，反纳粹和反社会主义情绪有助于谴责计划、国有化和其他被看做明显的社会主义政策。(Schmidt，1989：69) 社会市场经济主张市场担当着领导的角色，这个角色在公民社会就是私人经济和社会创新，同时国家处于一种附属地位。在经济政策上，社会市场经济意味着将凯恩斯主义和新自由主义或是新古典主义进行综合。除非社会和经济政策干预能够提高资源分配、经济效率和个人动机刺激，否则千万不要干预包括收入和财富分配在内的市场分配过程。一个明显的例子就是中央银行——德国联邦银行的自主性，根据施密特（1989）和其他许多人的看法， 这曾经是德国反通货膨胀政策相对成功的原因。由于政治干预，德国按照货币和财政的正统说法来行事进行得相对顺畅。然而，社会福利措施在多大程度上通过弥补市场失灵来对经济效率做贡献的问题被公开化了。基督教民主联盟在 1949 年确立的杜塞尔多夫原则包括"工作的正常权力、作为一般社会保障基础的社会保险以及使用社会保险之外的公共基金为确定性的需要提供福利供给"（我所强调的重点，转引自 Leaman，1988：53）。强调的重点则在于个人和家庭依靠自我力量支持的社会保险，同时直接的国家福利责任只是作为一种震慑性手段。社会市场经济意识形态不是一套政策药方，它只是一种掩护，试图以模糊和模棱两可的措词来定义被政治家运用到各种环境中的国家干预的局限性。因此，它是一种不同于瑞典的社会民主主义或是英国的自由集体主义的资本主义福利国家模式。

德国的社会政策意识形态存在多种概念化类型。里姆林格（1971）

76 指的是保守主义的"社会市场"和社会民主主义的"社会主义市场"原则的自由结合。阿尔伯（1986）主张这两个概念是明显矛盾的社会政策概念，反映了由蒂特姆斯（1974）、考罗拜（1983）等人描绘的福利国家的"制度"模式和"剩余"模式之间的区别。因此，如阿尔伯所说，

> 社会民主党在社会政策方面的努力通常集中在工作条件的管理、促进充分就业以及社会保障上，反之，中产阶级政党的社会政策首先追求强化家庭的自助潜力和促进增加财富的普遍能力。因此，所有政党都寻求捍卫各自不同的福利国家模式。（Alber, 1986：104）

70 阿尔伯宣布发生在20世纪50年代末期和60年代早期的有关养老金改革和医疗保险改革的两次激烈的议会政党冲突证实了其观点。然而，从那时起就出现以下情况，即社会民主党和自由民主党联合执政时，并没有背离或者也没有能力彻底背离社会市场这一既不是社会主义也不是剩余主义的模式。在20世纪70年代早期社会民主党和自由民主党改革时期就是很好的例证，在这一改革时期社会保障制度扩大到更多的公民身上，但是并没有明显改变收入和财富分配。这些改革的成本也导致后来国家的财政危机以及随后而来的紧缩措施。正如施密特（1978）主张的那样，20世纪70年代早期以提高工人的灵活性、流动性和培训为目的的劳动力市场改革导致劳动力价格的上升，带来的自相矛盾且意想不到的结果就是结构性失业的增加。到了20世纪70年代中期正如施密特（1978：194）所说，社会民主党和自由民主党联合政府更倾向于将他们的希望放在解决市场问题的能力和传统流通管理政策上。在联邦政府层面上实现保守主义统治，这似乎仍然要证明社会市场模式的支配性，特别它明确是由社会民主党内的温和派拥护的。

福利支出

众所周知，德国的社会福利开支很高。根据经合组织的数据，在1960年德国"实质性社会开支"占到了GDP的20.4%（表A.1），这

在 19 个经合组织成员国中是最高的。到了 1981 年这一数据已经上升
到了 29.2%，排在比利时、丹麦、荷兰和瑞典之后，位列第 5 位。
与绝大多数其他资本主义国家不同的是，德国在保守主义联邦管理
体制下在 20 世纪 50 年代实现了社会福利开支上的最快增长。在
1960 年到 1975 年之间，虽然这段时间里大部分是社会民主党执政，
但是德国在这段时间里实质社会开支的平均年增长率落后于经合组
织国家的平均水平。从 1975 年到 1981 年之间，也就是我们称之为国
家财政危机时期，德国在实质社会开支上的平均年增长率是最低
的，只有荷兰落在它后面。与全部国家资源（GDP）相关联的是，当
用实际收入弹性来衡量社会开支时（表 A.1），德国在 1975 年到 1981
年之间是所有经合组织国家中福利削减最严重的国家，在这段时间
其实质社会开支的增长只有 GDP 增长的 60%。包括福利国家绝大部
分内容的德国社会预算占 GNP 的比重从 1981 年到 1990 年逐年下
降（Muller，1989：98）。根据经合组织数据，造成这种现象的主要
原因是平均实际养老金价值的下降以及失业救济平均水平的下
降（OECD，1985B：表 6）。

收入支持政策及其结果

收入不平等与贫困

虽然花费在收入支持福利上的公共开支的相对水平较高，但是 *71*
与瑞典相比，在德国福利金作为个人收入一项来源的意义要小得
多，这主要是因为在德国来自于自营职业的收入特别高（表 A.2）。
1980 年德国收入所得税占平均财政总收入的比重与英国和美国基本
持平，但基本上低于瑞典，虽然雇员的社会保险缴费要比其他福利
国家高得多（表 A.2）。可支配收入分配的数据显示德国在 1972 年、
1973 年和 1980 年收入最高的五分之一人群占可支配收入的比重与本
书中研究的其他几个福利国家相比是最高的（表 A.3 和表 A.4）。自
营职业者相对有利的税收处境似乎能够很大程度上说明这一特征。
另外收入最低的五分之一人群占收入分配的比例接近于经合组织的
平均水平。从表 A.6 可以看出，在 1980 年德国的福利制度和瑞典的

福利制度一样，成功地降低了收入贫困，并且在这方面做得比英国和美国的福利制度好得多。这一评价是通过对欧洲国家近几年来的贫困数据进行比较得出来的（EC，1989）。根据修正后的家庭规模，我们将那些少于平均可支配收入50%的家庭定义为贫困家庭，德国在1985年是欧共体成员国中在家庭贫困方面第四好的国家，只有7.4%的家庭陷入贫困，覆盖了德国总人口的8.5%。所有这些数据显示德国的福利国家以平均水平甚至略高于平均水平来补偿穷人，同时富人没有因社会转型成本而背负过重的负担，而这却加重了，特别是通过高水平的社会保险缴费加重了中等收入者的负担。运用从1960年到1980年之间的纵向数据，阿尔伯（1986）认为，社会开支的增长并没有导致可支配家庭收入分配增速的提高。因此，福利国家在职业阶层内成功实现了水平层面的再分配，特别是从救济活动到老年人。虽然垂直层面的再分配是适度的，但是对于那些处于收入再分配格局中较低层次的人来说其影响是极为明显的。因此，在1980年处于收入分配底层20%的人在再分配之前只占到收入总数的0.2%，但是在包含了收入转移之后则达到了6.9%的比重。德国的基尼系数也显示，在战后与包括美国在内的其他主要发达资本主义国家相比，德国根据家庭规模调整后的可支配收入不平等状况持续严重得多。在基本层面上，德国的福利国家当然具有再分配作用，虽然有很高的社会支出水平，但是最富裕人群和最贫穷人群之间的差距超出了平均水平。穷人和中等收入人群之间的差距可能比绝大多数资本主义福利国家要小得多。富尔马尼亚克（1984）认为至少在20世纪60年代和70年代这要归功于工会成功地实现了低收入者争取更高工资增长的要求。虽然只有40%的劳动力被联合起来，但是单一的全行业工会的存在已经"导致工会小心翼翼地在劳动力的不同群体之间寻求平衡并且抑制了战略安排的野心……相当高程度的自愿结成工会（在德国不存在只雇用某一工会会员的情况）导致包括工会组织化程度低的经济部门在内的大部分德国经济部门都采取工会工资差别制"（Furmaniak，1984：141 - 142）。

因为养老金、失业和其他社会保险福利都是与收入紧密相关的，因此工会可以说对收入支持制度有非常显著的影响。

工人阶级，广义上也包括白领工人，在有特权的大多数和边缘化的下层社会之间正日益分裂，这一观点似乎可以应用在德国。比如，施密特（1989：93）提到福利国家中的获利者包括初级劳动力市场中的工人及其家人、有完全缴费记录和超过退休前平均收入水平的退休金领取者以及那些没有私人财产性收入的人。失败者包括失业家庭、在二级（非正式）劳动力市场中从事断断续续的低报酬工作的人、只有很少缴费记录的养老金领取者和寡妇以及包括总数估计在 50 万到 100 万之间的无家可归者的"后物质主义者"或者逃避现实社会的人。施密特估计，特权阶层构成了选民的"实质主体"，同时下层社会大约占到了选民总数的 35%，但是他们缺少投票可能性。福利国家主要通过社会救助制度和针对失业者的社会保险救济制度来教导和帮助下层社会。

养老金

德国在 1889 年俾斯麦时期就颁布了针对老年人的法定社会保险 *72*
制度，这在主要国家中是最早的。开始的覆盖范围限定在组织化的工人阶级，同时养老金的支付是以严格的缴费和收入相关为基础的。现有的法律制度，即由基督教民主联盟和基督教社会联盟联合政府在 1957 年制定的一项普通措施，反映了这一传统。给出这一针对老人的社会保险的长期存在的传统，就不会对私人职业和个人养老金制占到德国整个养老金支出的 11% 以及德国的养老金总支出在本书研究的四国中是最高的而感到奇怪（表 A.7 和表 A.8）。与英国和美国相比，德国的老年人和瑞典一样只有相对很少的收入（11.9%）且必须依靠有薪工作（表 A.9）。

德国法定养老金的特点在于它是根据工资膨胀系数对工资的一种替代，并且支付是以缴费记录和缴费者以前的工资为基础的。不存在普遍的、非缴费的法定退休金。因此，根据德国养老保险协会联盟（1988：80）所说，公共退休金资格与保险法制定条件的满足有关，这与收入状况以及受其影响的养老金领取者的贫困因素无关，也不是他们应该如此。因此，这虽然是一项公共养老金计划，但在其他许多国家它更多地是由与私人部门密切联系的实际运作原则来管理的。结果是养老金领取者之间出现明显的阶层化，并且在覆盖范围上存在许多缺口。比如，白领就业者的平均养老金在他们在职收入的65%到75%之间浮动，但对于蓝领就业者来说，其平均养老金只是在蓝领就业者在职收入的45%到55%之间浮动。1980年的数据显示在德国有9.3%的老年人家庭处于贫困状态，这与美国和英国的情况相比要好，但比瑞典的情况要差（表A.6）。从20世纪70年代中期开始在养老金领取资格和支付上增加了一些限制性的变化，因此到了1984年，根据阿尔伯（1986：120）所说，"标准养老金比按原有养老金计算公式获得的养老金要低15%"。阿尔伯（1986：62）提出"接近一半的退休金仅仅超过了社会救助的贫困线水平"，并且在1982年有72%的女性退休金接近社会救助水平。然而，在整个20世纪80年代，当越来越多的退休者能够有资格领取全额的收入关联养老金时，老年家庭申请社会救助的比重下降到了不足2%。正如阿尔伯（1986：64）推断的那样，事实情况是，这些计划以收入支持为目标，但甚至没能有效防止受益人中的贫困现象，这些不得不被看做明显的失败。因此，虽然老年人保险在德国是开支很高的福利国家的直接责任，但是似乎相当明确地反映和维持了阶级和性别的不平等。

社会救助

73   贫困线是根据联邦政府认为能够保证过上有尊严的生活所需要的一揽子商品的实际现金价值来确定的。家庭收入达到或低于贫困线的家庭有资格获得以家计调查为基础的社会救助。自从1957年设立贫困线以来，贫困线一直维持并占到在职平均收入的20%左右。（Alber，1986：图35）社会救助受益的购买力在1977年到1983年之间下降了6%。（Alber，1986：121）因此，看上去社会救助支付应该维持在不伤害工作积极性的水平上。在社会市场经济方面平衡"社会"和"市场"，劳动力市场的要求占据支配地位。

1970年大概有75万成年人依靠社会救助作为正规收入，其中绝大部分是老年妇女和单身母亲。到了1980年这一数字翻一番达到140万人，到了1987年已经达到240万人。社会救助人数大量增长，这归因于长期失业和单身母亲的增长，同时也可能是来自以前潜在贫困人群日益增长的申请。在1987年只有58%的依靠社会救助的家庭的养家人超过 50 岁，半数社会救助接受者是来自单身家庭的养家人。这也就是说越来越多的"后物质主义者"在申请社会救助。社会救助从一个德国福利国家前 20 年间相对不重要的方面，到现在日益成为解决新贫困问题的第一线制度，虽然在 1988 年只是占到了社会预算中福利开支的 4.6%。阿尔伯（1986：55）提出，除了社会救助申请者之外，"还有另外大约同样大小的人群生活在官方贫困线之下，但是他们没有申请救助福利"。这就是隐性贫困，其准确数字我们不得而知，但是从 20 世纪 80 年代以来可能随着失业的增长而增长。低收入通常没有资格申请社会救助。在 1988 年 31% 的登记失业者没有资格获得失业救助，他们中的许多人申请社会救助或是加入隐性贫困队伍。

　·　莱布弗里德（1979）认为社会救助申领人数较低是因为经过社 74会和管理设计对福利权力进行过滤的结果。申请人被称做"申请者"，一个容易让人想起贫困救济的名词。申请者没有被看做一个委托人，尤其是不能将他们看做那些非常有必要看做特殊人群的人，他们在社会问题上的分担机制正处于危机当中。（Leibfried，1979：176）因此，他们要面对各种各样的行政上的制约，这都让他们失去了应有的地位——要写冗长的申请书，要面对在能够找到挣钱工作的年龄段的压力，遵守带有强烈义务的规定，面临因虚假陈述而被起诉的威胁等等。有关同居者的规定是这样执行的，当一对男女只要在日常开销上共同生活在一起而不管其是否有性伙伴关系都看做同居。救助水平和资格认定规则是由联邦法律规定的，但是"在这些法律准则之内，地方社会福利官员有相当大的自由根据个人的情况来决定是否给予救济"（Whittle，1977：26）。社会救助制度由地方政府管理，同时地方政府提供 80% 的款项，另外 20% 的款项来自于地方州政府。因此，"社会救助与地方政治紧密相关……地方议会可以决定政策执行的灵活性"（Whittle，1977：35）。在实际操作上虽然好像该计划的管理在全国范围内是相当统一的，但是也能产生细微而明显的地方政治或社区冲突。在整个 20 世纪 80 年代，联邦政府有规律地成功阻止地方政府将社会救济与物价挂钩。（Alber，1986：121）虽然对于社会救助申请者来说存在双重申请机制，但事实上挑战申请制度的管理和法律障碍是非常困难的。德国的社会救助申请者似乎没有多少法律和压力群体资源用来支持挑战现有的制度。与美国或与英国相比，德国不存在完全成熟的福利权利运动。贫穷政治在战后被冷战的阴影、德国战败和分裂后的社会动乱以及工会和左翼的政治弱势淹没了。正如劳森（1980：216）所解释的那样，德国的穷人与英国以及多数其他国家相比似乎要承受更大的压力，他们往往对自己的贫穷保持沉默同时也不申请救助。申请家计调查为基础的救助带来的耻辱感、申请者中普遍存在的缺乏信心现象以及申请者利益支持的缺乏依然是德国制度中的显明特征，这一点可能与美国一样，但同时明显要比英国和瑞典严重得多。

失业与劳动力市场政策

德国的失业状况在战后以来明显区别于其他资本主义福利国家。德国在 1950 年的登记失业率是 10.4%，这依然和战后初期的水平差不多，直到 20 世纪 60 年代初期德国登记失业率才下降到小于 2% 的"充分就业"水平上。与英国和美国不同的是，在 20 世纪 50 年代德国没有经历"充分就业"的过程。然而，在 20 世纪 60 年代和 70 年代德国对劳工的需求大量上升，同时对女性和外来就业者的招募大量上升。根据经合组织的数据，直到 20 世纪 70 年代初期经济衰退之前德国的失业率都特别低，甚至比瑞典都要低很多。从 20 世纪 70 年代初期开始，德国的失业率开始向经合组织国家平均失业率水平接近，但是与美国和英国相比从来没有超过经合组织国家的平均失业水平（表 A.10）。

20 世纪 60 年代和 70 年代登记失业率的波动通常被当做是周期性的，虽然 1973 年经济衰退之后的那几年失业率水平仍然保持在 4% 左右。在 20 世纪 70 年代中期由于超过 50 万的外来劳工离开德国使得失业率继续下降。更为严重的 1981 年经济衰退将整个 20 世纪 80 年代其他年份的失业率水平提升到 8% 到 10% 之间。德国女性和外来就业者比男性承受着来自失业的更大威胁。在 1979 年女性的登记失业率超过了男性的一倍并且在整个 20 世纪 70 年代都增长得非常迅速。到了 20 世纪 80 年代失业增长对男性地影响程度要比在 20 世纪 70 年代大得多，因此根据 1988 年 4 月的一次小规模人口调查（德国联邦统计局年鉴，1989：表 6.3），9.9% 的女性处于失业状态，同时6.3%的男性处于找工作状态。同样的人口调查显示13%外国人处于失业状态但同时也在寻找工作，相比之下德国人的失业率是7.4%，同时有17.5%的外国女性处于失业后找工作状态。明确的是，失业持续差别性地影响着女性，特别是少数族裔女性。在1981年政府估计被他们称做"悄悄储备"的失业者形成了另外4%的经济活动。批判性分析者主张把"处于休眠状态的劳动力"也包括进来时，甚至这一数字也低估了失业水平。这其中包括提前退休者、家庭妇女、"后物质主义者"、在非正规经济部门工作的人等，许多政府统计学家没有把"悄悄储备"的失业者算进去。官方的年轻人失业率与平均失业率保持基本相同水平，因为年轻人大部分都与就业培训制度、更高的教育水平以及国家公务部门更为迎合。在右翼看来，事实上现有的官方数字是被高估了。哈里特（1985：185）报告称，基督教民主联盟的总干事最近主张失业数字要重新审视，为的是让它只包括"养家糊口的人"而不包括妻子、年轻人等由家庭供养的人……这一建议没有能够得到好评并且被其他基督教民主联盟领导迅速否决了。由于来自东德的难民持续涌入以及世界经济在20世纪80年代末期和90年代早期增长减速，改善失业状况的前景似乎很渺茫。

　　德国的救助制度将登记失业者分成几个地位不同的群体并且获 *76* 得来自福利国家的不同收入。最能享受特权的是具有完全社会保险缴费记录的短期失业者，他们能够拿到失业前收入的68%，能够领取最多一年被称之为"失业救济金"的税后净薪。这与老年退休金制度有明显的相似之处，救助是与收入和缴费严格相关的，这与沿着阶级、阶级内、性别和种族界线强化劳动者内部的物质和地位不平等的社会市场哲学是一致的。虽然说了这些，与绝大多数其他福利国家相比，这一制度对于初级劳动力市场中的就业者来说还是慷慨的。这一制度在1927年作为魏玛法团主义王冠上的一颗宝石被制度化，但是它的现有形式是在1969年被制定出来的，并且代表着社会民主党和自由民主党执政联盟最重要的成就之一。然而，从1975年开始为了控制公共开支，联邦政府经常性地从紧领取社会救助的资格和缴费条件。在20世纪80年代中后期，只有大约40%的登记失业者能够领取到失业救济金，相比之下这一比例在20世纪60年代

84 　和 70 年代中期大约是 65% （表 A.11）。对于那些没有资格领取失业救济金的人来说，有一种失业救助是以家计调查为基础的保险救助，通常给予失业前收入的 58%。然而，家计调查是"非常严格的并且会大大限制符合条件的女性和年轻人的数量"（Furmaniak，1984：148）。在 20 世纪 80 年代 20% 到 25% 之间的登记失业者依靠失业救助。登记失业者中的第三类人群是那些依赖上文提到的家计调查为基础的社会救助的人，他们领取均一受益水平的社会救助，其保障水平要远低于被其他制度覆盖的人群。官方统计学家只允许估计在 20 世纪 80 年代有 10% 到 20% 之间的登记失业者依靠社会救助。这显然还留下 15% 到 25% 的登记失业者不能从福利国家得到任何社会保障救助。这一部分人包括许多已婚妇女，依靠家庭供养的十几岁、二十几岁的人，一些外国人以及"后物质主义者"，还有那些没有登记的失业者。

77 　　当然除了社会救助制度依赖，还有大量其他措施被福利国家用来帮助和管理失业者或是潜在失业者，这些措施包括：在职培训方面的拨款和津贴、培训抵扣金、创造就业计划、短期工作津贴、提前退休等等。除了年轻人培训之外，从 1982 年开始保守主义政府在许多此类计划上削减开支，倾向于依靠财政和货币从紧政策来应对通货膨胀和失业，就失业来说没有取得多大的成功。从 20 世纪 70 年代中期以来工会运动对结构性失业发展最大的反应可能是为争取更少时间的工作周而进行的长期斗争，在这一议题上德国的劳工运动与大多数其他国家相比表现得非常执着。在 1978 年从钢铁和印刷行业开始，这一议题才从对新技术和工作安全性的激烈争论中走出来。围绕着每周工作 35 小时要求开展的罢工和行业行动持续了整个 20 世纪 80 年代，在 1984 年取得了局部胜利，当时工程部门雇主们接受了不降低工资且每周工作 38.5 小时的要求。然而这一结果的实施对整个就业水平的影响是很小的。作为回报，其实是雇主"说服政府阻止给那些在对谁后来从罢工解决中受益的争论过程中间接被解雇的工人支付失业救助"（Derbyshire，1987：113）。在 1990 年的夏天工程部门就业者又一次为争取一周 35 小时工作制罢工。因此，反对失业的大众化斗争在许多方面继续进行，在这当中救助政策扮演着不可缺少的角色。

福利分化

女性、劳动力市场与收入支持

我们已经看到女性在德国社会保障制度中处于明显弱势的位置，从特权化的社会保险制度中受益更少并且更加依赖于贫穷化的社会救助制度。女性在获得针对老年和失业的收入相关的社会保险救助方面的权利受到歧视她们的严格资格和缴费规则的限制，因为她们的就业时间通常是低工资的，并且被无偿的家务劳动打断和制约。社会保险制度从 20 世纪 80 年代开始就是建立在这一假设之上，即假设缴费者能够挣到足够的家庭工资来抚养家人，因而这就反映了妇女在家庭中的依赖地位。和工资一样，养老金的支付对于结婚的人和单身的人来说是一样的。寡妇的养老金是缴费者养老金的60%。从 1972 年开始，家庭主妇也可以自愿缴费参加国家养老金制度，但是受供养者从国家养老金制度中获得的收益仍然是相当少的。原本退休女性就业者从退休金制度中获得的平均收入只有大概原来在职工资的 30%，而男性则拿到差不多 50%。绝大多数社会救助申请者是贫穷的老年女性或是不能从前夫那里获得收入支持的离婚、分居或单身的母亲。只有不到三分之一的离婚者能够得到前夫的收入支持。在妇女运动和欧共体的压力之下，从 1986 年开始，对于现有法定老年养老金制度中的母亲来说孩子出生后的第一年也被看做参保时间。这只是对女性不平等地位的有限和姗姗来迟的承认。没有变化的是，女性要全额获得国家养老金必须缴费满 35 年，其中对他们照顾小孩而耽误的缴费时间不做减免。（联邦德国养老保险制度，1988）

女性在德国社会保障制度中的弱势地位在相当程度上还反映了 78 她们在就业机构中的处境，这在发达资本主义经济中相当典型。因此男性和女性之间在就业上存在明显的横向和纵向劳动力分化，通常女性的平均工资只有男性的 70% 左右。虽然 20 世纪 70 年代在立法上确立了男女权利平等，但是很多特征依然顽固，难以形成明显的变化。德国的情况还有一些特殊的特征。战后德国女性在分享劳动力市场份额的增长上特别缓慢，从 20 世纪 50 年代的 35% 增长到80 年代末期仅为 40%。因此，从 20 世纪 50 年代初期德国有着最高水平的女性就业率，而到今天德国是西方国家中女性就业率最低的国家之一（表 A.12 和表 A.13）。在 1950 年，特别是在农业领域差不多三分之一的女性就业者被看做"家庭管理的帮手"（Haug，1986：72）。今天女性就业者在很大程度上成为独立的有工资收入的人。特别是对于那些无力支付有偿儿童看护的工人阶级女性来说，依然很难做到将全职工作和其母亲身份很好地结合起来。学校在下午一点就放学了，商店在下午 6：30 关门，工作的母亲们几乎不能照看放学的孩子。虽然在过去 10 年间女性在兼职就业方面的增长已经大大加速了，但女性兼职就业的比重长期以来都是相当低的。直到雇主们认识到通过替代性地使用女性兼职就业者可以避免沉重的社会保险缴费，这一情况才逐渐发生变化。1985 年一项新的就业法律生效实施，通过这项法律允许危害孕妇就业保护和剥夺社会保险权的现行就业合约的存在。根据劳工部的说法，这将允许雇主在有工作机会的时候再使用工人，这样有助于就业灵活性和经济效率。正如福格尔海姆（1988：115）所说，这一法律将会使女性陷入与劳动力市场不受保护和边缘化的关系中。在 1988 年 4 月，18.9% 的就业女性每周工作在 21 小时以下。（联邦统计年鉴，1989：表 6.3）第三个特征是德国女性在过去 20 年间受到失业的冲击特别严重。根据经合组织的数据，直到 20 世纪 70 年代经济衰退为止，德国男性和女性的失业率都是非常接近的，但是自从那时起，女性的失业率要明显高于

79 男性，而且德国这种情况要比美国和瑞典严重得多（表A.14）。到 20世纪 80 年代末期为止，德国有 100 万女性登记失业者，同时另外有80 万女性处于"悄悄的劳动力储备"状态，也就是说很多女性放弃登记申请国家失业救助，因为既然找到工作的机会是那么渺茫，她们要么失去了领取救助的资格要么认为申领的努力是徒劳的。从 20世纪 70 年代中期开始，很多女性失业的原因在于福利国家领域本身的职位减少了。持续不断地加重公共开支削减的力度已经导致了在教育、医疗保健和社会服务方面招聘的冻结，这对于受过教育同时缺少熟练技术的女性就业者来说，有就业机会和就业可能性的一部分领域比原来更少了。（Erler，1988：234）

因此，在很大程度上似乎德国女性已经履行着劳动力储备的角色，也就是根据对她们的劳动力需求来就业和失业。然而，最近越来越多的证据表明在劳动力市场上女性正被当做对于男性来说更为

便宜和灵活的替代品。正如我们已经提到的那样，在德国长期存在着双重劳动力市场，分别是针对男性白领和蓝领就业者的享有特权的主要劳动力市场和由越来越多女性白领和蓝领就业者构成的享有较少特权的次要劳动力市场。这一过程建构了社会保障制度的男权模式。

少数族群与福利国家

移民

德国少数族裔的处境和其他资本主义福利国家存在很大的相似之处，但在很多方面也不尽相同。与英国和法国不同的是，德国移民的战后模式不是直接由殖民主义形成的。在战后最初那段时间，与其他国家十分不同的是，德国接受了大约 1 400 万的难民，几乎都是来自东欧的德意志民族。到了 20 世纪 50 年代末期无需技能工人的短缺导致联邦政府加速从南欧招募单身男性就业者，这些人作为外籍劳工而备受关注。德国联邦劳工局在意大利、西班牙、希腊、墨西哥、土耳其、南斯拉夫和葡萄牙设立招工机构，同时与这些国家的政府达成双边招工协定。"外籍劳工"一词意味着这些工人是在临时基础上被招募的。事实上，政府规定的政策是这些外籍劳工以三年服务期为限进行轮流。在 20 世纪 60 年代中期、70 年代早期和 80 年代早期的经济衰退中，数十万外籍劳工通常带着联邦政府的补助返回家乡。到 1973 年，原来积极的外籍劳工招募终止了，同时政策 *80* 出现大的转变，开始实施严格的移民控制。政策转变是由诸多因素造成的，其中包括外籍劳工中日益增长的工业斗争性、欧共体的扩大要给予来自欧共体的外籍劳工优先入境权、不断上升的种族主义情绪以及外籍劳工日益吸纳到福利国家中带来的费用的关注。部分是因为 1973 年之后实行更为严格的移民控制，许多已经来到德国的外籍劳工带着她们的妻儿在德国永久定居下来，不管他们是否能安心地融入德国社会。就像德国的其他方面一样，移民控制的从紧提升了永久定居的水平，这明显是个悖论。德国联邦政府采取了诸多措施阻挠外籍劳工永久定居，包括对离境实施经济诱惑并且一度取消了外籍劳工的儿童救助以及制造外籍劳工永久定居依然不被接受的事实。强制性遭返回国还没有提到主流政党的政治议程上来，不仅仅是因为担心国际抗议和必然引起的经济混乱。20世纪80年代末期由于东欧巨变，来自东欧的德意志民族难民又一次快速增长；正如阿史若（1991）提到的，随着民主德国并入联邦德国，这对于外籍劳工来说可能是一种负面的长期影响。

少数族群的社会地位

自从1973年关注重点转向永久定居和移民控制以来，外籍劳工一词已经在流行话题上被外籍人一词所代替。

这一表面上的中性词正变得贬义化，就像"移民"一词20年前在英国那样。"外籍人"的法律、社会经济和文化处境是西德少数族裔的区分标志，就像在英国黑肤色是少数族裔最清晰的标志一样。（Castles，1984：98-99）

实际上，"外籍人"一词不会用在来自北欧或北美白人的正式话题上，它主要是指以前来自南欧的外籍劳工以及他们的家人和后代，在德国他们成为一个被种族化的人群。在20世纪80年代，这样定义的"外籍人"数量十分稳定地保持在大约450万人，大约占总人口的7.5%。规模最大、文化差异性最大以及最被种族化的少数族裔是150万土耳其裔"外籍人"。绝大部分外籍人居住在大城市的种族隔离区域中的私人出租的公寓里面。还有一部分隐藏的外籍人群体，他们没有工作许可，通过大公司的转包合同非法就业。因为他*81* 们的处境更容易遭受剥削和暴力对待。这一点在冈瑟·尔拉夫（1988）的作品中有所展现，他假装成一个土耳其工人，第一手亲历了高度危险和剥削的工作环境以及来自德国老板和工人的十分明显的种族主义。这一切都被秘密摄像机记录了下来。正如萨维安多写的那样：

> 将土耳其人定义为低人一等的、只适合从事肮脏的工作，属于一次性物品并且永远都处于下层社会，这种种族主义论调隐瞒了公众对工业领域阴暗行为的关注。通过将垃圾工作转包出去，管理者可以避免直接面对自己的丑陋行为。这还可以使

得管理者免于承担雇用没有登记的、没有保险的工人以及违反安全规则的法律后果，因为这一切都成为那些出租劳动力的公司的责任。但是因为那些劳动力是外籍人，因而是没有权利的，因此法律对此也莫不关心。政府和就业者都不希望工作处于一种廉价的、无工会组织的隐匿状态……整个剥削制度建立在外籍就业者的身上，但是种族主义让这一制度难见天日。（Sivanandan，1988：xiii）

将移民劳工当做可以任意剥削的廉价劳动力来使用，这在包括英国和美国在内的许多发达资本主义国家都很普遍。

虽然在过去 20 年间外籍劳工的永久定居已成事实，但是国家政策继续把他们当做外籍人和下层社会成员。最根本的政策原则在于德国"并不是曾经完全没有转变成一个移民国家"（Edye，1987：13）。这一点在由社会民主党和自由民主党执政联盟在 1977 年起草的一份报告中再一次得到强调，这份报告中说，"有必要限制雇用外籍人并且保持外籍人返乡可能性的意识"（Edye，1987：35）。因此，外籍人的法律和政策处境在正式层次上是非常不一样的并且在日常层次上是相当模糊的。1965 年的外籍人法取消了他们的投票权，虽然在 1980 年因为地方选举，一些地方行政当局取消了这一限制。1965 年的法律清楚地写道：

> 外籍人享受除了自由集会、结社、运动，以及自由选择就业、工作场所、教育场所，以及免于引渡海外等基本权利之外的所有基本权利。（Castles，1984：77）

82

1969 年的立法规定德国公民在面对空缺的工作岗位时必须比外籍人享有优先权。事实上这一立法经过其他后续措施的进一步细化以及地方外事专业部门和警方的强制执行之后，已经成为非常明显的制度种族主义形式。这一法案授予德国公民以特权，但如果与雇主发生冲突或是违反法律等等，这项特权就会被取消，所以驱逐出境永远是一把达摩克利斯之剑。（Castles，1984：77）只有很少比例的外籍人变成德国籍公民，主要原因在于德国政府反对双重国籍。

外籍人的孩子还是外籍人。获取德国国籍和公民身份的障碍要大大高于欧洲其他国家。据此可以看到德国甚至对最直接的种族歧视形式都没有有效的立法，而这些种族歧视形式在美国的民权法案或者英国的种族关系法中都是被禁止的。正如阿德（1987：256）所说："公寓出租和职位空缺的小广告经常规定只面对德国人或欧洲人；许多酒店拒绝接待客籍工人，法兰克福的一家酒店甚至贴出告示，'土耳其人与狗不得入内'。"

因此少数族裔在法律上享受很少公民和福利权，但是从20世纪70年代早期开始他们开始接受包括失业津贴和社会救助在内的福利国家的部分福利和服务。近几年，来自"外籍"团体的社会救助申领者的比重上升了，从1984年的9.1%上升到1987年的14.2%。这部分是因为少数族裔团体抗争的结果，他们指出在过去的20年或30年间他们已经通过社会保险缴费和缴税来为福利国家做出净贡献。至少两个明显原因导致了过去外籍社团的社会救助的申请水平相对比较低。首先，在20世纪70年代早期外籍劳工的家人定居之前，单身外籍劳工对福利国家的要求很少。其次，与德国国家养老金领取者的人数相比，德国少数族裔老年人的数量非常小。因此，少数族裔是社会保障制度的纯粹贡献者而非净受益者。很少有官方资料来记录少数族裔的福利需求以及福利国家在满足其福利需求的有效性。虽然在过去20年间失业十分明显地影响着少数族裔，但在1978年到1988年10年间外籍人的登记失业率增长相对缓慢，从10.4%上升到12%，而同期人口总失业率增长了1倍，从4.3%上升到8.7%。少数族裔作为德国福利上的下层社会，对其社会地位进行量化是不

83 可能的，但是，正如卡斯尔斯（1984）和阿德（1987）主张的那样，很明显的是，可以根据收入、住房、教育、医疗保健等来判断一个人的社会地位。

少数族裔目前的处境当然不可能在德国政治中变成无争议的。随着20世纪80年代早期德国失业率的快速上升，地方公民行动团体开始就"驱逐外籍人"进行争论。（Derbyshire，1987：95）1984年从基督教社会联盟中分离出来的，主张将外籍人强制遣送回国的德国共和党已经在20世纪80年代末期的地方和地区选举中取得了巨大的胜利。自从20世纪70年代早期外籍劳工制度终结以来，自由主

义者主张融合主义和多元文化主义的政策。在联邦政府层次上最重
要的相关例子是 1979 年由德国社会民主党和自由民主党执政联盟起
草的报告。该报告认识到外籍人永久定居的事实并且主张给予他们
更为可靠的法律地位。详细的建议包括就业权和外籍子女加入德国
籍的权利以及在德国居住 10 年后的地方选举投票权。报告反映出外
籍人通过工会运动和他们自己的团体政治组织施加政治压力。外籍
人大约构成了德国工会会员的 10%，大概 50% 的土耳其工人加入了
工会。最大的工会即五金工会的工程师们支持库恩的报告，但是德
国工会联盟（DGB）不支持。社会民主党和自由民主党联合政府没
有执行任何库恩的建议。1981 年实施更为严格的移民管理表示政府
对现状的支持。1982 年当选的保守主义联邦政府进一步改变移民管
理，其中减少外籍人的福利权利和全家团聚的可能性。然而，政府
在 1984 年建议将海外子女加入其在德国家庭的最大年龄从 16 岁下降
到 6 岁，这一建议被由少数族裔组织、教会、自由主义者和反种族
主义者组成的广泛联盟成功否决了。正如阿德（1987）所述，在他
们的压力之下，地区和地方政府以及一些进步雇主对针对少数族裔
团体的教育、福利、住房和医疗保健进行充分的投资。

1990 年一部新的双刃剑式的移民法得以通过。从正面说，人们
希望该法案能够提高长期定居外籍人的合法居住权，使其家属能够
更加容易获准来到德国并取得德国国籍。然而双重国籍依然是不可
能的。新法案授予地方政府更大的压制性权力，比如驱逐包括艾滋
病感染者在内的"不受欢迎者"，对外籍人实行计算机操作管理的登
记以及限制分居和离婚的外籍女性的定居权。在新法案下，如阿史
若（1991：43）所说：

> 除了一小部分来自欧共体国家的就业者之外，外籍就业者 *84*
> 更大程度上完全被当做可以随意使用的劳动力；他们可以随意
> 被遣返回国或者"循环使用"，迄今为止也只有极端右翼的共和
> 党公开宣扬这一观点。

内政部长解释说，"主要目的在于采取措施确保外籍人的敌意不
会增长……但是第三世界的问题不可能通过宽松的入境政策来解

决"（《卫报》，1990 年 4 月 13 日第 15 版）。不幸的是，对少数族裔的敌视与他们的法律地位几乎不相干，同样吸纳外籍劳工也无助于解决第三世界的问题。

因此，总的来说，被当做外籍劳工招募来的种族化的少数族裔已经在德国持久定居下来。在劳动力市场和福利国家中，与本书中研究的任何一个国家相比，他们的处境都更为不安全和低人一等。这是由相对更为直接的种族主义移民法律和制度性种族主义所强制推行的。这些过程遭到由德国自由主义者和反种族主义者支持的少数族裔社团的强烈反抗。

女性与家庭政策

意识形态

84 社会市场经济理念在女性角色和家庭方面形成了明确的战后国家政策，即强调传统的男权价值，而这些价值在战后特别遭到了女性的强烈反对。1949 年的基本法本身可能就反应了一种最根本的矛盾，一方面基本法宣布了女性的平等权利，同时另一方面它又暗地里支持男女各负其责的传统男权的家庭形式。大多数女性主义者及其支持者都将基本法的这两项原则当做其对立面。基本法的第三条规定男性和女性拥有平等权利并且"禁止任何形式的性别歧视"（Gebhardt-Benische，1986：27）。这一条款是女性组织在 1945 年到 1949 年之间持续运动的结果，并且是在魏玛宪法基础上的明显提高。基本法的另一条款规定"婚姻和家庭在国家法令的特别保护之下"。在战后，这被广泛解释为作为民主社会基石以及不受直接国家干预影响的私人制度下双亲家庭的复兴。在 20 世纪 50 年代关于联邦政府应该如何执行这些政策原则，学术界和政界都出现了激烈的争论。保守主义政党，基督教民主联盟和基督教社会联盟认为男权制家庭是"由上帝决定的自然法则"，这一法则必须通过男性养家人的工资足以养活妻子和两个孩子得以维持。保守主义者建议雇主应该建立一项特别保险基金来为那些有两个以上孩子的家庭提供帮助，但是这一建议没有被采纳。直接的国家介入，甚至是以儿童福利的

形式，都被认为是与社会市场经济背道而驰的，并且至少是被纳粹的家庭政策所污名化的。这一对家庭政策的保守主义阐释对单身母亲产生了重大影响，而在20世纪40年代后期由于战争单身母亲大约占到了父母亲总数的三分之一。在德国的福利国家当中，单身母亲的特别和紧要的需要从来都没有真正被明确提出来。因此，德国福利制度只是成功地将贫困单亲家庭的数量降低了一半，这与英国的情况类似（表A.6）。有关单亲家庭净收入占双亲家庭净收入比重的数据也证明了这一点，在德国这一比重是78%，与英国基本相同，同时比瑞典要低很多，比美国要高出很多（表A.18）。然而，虽然许多单身母亲依赖于社会救助，但与英国和美国相比，德国单亲家庭的贫困率要低得多（表A.6）。可能部分是因为福利制度的阻遏效应，德国单身母亲的比重比英国要低，同时比瑞典和美国低很多（表A.16）。

战后对家庭政策更为自由的看法来自于妇女组织和左派，他们 *85* 迫切要求普遍的儿童福利以及取消严重退化的被看做纳粹时期遗产的儿童税收津贴。1954年保守主义政府允许对有三个或以上孩子的工资收入者提供十分有限的儿童补助，同时将大部分只有一个或两个孩子的家庭以及父母没有工作的家庭排除在外。直到1975年，社会民主党和自由民主党联合政府才废除了儿童税收津贴，同时推出根据抚养儿童数量而增加的普遍儿童补助。儿童补助与通货膨胀不挂钩，对于家庭中的第一个孩子来说，儿童补助从1975年设定的每月50马克以来一直没有提高。对第二个孩子的补助是每月100马克，第三个孩子是每月220马克，这反映了提高生育率主义的遗迹。1983年后来的保守主义政府针对儿童补助推出家计调查，实际上对于那些处于中等收入或更高收入的家庭来说，儿童补助削减了三分之一。（Adams，1989）在20世纪80年代由于儿童补助不按照物价指数变化，其实际价值逐渐消失了。

至少直到20世纪70年代早期妇女运动兴起为止，社会民主党和工会在有关家庭，特别是家庭薪酬以及母亲作为一种全职无薪角色的问题上大多持保守主义立场。社会民主党在战后最重要的政策性文件——1959年的哥德斯堡纲领中支持女性"作为家庭主妇和母亲的权利，这不仅是女性天然的义务同时也具有很大的社会意义"（转引自Moeller，1989：155）。正如哈根（1986）所说，20世纪70年代

　和 80 年代的新妇女运动极大地冲击着社民党政策上的正统主张。但是，哈斯克斯（1988：46）总结说：

> 德国女性主义运动主要强调创造基本选择和实现女性之间的差异。而很少强调通过制度和采取国家机器进行操作。当人们试图采用制度和国家机制时，比如在工会和社民党内，男权主义的阻碍依然十分强烈。

因此，以战后对纳粹主义的反思以及普遍反对对家庭生活进行国家干预为特征的社会政策的去政治化，有助于维持男权主义政策和福利实践，与本书研究的其他国家相比这一点似乎更深刻地根植于德国社会政策之中。

堕胎

　新妇女运动的首要目标是长期存在的限制性堕胎法律，即通常所说的刑法第 218 节，该法案几乎将所有终结妊娠行为都视为非法的。中产阶级女性长期以来可以出国堕胎或者在德国获得安全的非法堕胎服务，但特别是那些贫困妇女则苦于缺乏安全和廉价的堕胎服务。女性主义者的核心要求之一就是社会医疗保险应该承担合法堕胎的费用，这一点现在已经实现了。放宽限制性堕胎法律的最初努力主要建立在反天主教会的基础之上。1971 年到 1973 年间由女性发起的持续性的游行示威最终将堕胎法改革推上了联邦议会的议事日程。社民党和自由民主党的议员们分裂成两个阵营，其中一个阵营主张可以根据需要进行堕胎，另一阵营主张必须由医生根据社会医疗情况决定能否堕胎。保守主义的基督教民主联盟和基督教社会联盟在野党也分裂成两部分，其中一部分支持因为健康原因和道德原因而进行的堕胎，另一部分只是支持当母亲的生命受到危险这样严格的健康原因而进行的堕胎。社民党和自由民主党提出的关于在妊娠的前 3 个月可以根据需要进行堕胎的法案最终在 1974 年 4 月获得了议会下院的通过，但是保守主义者成功地通过高等法院将这一新法律暂时冻结了。最后在 1976 年 2 月新的堕胎法律得以实施，该法允许在妊娠的前 3 个月因为健康或道德原因进行堕胎，但必须得到由医生和相关顾问组成的专门问题小组的判定。如果根据医学发现孕妇的生命或是身体、精神健康以及胎儿的健康处于危险状态，那么直到妊娠的22周进行堕胎也是合法的。（Morgan，1984：249）因此，根据需要进行堕胎肯定是不可能的。寻求合法堕胎的女性必须向相关顾问说明堕胎的原因，正如科纳（1986：44）所说，这一谈话的目的在于鼓励女性将婴儿顺利生出来。如果这位女性在谈话后仍然需要堕胎，他必须去看医生，医生必须给出堕胎的健康理由。绝大多数的一般性合法理由是"社会因素"，也即"女性及其家庭的社会状况是生育小孩可能会导致严重的家庭冲突或负担"（Keiner，1986：444）。很明显该法案给予医生宽松的自由裁量权，正如阿德（1987：170）所说，"这一法案在执行过程中地区和地区之间区别很大。在德国北部的大多数地区，堕胎很容易办到。但是在南部农村信奉天主教的地方，不但裁定是否允许堕胎的专门问题小组比较严格，而且很多医生和医院以良心为由拒绝进行堕胎手术"。换句话说，在德国一些地方获得合法堕胎手术的实际障碍起着相当重要的作用。这也许可以用来解释德国育龄期妇女每年堕胎的数量要明显低于瑞典、英国和美国。预计每年有20万西德女性到国外进行堕胎手术。（Morgan，1984：249）自从1982年保守主义政府重新执政以来，反堕胎运动取得了更大的影响，它们提出一项法案将源于"社会因素"的堕胎定为非法，不过这项法案迄今一直被政府搁置。必须捍卫现有的堕胎法律以反对反堕胎主义者围攻医院。主张堕胎合法的运动寻求废止堕胎前的强制性忠告谈话，但是根据科纳（1986：456）所说，"绝大多数女性已经适应了1976年的堕胎法案"。社会市场经济观念，正如其在家庭隐私和个人自主性上的主张一样，不太可能支持女性有权控制其生育。

由于德国在1990年10月统一，堕胎成为最具争议性的话题。在 *87* 东德，90%的女性走上工作岗位，从1972年开始在妊娠的前12周内根据需要自由堕胎已经是合法的了。1990年6月来自东德和西德的女性在波恩进行大型游行示威要求将东德自由的堕胎法律推广到西德，而不是将西德限制性的堕胎法律推广到东德。然而罗马天主教会就堕胎问题在西德持强硬立场，这将会阻碍已有堕胎法案的实施。根据统一协议，宣布实施两年的过渡期，在这一阶段允许东德和西德仍然维持其原来的堕胎法律。因此争取堕胎权利的进一步斗争仍在进行之中。

产假与日托

虽然面对妇女运动的不断兴起以及面临欧共体对有效平等权利措施的压力，但是从 20 世纪 60 年代开始，德国的法定带薪产假一直没有变化。法定带薪产假给予产妇产前 6 周和产后 8 周的全薪假期。1979 年为了回应欧共体和女性的压力，德国推出了由收入相关补助支撑的附加的 4 个月产假，同时保证产妇生产后能够重回工作岗位。根据黑森（1984：77）所说，在 20 世纪 80 年代早期有 95%符合条件的女性享受这些权利，虽然只有一半的人在休完产假后能够重回到原来的工作岗位上。到 20 世纪 80 年代中期保守主义联邦政府发现自己面临多重压力，其中包括扩大和提高产假、鼓励父亲产假以及鼓励女性待在家中或从事兼职工作等。结果诞生了 1987 年父母津贴法案，其中规定：

88　　　　　　父母中的任何一个都可以享受 18 个月的产假。实际上包括对有工作的父母来说的一段时间的休假以及对那些一周工作不超过 18 个小时的父母来说的一份现金津贴……在前 6 个月期间，所有父母都得到相同的每月 600 马克的补助。（Moss，1990：14）

6 个月之后，补助支付要以家计调查为基础，只有大约 40%的家庭能够继续得到全额津贴。女性占到了现金津贴申领者的 98.5%。因此，虽然父亲陪产假是正式可行的，但女性休产假占到了绝大多数，很大程度上是因为如果父亲休陪产假的话，家中一般会丧失更多的收入。家庭中劳动力的传统性别分化并没有被打破。另外，一系列措施用来将母亲们当做廉价的不受保护的灵活就业的兼职劳动力资源，该法案也是其中的措施之一。该法案对于提高生育率主义游说者来说也是有吸引力的，他们关注的是德国的出生率在 20 世纪 80 年代期间是欧洲最低的。因此，福格尔海姆（1988：116）得出结论说，"父母津贴法案不像一项旨在提高女性或家庭处境的政策，而更像一项人口政策同时致力于清除女性在劳动力市场上的贡献数据"。

大多数有5岁以下孩子的女性（在1985年的比重是61%）不在劳动力之列（表A.15），这可能反映出日托的缺乏、高水平的女性失业率以及家庭生活观念的不断增强。能够满足全职双职工家庭需要的全托服务非常少。只有3%的3岁以下儿童去公立托儿所，其中有30%到40%来自于少数族裔家庭。在3岁到5岁的孩子中，有74%的孩子去幼儿园，绝大多数这些幼儿园是由有公共基金支持的教会开办的。（Moss，1988）少数族裔孩子进入幼儿园的比率要明显低于整体人口平均水平，这意味着对于城市中心的居民来说在孩子入托上存在一些不便。很少有幼儿园提供全托服务。托儿所和幼儿园的发展在德国非常不均衡，在农村地区就缺少发展。几乎很少有雇主提供日托设施。也没有对父母的儿童看护费用进行减税。只有15 000处看护场所拥有注册保育员。很明显，有相当一部分职业父母的学前儿童由亲戚、保育员、朋友、邻居、奶妈等临时照看。这样一种儿童看护供给的比重、特征和妥善性很大程度上是未知的。

联邦政府对儿童日托并不承担直接责任。"正规的家庭日托计划 *89* 在德国更为广泛地被制度化似乎是不可能的"（Neidhardt，1978：235)，面对公众的这一敌意，政府在20世纪70年代早期发起了一项小型的日托试验计划来应对。社会化的儿童看护是与民主德国的国家集体主义紧密联系在一起的。然而，由地方政府公共资助的托儿所和幼儿园在20世纪70年代实质上得到了增长。但是从那时候起，经费的削减对已有的日托供给产生了负面影响，包括导致儿童与成人看护的比率越来越高以及工作条件的恶化、工作人员培训时间的不足，同时更多使用不符合条件的工作人员和短期工。（Moss，1988）总的来说，德国日托方面的公共政策看起来还是相当连贯的。这意味着学龄前儿童的母亲应该待在家中做他们的全职无薪护工，这也反映了传统的男性养家者的"家庭薪资"观念。接受资金补助的幼儿园绝大部分不是全托的，即故意鼓动妈妈们不要从事有薪工作。那些脱离了"男人工作养家、女人照料家人"模式的父母们大部分任凭不受资助和制约的私人看护的摆布。

在德国，女性的无薪照顾工作范围当然也扩大到对体弱多病的老年人和慢性病患者的照料上，这些人中有80%以上是由他们的女儿或儿媳来照料的。随着这些需要照料的人数的增加，女性一方面要照料自己的小孩，另一方面还要照料自己的母亲甚至祖母，这样两头受压的"三明治"现象快速增长。(Erler, 1988：236) 这已经促进了对一种新的"福利合办"的再讨论，这种"福利合办"包括家庭中男性及女性的照顾角色和私立及公共福利机构的社区照顾角色之间的合作。正如埃勒尔（1988）指出的那样，要成功做到"福利合办"，必须重新评估传统的家庭价值、性别角色甚至全职工作的严格定义。

因此，总的来说德国的家庭政策是由强烈的反集体主义情感形成的，这种情感更多起源于社会市场经济中的"市场"内容而非"社会"内容。德国的家庭政策包括家庭中男女各自性别角色的传统定义，女人在经济上依赖于男人以及家庭的隐私，同时较少考虑在提高人口出生率上的国家利益。在过去20年间，妇女运动已经成功地削弱了固有观念中的一些内容，特别是在堕胎政策领域，但是改变男权主义福利国家的斗争仍在继续。

医疗保健制度

财务与管理

德国没有国家医疗服务，本质上这一制度是以19世纪80年代由俾斯麦建立、根据市场经济原则现代化的社会保险为基础组织和资助的。因此，医疗保险基金、医疗行业和健康技术产业要相对独立于国家。今天超过90%的人被社会保险覆盖提供生病津贴和医疗照顾，主要由与收入相关的雇主和雇员各占一半的缴费来支付相关费用。剩下的人大部分由私人保险覆盖，参加者主要是那些为了避免高缴费而脱离国家社会保险制度的高收入者。医疗服务和一般消费一样自由，医生和医院由保险基金来支付报酬。包括公共和私人在内的医疗保健总支出从1960年占GDP的4.7%逐渐上升到1984年占GDP的8.1%（表A.20）。与本书中研究的其他国家形成显明对照的是，德国医疗保健支出占GDP的比重一直停留在刚刚超过经合组织国家平均水平的层次上。从实际数据来看，与大多数经合组织国家不同的是，德国医疗保健总支出的增长并没有超出 GDP 增长多少（表 A.22）。换句话说，医疗保健支出的增长是与国家经济资源的增长相吻合的。这就是说德国去中心化、去政治化的，非营利性占主导的制度本身就有助于医疗费用控制。

1960 年 67.5% 的医疗保健支出是"公共的"（主要来自于疾病保险基金），这一比重在 1984 年上升到 78.2%。（表 A.19）再次与瑞典、美国和英国的医疗保健制度相比，德国公共医疗保健的开支占医疗保健总开支的比重依然是接近经合组织国家的平均水平。非公共开支包括公共医疗部门中的处方和其他开支、私人医疗保险和慈善、教会、合作以及其他私人基金。医院床位主要由地方和地区政府提供，大量教会和其他非营利性医院提供补充。营利性病床数量占到病床总数的 10% 左右，但无疑从 20 世纪 70 年代中期开始营利性病床的数量增加了。除了公立医院中拿工资的医生之外，医生一般以私人承包、收取服务费用为基础开业。阿德（1987：198）认为 *90* 德国的医疗制度要比英国的国民卫生服务（简称 NHS）体系公平，因为德国的医疗保健缴费是与收入相关的，但每个人享受的服务是一样的。但是，这里所说的"每个人享受的医疗服务一样"只是适用于绝大部分基本医疗服务而不是指你所需要的任何医疗服务。这一判断还有一个错误在于没有认识到英国的国民卫生服务体系主要是由税收支持的，而税收也是与收入相关的。与阿德形成对比的是，德佩（1989：1161）认为在德国的医疗保健体系中，雇主将他们的保险缴费负担转移到提高物价上，同时医疗保健支出真正是由工人通过缴费来负担的。

随着德国在 20 世纪 70 年代中期出现了财政危机，联邦政府开始寻求限制医疗保健上的公共开支，但是德国医疗保健体系相对独立的特性限制了政府的这一做法。长期以来，德国医疗保健中的公共财政经费大约占到了医疗保健总支出的 14%。1972 年的立法将新医院建设投资费用进一步从直接税收收入转向了间接以社会保险基金来支付，这导致了医疗保险缴费的快速增长。法定医疗保险费占平均工资的比重在 1987 年从 4.1% 增长到了 6.3%。（Steele，1988）为了解决缺乏中央调控的问题，1977 年联邦政府通过了医疗成本控制法，建立了一个称做"协调行动"的联邦医疗财务与预算委员会。然而，这一组织并没有行政权力强制执行费用控制，从这方面来说这项改革很大程度上失败了。到了20世纪80年代，无论是社民党和自民党联合政府还是基民盟和自民党联合政府都通过立法推出病人住院看护治疗费用、更高的药品费用、无偿药品计划以及养老金领取者缴纳医疗保险。（Murswieck，1985：101）在1977年到1984年之间，法定医疗保险制度中直接由病人支付的部分增加了一倍以上。通过协调行动机制，最近几年联邦政府逐渐对地方和地区政府施压促使其推动医院服务内容的私有化以及对医院强制执行"货币成本利润理性"的管理。在德国的医疗保健制度中存在一些明显浪费资源的例子。保险基金雇用了超过7万人，绝大部分从事邮寄账单给医院和医生以及追踪缴费者的工作，这是所有以保险为基础的医疗保健制度的管理特征。因为医院不论病人是否治愈都按照人头每天收取固定费用，这就刺激医院将病人留在医院里。德国的平均住院时间是欧洲最长的。另一方面德国的门诊服务很不发达。德国的药品价格超出欧共体平均价格水平70%，并且缺少更为便宜的替代性普通药品。1987年联邦政府首次试图使保险基金只用于支付基本药物费用并且制定了保险基金可以报销的隐形眼镜、助听器、轮

椅等平价项目清单。（Steele，1988）德佩（1989：1164）将20世纪70年代中期以来医疗制度的重构形容为"以强化选择和过滤机制为目的，这将进一步深化不同职业群体之间的社会差异"。德国医疗保健制度在财务和管理上的去中心化和相对自主性的结构意味着德国医疗制度并不像它看上去那么统一与平等。联邦法律规定了一种法定医疗保险基金针对哪些不同职业和社会群体，基金的管理机构以及缴费和受益的最低水平，但是考虑到这些变量，在1987年有1 182种不同基金决定实际缴费和受益水平。基金是同时以地理和职业为基础组织起来的。参保成员在平均收入水平、年龄和性别结构上的差异，医疗设施的分布和成本，不同的职业健康和安全风险，抚养人数等共同决定着不同基金的收入和支出。白领就业者的医疗基金因为更高的缴费率能够提供更好的服务，比如因为能够提供给医生更高的报酬，因此从理论上说能够吸引更好的医疗行业从业者。某种程度上基金在提供康复服务、健康检查、治疗等非法定额

外项目上相互竞争。因此基金政策不可能是统一的。这也被运用
到"实现新医学技术或治疗，避免使用有争议性的药物以及控制住
院和药物成本上"（Rosenberg & Ruban，1986：273）。20 世纪 70 年代
在联邦政府的管理压力之下，基金之间特别是覆盖大约一半人口的
地区基金之间的差异性不断缩小，但是在 20 世纪 80 年代和 90 年代
由于放松管制和私有化的推动，这种差异可能有所反弹。

健康体系中的权力争斗

法定医疗保险基金的管理具有明显的科层制和去政治化特征。 92
在俾斯麦的最初方案中，雇员占有三分之二的代表，同时雇主占有
三分之一的代表。因此，在 1933 年以前对于工会和白领组织来说基
金会是一个地方权力堡垒。在 20 世纪 20 年代，医疗行业和左派控制
的保险基金会在医生的给付和医疗服务质量上存在激烈的阶级冲
突。然而德国医保基金会中工人的代表已经下降到了 50%，并且这
些基金会越来越远离政党政治和工业冲突，也远离他们所服务的社
团，因此"并不真正存在代表被保险人和医疗服务消费者的组织化
的反对力量"（Murswieck，1985：102）。

然而，这并不是说通过政党和劳工运动起作用的工人阶级形成
的压力没有直接对德国医疗保健制度的形成做出贡献。这一压力成
功运用的首要例子是 20 世纪 50 年代晚期的堕胎医疗改革。遵循社会
市场经济理念的保守主义联邦政府试图推出"成本共担"来减少给
保险基金和医疗保健制度带来负担的明显过量的就医人数。与有效
降低强制性社会保险缴费相关的收入峰值一样，为流动诊疗提供家
计调查为基础的津贴建议被用来鼓励私人健康保险产业。正如斯
多（1980）和萨弗朗（1967）所述，紧接着引起了一场痛苦而漫长
的公共辩论，联邦政府的建议遭到工会、社会民主党和医疗保险基
金会的强力反对。这些建议直接威胁到医疗保险基金会从 19 世纪 80
年代开始建立起来的德国修正主义社会民主力量的科层制堡垒。最
终，反对者取得了胜利，因此将社会市场经济中医疗保健私有化程
度至少提高到了现有水平。

社会民主影响的第二个重要例子是医疗保险覆盖面和医保基金
提供的最低服务范围的扩大。社会保障覆盖面的提高是社民党和自

民党联合政府在20世纪60年代末和70年代初取得的首要社会政策成就。许多学生、农民和残疾人第一次被纳入到社保制度中来，必要时他们的缴费由公共基金支付。比如，生育控制、堕胎、绝育和癌症检查服务成为了医疗基金支付目录中的必要组成部分。社会医疗保险制度中的一个明显漏洞在于其只覆盖了一定数量的医疗服务，而将慢性病患者置于十分不利的处境。因为医院对慢性病或者的治疗往往得不到偿还，所以他们倾向于不收治那些没有私人资源的慢性病人，这也导致许多病人生活在由慈善机构、社会救助和地方政府基金资助的条件较差的老人院中。(Steele，1988)

除了上文描述的联邦政府的各种干预措施以及医疗基金会的有限政策空间之外，医疗行业掌握着德国医疗制度的真实权力，特别是在德国医疗保险医生协会（KVS）的形成上。疾病保险基金在医疗保健服务的质量和分布上有着重要影响。他们还在与医疗基金协商报酬上占据强有力的垄断性谈判位置。因此对于全科医生来说，牙医和专家是不在公共医院之内的。

93

报酬数量如此可观以至于好医生总能得到一大笔钱……这些"白衣上帝"成为战后德国富豪统治集团中最富有的成员……20世纪80年代初，媒体发起了一项运动将公众焦点聚集在外科医生和其他医疗专家获得的巨大收入上，这些人虽然只做较少的工作但能够通过使用现代医疗设备向医疗保险机构收取高昂的费用。在这一运动的压力下，医疗行业最终同意降低部分诊疗费用。即便这样，他们的收入仍然可观。(Ardagh，1987：198－199)

然而，根据普夫兰芝（1971）的说法，保险基金对医生的经费和病人的医疗需求进行明显的日常控制。许多保险基金官员确信"被保险人都希望获得比他们应该得到的更多的福利"，同时"医生中对基金官员监管其经济行为非常不满"(Pflanz，1971：320)。与医疗财务管理者一样，保险基金官员也努力去控制医生和病人的支出需求，但是从过去20年间医疗保健费以爆炸式增长的角度来看，这一努力相当不成功。

健康状况与健康不平等

运用1975 年的17 种年龄和性别死亡率综合而成的一个指标来衡量国家的健康状况（表 A.23），结果显示在包括瑞典、美国和英国在内的10 个资本主义国家中，德国处于最后一位。德国20 世纪80 年代的婴儿死亡率仍然停留在经合组织国家的平均水平上。如果我们接受人口的健康水平与一个社会的总体富裕程度密切相关这一观点的话，那么考虑到德国的人均 GNP 要高于经合组织国家的平均水平，就很难解释以上德国国家健康状态的数据。虽然城市比乡村拥有更好的医疗保健设施，但城市的婴儿死亡率要高于农村。这意味着更高的婴儿死亡率可能与城市贫困有关。正如上文所讨论过的，事实上德国人口总体相对较低的健康状况可能反映了德国的隐性贫困程度。这一点被西格里斯特（1989：357）引证的调查所证明，该 94 调查表明"穷人（也就是那些收入最多只有人均收入60% 的人）看医生的次数要少于相对富裕的人群"，特别是在出生前的检查和预防医疗服务上。总的来说，这一情况也基本适用于蓝领家庭。因此，医疗保健服务在有效利用上的阶级差异在急症上表现得并不明显，但在预防性措施和早期诊断上表现得非常明显。不可避免的是这必然会在死亡率和患病率上起到连锁影响。西格里斯特认为医疗观念上的阶级差异和部分工人阶级对疾病缺乏警惕性是问题的症结所在，但是这可能隐含着责备受害者的意思。在医疗保健制度中似乎明显存在有利于中产阶级的有阶级偏见倾向的亚文化。虽然医疗保险的普遍性和医疗服务的可及性比较接近，但是一些医疗消费者比其他消费者更为平等。不幸的是在德国针对健康状况的不平等或者在医疗健康服务的利用和可及性上没有国家层面上的流行病资料。西格里斯特（1989：361）解释说流行病学这个学科在纳粹时期遭到了破坏，并且在医学中处于弱势状态。公共卫生服务和职业健康服务在德国的医疗保健体系中处于边缘位置并且地位较低，"第一位重要的是内科医生身体导向的诊疗"同时"在工业医学和社会医学上缺少研究、培训和实践"（Rosenberg & Ruban，1986：258）。也是从这个角度来说，德国的医疗保健制度似乎忠实地反映了社会市场经济的理念，强调把医生当做企业家、高科技医药和个人在预防疾病

104   措施上的责任。虽然定量资料非常缺乏，但似乎很大程度上德国的医疗保健制度直接有助于与现代资本主义相伴的阶级、性别以及种族不平等压迫的再现。

结论

95   与英国和美国相比，德国的福利国家似乎更加去政治化。社会政策的形成和实现的突出特征在于没有出现严重的社会和政治冲突。在本书讨论的政策领域，政策的制定和执行主要在科层制和专业人士手中，在管理上去中心化或者私有化但是由联邦法律进行管理。这种结构为联邦政府从 20 世纪 70 年代中期开始的控制福利开支的努力设置了不少障碍。在德国，福利国家在公共法律和集体主义政策上被正式奉为神明。然而，福利消费者根据职业、性别和种族高度分层化和分化。除了主要政治政党和工会之外，德国较少存在福利消费者的集中代表或者外在的潜在获利者。福利压力和利益群体大部分是缺位的。社会福利的"生产者"在许多方面是"私营"机构。社会保障制度建立在精算和缴费原则的基础上，这与商业私人保险公司采取的原则是相似的。医疗保险基金也同样如此。医疗保健制度整体来说只是名义上具有公共性质。一半医院和大多数医生在私人领域，大部分是营利性的。家庭政策强调家庭的首要性，并且将女性的无偿照顾工作当做私人福利。大部分个人社会服务是由地方政府管理的罗马天主教会和新教教会提供的。（Brauns & Kramer, 1989：132）从这个意义上来说，德国的福利国家是市场驱动的，这是与社会市场经济理念相一致的，同时德国的福利国家支持和强化了德国社会基本的不平等和压迫，但同时某种程度上作为一种控制手段对那些最需要救助的人提供社会救助。

当然，德国社会政策领域也存在政治冲突；但是与英国和美国相比，德国的政治冲突相对来说隐藏在地方政府层次和科层制内部。20 世纪 50 年代和 60 年代劳工运动和国家之间就养老金和医疗保险改革发生激烈的斗争。最近几年，工人和中产阶级专业人员，特别是那些受雇于福利国家的人成功地游说政府反对削减福利国家。在过去 20 年间，福利政治并没有因为女性主义、环境保护论、和平运动、僭据运动、同性恋运动、少数族裔和反种族主义组织等新社会运动的出现而改变。妇女运动对家庭政策，特别是堕胎改革的重要影响，上文已经提到了。同样的，少数族裔组织在一定程度上成功地实现了福利国家中的基本权利并且挑战了福利国家中的制度种族主义。除此之外，通常在绿色组织保护伞之下的新社会运动的影响主要局限在地方和单一议题活动上，这些影响在本书探讨的领域还没有变成国家层面的政策。然而，绿色运动和新社会运动"从事抗议、游行这样的直接行动，同时也在社区、城市中心、受污染地带、移民犹太社区以及诸如此类的地方开展运动……展示了其能够进入到议会体制之外的领域，而这一领域过去一直是由代表教会、学校、俱乐部、大众传媒和其他社会生活中非政治方面的右翼实际控制的"（Graf，1986：132）。

新社会运动中的两项原则对福利国家产生了重大影响，分别是 *96* 去官僚化和自助、自我组织化或是增权。这些原则对自由市场保守主义者和中左自由主义者同样具有吸引力。正如格鲁诺（1986）所说，在一定程度上这些社群围绕这些原则形成了一个邪恶联盟，作为对不同与社会市场经济的国家集体主义的反映。不清楚是否本质上属于中左运动的绿党和社会民主党能够联合起来实现再分配的反官僚主义的社会政策，这一现象在以劳工运动和自由中产阶级为一方，"后物质主义者"和女性主义者等为另一方的异质性选区中十分普遍。社会民主党中包含的法团主义倾向于排除少数族裔、女性、老人和年轻人，同时在降低下层社会中的种族主义、性别主义和反福利主义上无所作为。（Graf，1986：118）绿党必须发展出一个建立在大众基础之上连续性的和选择性的福利国家概念。在新右派看来，除了现状和社会市场经济的支持者外，同样也存在着其他有关福利国家未来的观点。一方面，新自由主义市场经济者主张公共设施和福利国家的大规模私有化。另一方面，保守主义者强调政府应强化福利国家作为社会控制的一种手段，同时暗示着国家鼓吹反对福利依赖，特别是少数族裔和单身母亲群体中的福利依赖，同时反对新社会运动中的反资本主义态度。

随着联邦德国在1990年10月合并民主德国，联邦德国扩大的社会政策含义是巨大的。从实质上来说，社会市场经济的社会和经济

106 政策扩张到东德，同时东德的斯大林主义福利国家模式瓦解了。在东德人民已经经历社会剥夺之后，经济重构过程正在制造突然性的大规模失业。在西德的家庭政策背景中，东德女性就业和托儿看护提供的未来就显得十分不确定。工人阶级中的东西部分层将会制度化到福利国家中。不管怎样，从长远来看，联邦在社会和经济政策上成功地缓和或是成功地应对了分层这一笼罩在欧洲社会政策之上的悬而未决的问题。

97 　　联邦德国是现代资本主义福利国家中的特殊模式，它在很多方面不同于本书中讨论的其他国家。联邦德国以市场和个人自由与社会公正混合在一起的外观来宣称其合法性。我们认为在实际功能上，市场力量首先塑造着德国，因此它实质上维持着阶级、阶级内、性别以及种族不平等和压迫。德国的意识形态和福利制度被证明是极具弹性和适应性的，因此能够适应国家的财政危机以及由新社会运动和新右派的兴起带来的挑战。

第四章　美国：法人市场经济福利国家

　　相比其他许多欧洲国家，美国常被视为剩余型或者发展缓慢的
落后福利国家。从某种意义上而言，福利国家的理念通常与战后欧
洲的社会民主、社会市场以及自由集体主义成就相关，而美国几乎
没有被看做福利国家，主要因为它的福利覆盖范围不足以及过于强
调私人福利。虽然美国就此而言确实存在这些非福利因素，但毫无
疑问的是美国仍然是一个福利国家，它在福利服务和利益的供给中
具有明显的公共财政、法律和机构介入。当然，美国作为福利国
家，其形式在诸多方面都很独特，而且与我们通常所考察的欧洲福
利国家形成非常鲜明的对比。到20世纪80年代，大西洋两岸的欧洲
集体主义福利国家的支持者们看到了美国福利国家的发展正在跟上
欧洲的步伐，于是摒弃把美国福利国家看做胚胎期的欧洲福利国家
这样的观念就显得尤为重要。事实上自从20世纪30年代以来，美国
福利国家就地位和意义而言已经成为与欧洲福利国家模式并列的一
种资本主义福利国家模式。随着欧洲新保守主义在美国的发展，美
国传统的福利观念得到了保守的欧洲政府尤其是英国保守政府最近
的提倡和采纳。很有可能在不久的将来我们可以看到欧洲福利国家
的美国化。

　　美国现代福利国家的发展主要基于大众压力和社会改革取得的
两个短期突破，一是20世纪30年代的"罗斯福新政"，二是20世纪
60年代"伟大社会"改革时期社会计划的迅速扩张。自由资本主义
市场的深度危机及其受害者——尤其是农民、资本家、失业者和老
年人的政治鼓动促使了"新政"的产生。联邦政府发起的"新政"
赞助了社会保险、社会救助计划、劳资关系，并且对商人、农民和
私房屋主提供支持。"新政"的受益者主要是中产阶级、农民和那些

有组织的具有优势的城市工薪阶层中的白人。"伟大社会"计划实质上扩大了公众参与福利的很多领域。这主要基于他们对这个富足社会里仍然存在贫困以及尚未被满足的福利需求的重新发现，以及对黑人民权运动、妇女运动和更广泛的福利权利运动的推动。但是有关"伟大社会"计划是否能够以及在多大程度上减轻贫困和种族、性别的不平等的激烈争论一直存在。自从20个世纪60年代后期，一种所谓的反福利国家的声音影响很大，但是并没有形成很大的声势。20世纪70年代中期和80年代早期的经济衰退使得注册失业人数急剧上升，此后便显著下降。20世纪80年代期间，里根政府削减了很多反贫困项目，同时保留了一些有利于多数人尤其是老年人的项福利目。在最近经济不景气的时期，美国人的真实收入的确下滑，但是家庭收入由于妇女的劳动参与率提高而维持在原有水平。

美国福利国家最大特点在于其在政策和实践中存在地区的多样性，随之带来缺乏稳定的国民社会政策的一致性，在那些被认为值得实施的社会保险和为穷人设立的侮辱性的家计调查项目之间存在巨大差别，而且该福利国家的私人慈善事业与商业利益已经融为一体。这些特点主要源自于美国的政府机构、阶层结构和公司资本的独有特征。美国政府机构的主要特征在于其反联邦主义、权力分散和强有力的国家行政部门的缺失以及各级政府在行政、立法、司法机关实行三权分立。(Amenta and Skocpol, 1989) 缺乏一个强大的中央政府可以部分解释19世纪30年代白人男性在选举权上取得的成就。在西欧，整个19世纪有关男性的选举权问题一直是工人阶级反对国家政治斗争的主要焦点。而在美国，政府从来不需要培养自己应对国内政治联合统一起来的工人阶级的要求的能力。美国的工人阶级已经被种族偏见、来自世界各地的连续性的移民以及不同的信仰分隔开来。劳工运动也从来不能联合工人阶级，社会主义和社会民主主义的影响也因为"商业工会主义"的意识形态而衰落，"商业工会主义"完全是在资本主义制度下，其目的就是通过集体谈判为雇主最大可能地做成买卖。不过，劳工运动在强烈倡导和维护"新政"提出的社会保险计划。社会民主主义和社会主义没有发挥影响，也给美国现代福利国家的建设留下了一个意识形态方面的空白。而"自由主义"和主导经济的工业和金融公司（公司资本）正好填补了这个空白。自 19 世纪末期以来，他们已经开始在多方面涉及福利，比如卫生保健的管理、举办和基金筹集，教育和其他福利机构，提供给员工的职业福利和服务（福利资本主义）以及福利慈善事业等等。20 世纪早期的美国就见证了在自由国度中企业霸权的发展。（Weinstein，1969）美国主要的金融和工业公司在某种程度上维护并且塑造了福利国家，这在西欧还不为人知。

意识形态与福利支出

唯意志论与自由主义：尴尬的社会政策一致性

在美国没有一个单一的名词能够用来描述其社会政策的一致 *100* 性，主要是因为福利国家的理念还远远不如西欧那样早已确立下来。然而，从 20 世纪 30 年代社会政策的一致性已经开始存在，这种一致性主要来自于唯意志论与自由主义所形成的一种务实并且灵活的组合。唯意志论主要包括两个原则：第一，个人及父权家庭除了获得一些私人机构（如慈善机构、教堂、雇主和联合会）的适当帮助，其他几乎完全由他们自己来承担福利；第二，公共福利干预主要表现在恢复个人和家庭自我承担福利并且防止其对公共支持的依赖。保守派在这两个原则上各有侧重，新保守派和自由市场的保守派倾向第一点，而专制的保守派倾向第二点。这个维多利亚时期所诠释的新教伦理在美国仍然处于霸权地位，这在战后以来还未在西欧出现。唯意志论暗示着深藏在这些原则之下的社会政策是"非美国式的"，甚至可以说是"共产主义的"。这样对于那些数量可观的需要依赖针对穷人的福利待遇和服务的人就存在持续和严厉的责难。然而，唯意志论在美国历史上被有着特殊意义的"自由主义"调和。自由主义积极地接受社会政策干预以满足社会需求的必要性，在多种利益集团和压力下坚决向前推进，这些压力来自于穷人和受压迫者、中产阶级、妇女运动、劳工运动以及商业联合会等等。自由主义意味着一种实用的福利集体主义，它不存在明确的左或右的偏见，但在里根总统明确敌视自由主义的时候，自由主义就象征着与民主党的总统相联系的"新政"和"伟大社会"这样的概念。

美国公共政策的另一个非常重要的方面是在社会政策和经济政策之间缺乏明确的相互影响。在 20 世纪 30 年代新政时期，社会凯恩斯主义者倡导联邦政府的高水平支出，作为一个反经济周期计划以确保充分就业，这样的观念似乎很流行。然而，二战后"商业凯恩斯主义"处于支配地位，主要"强调在相对有限的政府干预与国内社会支出下调整财政和货币政策"（Skocpol，1987：43）。因此，诸如伟大社会计划就不再与凯恩斯劳动力市场以及扩张性经济政策有所关联。在 20 世纪 70 年代中期，经济缓慢增长和滞胀，商业凯恩斯主义顺应货币主义和供给理论而支持高失业率、减税、削减福利开支。当然，从 20 世纪 70 年代中期以后，社会政策在新经济政策驱使下已经变得非常明确化。

唯意志论和自由主义的结合反映了美国社会政策在普遍供给的项目和针对穷人的项目间存在极端显著的双重性。当然，这种反映值不值得的双重性在所有福利国家的历史上都存在过，但是它在美国表现得尤为明显。格雷泽（1986：43）提到福利 I 和福利 II 两种福利制度；维尔等（1988：422）提到社会项目分为两个层级。福利 I 或者高一级福利是基于社会保险的项目和公共教育制度，而福利 II 或是低一级福利是由直接针对穷人的家计调查和其他无须缴费的项目组成的。在 20 世纪 80 年代，高一级福利面临削减的政治压力远不及低一级的福利。奥康纳（1973：173）通过分析社会保险的功能，即"创造出一种在就业人员队伍中的经济保障……并且因此提升员工士气，加强纪律……社会保险不是首先为了员工的保险，而是一种为资本家和公司服务的保险"。因此，社会保险一般会得到有组织的劳工和商业联盟的支持，而且成为"社会资本"的一种形式。那种需要接受家计调查的援助的功能是作为一种"社会支出""抚慰并且控制剩余的人口"（O'Connor，1973：7），这种社会支出仅仅是对资本和国家的一种非生产性的负担，而不是像社会资本那样具有间接的生产性。低一级的福利也因此更加具有政治脆弱性，除非穷人们接连不断地鼓动并使它继续维系下去。美国福利国家的这种双重性与西欧国家形成了鲜明的对比，可以这么说，在西欧，社会资本包含了社会支出。这种分歧在用于表述收入维持体系的两个要素的时候反映出来，这两大要素都是在 1935 年的社会保障计划中

开创的。美国的"社会保障"通常是指退休、孤寡和残疾人的社会
保险项目，这种社会保障的主张很流行而且被冠以肯定的光环。而
在另一方面，"福利"通常是指针对穷人并且需要其接受家计调查的
援助，还要一并具有其他服务的资格，包括健康照顾、食物印记、
日间护理和培训。"福利"申请者被严重地打上耻辱烙印，因此带有
强烈的否定色彩。"福利"和"福利国家"很明显的联系在于它们帮
助后者实现了在美国的否定意义，反映了唯意志论的持续的强势
地位。

福利支出

美国的社会福利支出占 GDP 的比例，持续低于经合组织国家平 *102*
均水平，而且也低于德国、瑞典和英国的水平（表 A.1）。然而在
1960 年到 1975 年这一阶段，伟大社会计划迅速发展到顶峰，比较于
GDP 的增长，美国福利国家比其他三个国家迅速，而且大大超过了
经合组织国家的平均水平。换句话说，这一阶段可以说是美国福利
国家的爆发。然而在 1975 年到 1981 年情况发生了戏剧性的变化，社
会福利支出的增长低于 GDP 的增长（表 A.1）。虽然我们无法获得经
合组织国家的精确数据，但毫无疑问的是从 1981 年之后，社会福利
支出已经远远低于 GDP 的增长。

艾斯平－安德森（1990）用去商品化指数（表1.1）评定了收入
支持政策在多大程度上让人们在年老、疾病和失业等方面摆脱对劳
动力市场的依赖。在这一标准下，1980 年美国在 18 个资本主义国家
中其福利的去商品化程度排在倒数第二的水平。换句话说，美国人
相对来说在年老、疾病、失业这三个基本需求方面更加受到市场力
量的影响。这可以从 1973 年高水平的私人福利支出窥见一斑，那时
私人福利支出占 GNP 的 7.5%，大概是整个福利支出的 30% 左
右。（Higgins，1981：137）私人福利支出大多来自私人慈善的福利
捐赠，这在当时得到了空前范围的治理。1985 年美国的私人慈善事
业已经达到 800 亿美元，相当于 GNP 的 2%，其中 82% 来自个人，
而来自基金会和企业的分别只有 5%。这笔金额大约有一半用于宗教
目的分配，至于有多少比例用于福利活动并不可知。剩下的私人慈
善金大部分用于医疗、教育以及社会服务，1985 年数额大约达到

300 亿美元。（美国人口普查局，1987：表 630）基于种族、宗教和社区团体组成的私人志愿机构主要扮演了个人社会服务的角色。它们通常与政府当局有关系，但是它们的发展壮大防止了在全国范围内（或者全市范围、全州范围内）的大体一致，而且它为政府提供了一种方式，这种方式可以减少政府在提供福利方面的参与。（Glazer，1986：54）因此，考查美国的公共政策和社会福利支出仅仅能让我们部分地看到基本福利需求是否得到满足。无论如何只要可能，我们都有必要去考查各种各样的私人部门所扮演的角色。

收入支持政策及其结果

收入不平等与贫困

103   鉴于上文提到的适度去商品化，在美国现金收益只占到平均收入（表 A.2）很小的一部分（8%）。换句话说，人们主要是依靠工作、私人财产和私人养老金来获得"市场收入"。这与西欧福利国家尤其和瑞典形成了鲜明的对比。1972 年、1973 年和 1980 年的收入分布数据充分显示（表 A.3 和表 A.4）：在这里所研究的福利国家中，美国的贫富差距是最大的。收入最低的 20% 的人是可支配收入最少的。不过，奇怪的是，那些收入最高的 20% 和 10% 的人还不如德国那部分人富裕。根据家庭大小调整后的基尼系数分布，1972 年、1973 年和 1980 年数据显示的美国的收入不平等虽然不如德国，但远远超过瑞典和英国。然而，在所得税和社会保障转移上，从基尼系数分布来看，美国比瑞典低得多，比英国和德国低得更多（表 A.5）。换句话说，如果没有所得税和社会保障制度，美国的收入分布应该更加不平等。所有这些数据说明，这是在穷人、低收入者和那些中等、高收入者之间的差距，这个差距在美国相对要大一些。同时，可以认为里根 1981 年和 1982 年的减税计划带来了持续的收入再分配，尤其使得收入最高的 10% 的人受益。（Edsall，1984；Miller and Jenkins，1987；Ruggles and O'Higgins，1987）

比较数据显示美国在 1980 年收入移转后的贫困水平大约是英国的两倍，是瑞士和德国的三倍（表 A.6）。在福利国家中，美国发展出了一个国家的贫困定义。自从 1964 年美国开始向贫困宣战，联邦社会保障署每年都会确立不同大小的家庭在获得营养、房屋、衣服和健康照顾等方面的最低收入水平。这是官方的贫困线，它包括了来自社会保障和社会救助的收入，但是并不包括像粮票这类福利。这必然有不当之处，而且也被批判认为过于粗鲁、慷慨，过于卑贱（DiNitto and Dye，1983：第3章），但是它仍然被广泛地接受和引用。1985 年有 14% 的人口以低于贫困线的收入水平过着家居生活，还有 4.7% 的人以低于贫困线标准 125% 的收入水平生活。州与州之间的贫困人口的比例差别非常显著。20 世纪 80 年代中期，美国新罕布什尔州的贫困人口比例最低，占 5.6%，而密西西比州的贫困人口比例最高，占 25.6%。表 4.1 显示 20 世纪 60 年代的改革使得整个贫困比率下降了一半，但是 20 世纪 80 年代贫困率又再次攀升，尤其是在 20 世纪 80 年代初期经济不景气的时期。20 世纪 80 年代，白人的贫困数减少要比黑人贫困数减少相应更多一些，而西班牙裔和单身母亲的贫困数显著上升。黑人家庭的贫困数量是白人家庭贫困数量的三倍，这个比率从 20 世纪 50 年代开始就没有改变过。

表 4.1　美国低于和刚达到贫困线的家庭百分比

	所有家庭	白人家庭	黑人家庭	西班牙裔家庭	单身母亲家庭
低于贫困线					
1960 年	18.5	15.2	48.1	N/A	N/A
1970 年	9.7	7.7	27.9	N/A	32.7
1980 年	9.2	6.9	27.8	20.3	30.4
1986 年	11.4	9.1	28.7	25.5	34.0
在贫困线 125% 水平以内					
1986 年	15.3	12.7	35.8	N/A	40.8

来源：美国人口普查局，1987：表 746，表 749。

养老金

1980 年美国公共养老金和私人养老金的总体开支占 GDP 的比例低于经合组织国家平均水平，而且远远低于我们这里提到的其他几个福利国家（表 A.7）。医疗保健开支正好与此形成了相反的对比，可能反映了相对不太积极的私人养老金行业。美国的老年人尤其依赖有薪工作，这份报酬占到老年人家庭收入的 26.8%，这个比例远远高于德国和瑞典（表 A.9）。大概是因为受到了唯意志论以及美国的私人福利程度的普遍影响，美国养老金主要由公共部门提供。1980 年公共部门提供的 79% 的养老金支出大部分来自社会保险基金，并为战争中的老兵和一些公职人员增补了特别基金（表 A.8）。1980 年当企业年金所占比例已经远远高于其他资本主义国家的时候，也只是占到总支出的 17%。这种状况主要发生在两次世界大战之间。20 世纪的前 30 年是福利资本主义发展的黄金时期，这主要基于职业上的福利和服务供给。根据布兰德斯（1976：105）的研究，"养老金计划是在雇主们反对工会的斗争中得到支持的"，在 20 世纪 20 年代后期大约有超过 300 万的工人被覆盖在内。然而，这只是工人中的一小部分精英，而且不论雇主还是雇员对该计划的热情都不高。养老金计划并没有动摇工会主义，而且工人们也非常憎恨雇主利用养老金作为规训和控制他们的手段。（Lubove，1968：131）正如

威尔逊（1987：44）的研究，在 20 世纪 80 年代，"大约 50% 的工人正在争取建立企业年金的权利，约三分之一的退休人员实际上在领取企业年金……然而其覆盖率远远不足，而且低收入者、非熟练体力劳动者、女工以及没有工会组织的企业从业者都没有这种附加的保障"。

在最近的经济衰退过程中，许多企业年金计划遇到了困难甚至陷入困境；在 20 世纪 70 年代联邦政府采用了从紧的制度。

在 20 世纪的前 30 年里，各个州都为推动社会保险做了很多努力，但是大部分遭到了需要支付保险费的企业的反对。到 20 世纪 30 年代早期，在大萧条时的大规模贫困期间，为争取实现彻底的收入再分配以及对年老、失业和穷人救助的平民运动出现了。其中，汤森运动（the Townsend Movement）是历史上有关老年人群的第一次规模性运动，其要求是建立一个统一费率的普遍养老金制度，这一运动在 20 世纪 30 年代中期达到顶峰，拥有几百万的支持者。这一运动"兴起了美国政治上一种新的力量：老年人"（Leuchtenburg，1963：106），它保留了同一时期利益集团政治和游说的重要意义。虽然汤森计划没有被采纳，却是"新政"的核心内容之一，1935 年社会保障法案实施了针对老年人的法定保险，并增补了基于经济状况调查之上对老年穷人的救助。从 1935 年以来，社会保险已经逐步

扩展并覆盖到孤寡（寡妇及其孩子）、残疾人，而且医院也为老年人支付一些费用。这一计划被称做老年、孤寡、残疾和健康保险（Old Age，Survivors，Disability and Health Insurance，OASDHI），是美国福利国家的基石，也被普遍认为是美国的"社会保障"。收入关联的福利其缴费是由雇主和雇员各负担50%，在1988年相当于工资税的15.2%。这对于低收入者而言有着轻微的压力。其资格条件限制并不是很严格但也不算很宽松。这一福利在1974年以来就已经根据生活消费指数进行了调整。社会保险基金并没有来自税收的补助，从20世纪70年代中期以来社会保障体系就频繁面临财政危机，主要是因为有资格申请老年、孤寡、残疾和健康保险的老年人数量增长，从而导致孤寡和老人的保险基金出现赤字。这一危机随着1982年和1983年新保守主义和传统自由主义者在华盛顿官僚政治框架内激烈的权力争斗而告终。（Light，1985）结果形成了1983年的社会保障修正案，生活费用指数的调整暂且搁置，工资税计划再次上调，高收入者享有的福利需要纳税，社会保障的保险范围被强制实施以增加缴费收入，并且设想在长期内提高退休年龄到65岁以上。由此看来，自由主义者似乎成功守卫了"新政"，但是并没有为妇女和低收入者争取更多的权益。尽管新保守主义者仍然在继续寻找削减有资格申请社会保险的人和按物价指数调整工资的办法，但是这在老年、孤寡、残疾和健康保险受到普遍支持的情况下显得非常困难。

官方（有可能过于乐观）显示在20世纪80年代65岁以上的老年人口中有超过90%的人接受了老年、孤寡、残疾和健康保险福利，而且这是他们大多数人收入的主要来源。老年、孤寡、残疾和健康保险保险并没有如此普及；1985年有91%的雇用工人被覆盖，但这只占到整个劳动力人口的85%。（美国人口普查局，1987：表582）自从保险金与收入关联之后，整个国家的月平均支付费用发生了相当可观的变化，这反映了收入与缴费记录之间的差别。1985年给退休者平均每月支付最高的是康涅狄格州，达到525美元，最低的是密西西比州，403美元，整个国家的平均水平是479美元。（Duensing，1988：表6－11）据官方估算，老年、孤寡、残疾和健康保险的收入替代水平在1983年低收入者为50%，达到平均收入水平者为40%，高收入者为23%。（Wilson，1987：45）不过，又如阿什纳姆（1986：124）所言："老年、孤寡、残疾和健康保险有关资格认定的方法对那些雇用和挣钱的经历不同于'一般'白人的那部分人的利益产生了不利的影响。"

对于女性而言，社会保障对那些结过婚而没有就业的女性更有利，因为她们的福利是和她们丈夫的缴费记录相联系的。这一制度仍然是建立在传统的"家庭工资"模式基础之上。然而，"实际上有三倍数量的女性是在她们自己缴费的基础上领取养老金而不是作为受养人来领取养老金"（Wilson，1987：46），因此，她们享受的福利常常比她们作为全职太太所享受的福利要低，因为她们的缴费和收入记录相对比较低。大多数年老的女性，她们既有居家不工作的经历，也有工作挣钱的经历，这些人经常因为申请资格的规则限制而不能从她们的社会保障缴款中获得福利。（Forman，1983：38）离婚、残疾和丧偶的女性作为家庭主妇也会因为男权制的资格申请规则而在享受福利方面处于不利的位置。来自妇女运动的压力使得一些改革取得了成功，这些改革有利于离婚、残疾和丧偶的女性争取她们的福利（Forman，1983：37－38），但是为确立老年妇女也能享受福利的平等权利的改革建议遭到了反对（Aschenbaum，1986：第6章）。老年、孤寡、残疾和健康保险福利制度也许因此可以在阶层的基础上而不应当是在性别的基础上进行适当的重新区分。

107　　1980年，美国有20.5%的老年人家庭是贫困家庭，虽然比率没有英国高，但是比德国的两倍还多（表A.6）。1985年3月，房主达到以及超过65岁的家庭中有15%的家庭生活在官方划定的贫困线以下；所有老年人家庭中有20%要求至少一种如粮票或者医疗救助这样的非现金福利，但只有9%的家庭获得家计调查式的救助以增补或者代替社会保险金。（Duensing，1988：表6－15）几乎所有这些针对老年人的家计调查式的救助都来自于1974年以来实行的补充保障金（Supplemental Security Income，SSI）计划，这一计划始自1935年的社会保障法案，主要覆盖了对残疾和老年人的家计调查式的救助。补充保障金的申请者中大约有一半的人正享有社会保险金，而剩下都是没有参加保险的。1985年，在补充保障金的申请者中，女性占65%，黑人占了25%，这一年老年人每月平均获得的补充保障金是164美元。补充保障金是美国唯一的全国性统一的家计调查

式补助，虽然大多数的州给予的补助是联邦政府的最低水平。在1985 年，超过 65 岁的人中有 31.5% 的黑人和 24% 的西班牙裔人生活在贫困线以下，而白人中只有 11%。所有这些统计数据表明，美国还有很大比例的老年人没有被覆盖在社会保障体系之内，而且他们生活在贫困线水平甚至在贫困线以下，几乎不能从福利国家中获得任何帮助。老年人中的不平等非常明显地是由"种族"和性别造成的。在 20 世纪 70 年代和 80 年代，老年、孤寡、残疾和健康保险的覆盖面进一步扩大，使得生活在贫困线以下老年人的比例减少了一半，但是这一改善成果在白人中要比黑人和西班牙裔人中显著得多。（美国人口普查局，1987：表748）

社会救助

迄今为止，针对穷人的最重要的福利是叫做以有小孩需要抚养 *107* 的家庭为目标（AFDC）的计划，该计划和福利一样有名。和补充保障金一起，形成了美国福利国家梯级的最底一级。该制度的起源要追溯到 20 世纪的最初几年，当时包括一些早期女性主义者在内的进步人士成功地动员政府给予贫困的单身母亲救济以使得其子女免予送往教养院。1935 年的社会保障法强制性规定了国家必须提供具有与之相匹配的联邦津贴这样一份福利，该计划的原则在于给贫穷的单身母亲提供直接的救济帮助使其免于家庭破裂。该计划从来没有被当做类似英国收入支持计划那样的社会救助安全网，但是在零星或不充分的形式上已经达到了社会救助安全网的效果。以有小孩需要抚养的家庭为目标计划的两个显著特点是，首先，每个州有自己的计划，这导致各个州的福利水平和获取资格很不一样；其次，双亲家庭还不能申请这项福利。这似乎看起来反常，但是正如皮文和克洛（1971）所说，该制度在迫使人们从事低收入的工作上扮演着核心角色，通过威胁否决其基本生活福利申请对"福利母亲"和失业男性都起到了作用。与 19 世纪的济贫法管理不同的是，地方政府的判别力和福利水平的巨大差异允许福利制度能够适应地方政治和劳动力市场环境。这不是过去的一种过时的遗存，而是一种由英国新右派提出的在高失业率地区降低工资的制度。在 1984 年密西西比州的平均月福利支付只有 91 美元，相比之下加利福尼亚州是 489 美元，美国的平均水平是 325 美元。很显然，加利福尼亚州的生活成本并不是密西西比州的 5 倍。普拉尼克（1989）计算出 20 世纪 80 年代中期福利在何种程度上降低了穷人的福利受益前收入和贫困线之间的距离。这提供了一种能够缓解贫困的有效福利措施，虽然这对于一个没有任何其他收入家庭的生活水平提高到贫困线以上还是远远不够的。普拉尼克（1989）计算出福利受益前的收入差距下降的中位值是 20.2%，数值的变动区间从慷慨的威斯康星州的 42% 到吝啬的内华达州的 10.9%。1961 年以后，各州允许授予那些父亲失业家庭以有小孩需要抚养的家庭为目标的福利，但这在操作上仍然比较少见。从 20 世纪 70 年代开始双亲家庭依赖以有小孩需要抚养的家庭为目标的福利计划的比重逐步上升，到了 20 世纪 80 年代末期上升到大约 10%，差不多其他都是单身母亲家庭。至今人们普遍认为给予失业的父亲福利支持会影响他们的工作积极性。1988 年的家庭支援法中要求各州在有限时间内将以有小孩需要抚养的家庭为目标的福利资格扩大到所有有需要的双亲家庭，但事实上并没有发生根本性的变化。以有小孩需要抚养的家庭为目标的福利计划的管理总是倾向于认为申请者的处境不应得到该项福利：

108
> 以有小孩需要抚养的家庭为目标的福利计划中心属于典型的昏暗、冷酷的地方；长长的等候队伍以及诊所一般的氛围给人以毫无人性的感觉。一旦申请被要求与社会工作者见面，他们的生活就要被彻底而没有隐私地调查……通常他们被置于监管之下，福利工作者还会告诫他们"恢复"自己的地位，同时被要求证明自己不是骗取福利的人……这一系列贬低人的过程也有效地限制了那些潜在的福利申请者，他们将会宁愿去获得仅能保障生活的工资也不愿意去遭受享有这种福利的后果。（Katznelson and Kesselman，1979：193 – 194）

直到 20 世纪 60 年代所谓的福利扩张为止，以有小孩需要抚养的家庭为目标的福利计划都只是美国福利国家相对次要的部分，此后 10 年间接受福利的家庭数量增长了 4 倍。整个 20 世纪 80 年代该计划的受益人数量稳定在 1 100 万左右，约占全国人口的 5%。福利扩

张是民权运动的主要成就之一，该运动第一次给予绝大多数的黑人
享受福利国家的权利。部分来说，这是对美国南方的农业现代
化（Piven and Cloward，1971：249）和由此导致南部黑人大规模失业
并且从20世纪30年代开始迁往北方城市所造成的国内混乱局面的
反应。部分也是因为，福利扩张和"伟大社会"计划实际上是对作
为新政治力量的黑人选民出现的反应。联邦政府被迫通过资助享有
福利权的公共服务，挑战法庭上的地方法律，管理以及支持穷人地
方组织，从而干预地方政府的福利管理。因此，"男人在家的统治地
位、居住权法案、称职母亲的规定以及大量限制人们的其他法规、
政策和管理最终都被取消了"（Piven and Cloward，1977：272）。20
世纪70年代和80年代围绕着福利改革问题在自由主义者和保守主
义者之间经历了持续的斗争。对于外在围观者来说，这是穷人和国
家之间最显而易见的冲突。无论是自由主义者保证最低收入的建
议（Moynihan，1973）还是新保守主义废除福利的观点（Gilder，
1981）都失败了。从20世纪60年代末期开始，联邦和州政府努力强
化该计划中的工作刺激压力。在里根政府1981年的统括预算调整法
中，以有小孩需要抚养的家庭为目标的福利计划申请者明显遭受申
请资格和福利削减之苦：支付拖欠，对低收入就业者的救助几乎取
消了，诸如食物券和住房福利相关的福利大幅度削减了，家计调查
变得越来越严格，同时与物价水平脱钩的福利水平大大低于通货膨
胀程度。（Bernstein，1984；Hanson，1987）统括预算调整法的结果
是，大约40万个家庭失去了获得以有小孩需要抚养的家庭为目标的
福利计划的资格，同时另外26万家庭相关的福利被削减了。

失业与劳动力市场政策

在战后经济繁荣时期，美国的官方失业率从经合组织国家来 *109*
看，大大高于英国、瑞典和联邦德国以及经合组织国家平均水
平（表A.10）。官方失业率在两次最近经济衰退时期的1976年和
1983年达到顶点，在1982年和1983年达到9.5%。然而，在整个20
世纪80年代，美国的官方失业率与经合组织平均水平接近，反映了
美国实质性的就业增长，同期欧洲就业增长比较慢。当然，这些官
方失业数据并不包括那些身处劳动力市场之外的人——隐性失业

者。在美国似乎没有对这部分人数量的可靠估计，但是处于就业年龄但无事可做的美国成年人的数量可能要远远高于西欧。比如，由马罗波尔（1984a：19）提到的一项调查中显示20%的处于就业年龄的黑人处于失业状态，明显高于官方统计数据。

最初在1935年的社会保障法中获得立法的失业保险与老年、贫困、残疾和健康保险，补充保障金及以有小孩需要抚养的家庭为目标的福利计划一起构成了社会福利新政的另一主要支柱。该计划由联邦工资税提供财政资助，但是在一些特别内容上各州管理自己的计划，从联邦基金获得补偿。与收入相关的收益的最高值根据各州情况有所变化，基本上维持26周的在失业前总收入的50%到70%之间，在一些个案和州这一期限延长到一年。为了省钱和相对较低的目标给付，从1978年开始对失业保险收益征税。大约90%的在国有部门就业的劳动者被国家失业保险覆盖。反映出各州工资水平和失业保险计划的差异性，在1985年每周的平均失业救济支付在田纳西州的89美元和明尼苏达州的153美元之间变动，美国的平均水平是127美元。在20世纪80年代初期随着新保守主义在联邦政府和州政府的兴起，失业保险的资格条件、超过26州的救济延续以及对该计划的资助明显从紧了。收益水平只是在1973年到1982年之间与通货膨胀保持一致。（Reubens，1989：表1）在美国如果失业保险计划与劳动力市场或接受再培训压力之间有什么关联的话，也是很少的关联，这与联邦德国和瑞典不一样。美国就业措施上的公共开支是由失业救济方面的开支来决定的，而在瑞典另外一个极端是其就业措施的公共开支是由积极劳动力市场措施决定的。（Reubens，1989：表2）与法国比较类似，但不同于绝大多数的资本主义国家，美国没有针对已经失去资格领取失业救济的长期失业者或是失业保险没有覆盖到的人群的以家计调查为基础的救助。这可能依然是福利国家如何通过默认压力迫使人们去就业的最明显的例子，哪怕收入很低，或者是非法的和其他非正式的收入来源。由希尔（1988：312）所提及的1979年的一份主要调查中揭示了隐性失业水平和失业保险在黑人群体中的未覆盖程度两方面的情况。这份调查显示只有11%失去工作的黑人养家者正在获得失业救济，18%的人已经用完了其失业救济，其余的人没有资格领取失业救济。他们中的大多数人不喜欢工作，但是甚至在那些已经被解雇的人中，只有 20% 的人近来在接受救济，同时有 56% 的人从来没有资格获得失业救济。对于黑人来说，失业保险明显不是一项普遍性的社会计划。

从 20 世纪 60 年代中期福利扩张以来，联邦和州政府已经制定了一揽子政策对福利收益者施加压力迫使他们不要依靠福利而是去寻找工作，最明显的是 1967 年、1971 年、1975 年和 1980 年的就业刺激方案。从本质上来说，所有这些措施都包括了胡萝卜和大棒，大棒包括收回福利的威胁和现实；同时胡萝卜包括日托、节育服务、失业救助所、培训、咨询和旅费等等。1981 年的统括预算调整法，该法案颁布了里根已经提到的福利国家削减的大部分内容，要求除了有 6 岁以下儿童的母亲（1988 年修改为 3 岁以下儿童母亲）之外，所有"身体能动弹"的以有小孩需要抚养的家庭为目标的福利计划接受者为就业或培训进行登记。统括预算调整法还鼓励和帮助各州推进"以工代赈"计划，该计划要求以有小孩需要抚养的家庭为目标的福利计划接受者从事一些无报酬的工作，为他们的福利受益而"工作"。虽然"以工代赈"计划被英国的新右派大为赞赏（Burton，1988），但是其在美国的直接影响是相当微弱的，当然它的推行间接给穷人施加了更多压力。正如贝佳斯（1987）所示，与基本原理大不相同的是，在任何时候都只有大约两万人处于"以工代赈"计划中，并且只有四个州完全实施了该计划。贝佳斯对"以工代赈"计划政策研究的回顾，主张该计划对于通过找到工作或是提高工资来帮助那些以前有过工作经历的人来说收效甚微。从以工代赈中适度获益的人是那些没有或只有很少工作经验的人。几乎"以工代赈"计划中的每一个人都是以从事低收入的体力劳动或重回失业状态而告终的。

女性、劳动力市场与收入支持

战后美国女性参与就业的增长一直维持着十分稳定的动力，从 *111* 20 世纪 50 年代晚期低于经合组织平均水平到 20 世纪 80 年代末期刚好超过经合组织平均水平（表 A.12 和表 A.13）。这主要归功于白人已婚女性就业人数的增长，黑人妇女中就业变得更为普遍。正如其他国家存在明显性别化的就业结构，劳动力的分割现象由于作为女性主要雇主的福利国家的增长而被进一步强化了。因此，根据戈登等人（1982：206）的研究，"女性就业的四种类型——无关重要的制造业、零售业、办公室岗位以及医疗和教育部门——在 1970 年占到了女性就业的 95%"。从 20 世纪 50 年代到 70 年代福利国家中的就业扩张是"女性和少数族裔经济状况进一步改善背后最重要的推动力"（Eisenstein，1984：118），但是在 20 世纪 80 年代，女性和少数族裔在医疗保健、教育和社会服务方面的就业遭受公共开支削减的严重冲击（Eisenstein，1984：117－118）。

美国女性中的兼职就业比重明显低于英国和瑞典，但接近经合组织平均水平（OECD，1985a：表 1.3）。和联邦德国、瑞典和绝大多数经合组织成员国一样，女性中的标准失业率一直以来都比男性高（表 A.14）。整个 20 世纪 80 年代，虽然预算在削减，但是因为私人和服务领域就业岗位扩充，女性失业率基本保持稳定，同时男性失业率持续上升，唯一相反的是德国。战后男女之间的收入差距并没有太大变化。相对于男性收入的每个美元，女性的实际收入从 1955 年的 63.9 美分下降到 1973 年的 56.6 美分，虽然从那以后有所增长（DiNitto and Dye，1983：表 11－12）。福利国家根据阶级、家庭结构和种族对美国女性分层做出了十分巨大的贡献。帕尔（1988）主张美国女性可以有效地分成三群人，这本质上是一种阶级分化：首先，处于贫困状况的被边缘化的女性；其次，从事文员、服务业、社会照顾和蓝领行业的大部分女性；再次，属于少数精英群体的从事专业工作或经理工作的女性。贫困女性通常就业不稳定，但是当她们有较低收入的工作时，通常也一样依赖福利。许多贫困女性"在完全自立阶段，同时她们也需要在补充福利和完全依赖福利阶段'循环'，这主要取决于诸如国家经济、工作周期性和她们自己以及子女的健康状况"（Power，1988：148－149）。

人们普遍认识到福利具有将边缘化女性用作劳动力后备军的支持作用。第二类人群中女性大众就业者的增加在 20 世纪 70 年代和 80 年代维持中等家庭的收入上扮演着关键角色，这段时间个人的真实收入下降了。对于这部分女性来说，社会政策最重要的部分在于 20 世纪 60 年代和 70 年代在法律上实现权利平等以及强制执行机制的建立。对这些措施的影响很难作出解释。相对于男性来说，女性就业者的总体处境依据收入和横向与纵向的性别分化来看可能进一步恶化了。有证据表明支持行为、权益维护和其他反歧视措施反而适得其反地鼓动男性反弹，同时这也因为"潜在的刻板印象并没有随着法律机制的发展而有效改变"。然而，"女性的处境因为没有关注歧视、女性的困境和总体经济状况而实质性恶化"（Larwood and Gutek, 1984：255）。女性争取平等权利运动在20世纪80年代遭遇两次主要的挫折。首先，在妇女运动进行了多年斗争之后，主张男女平等的平等权利修正案（ERA）尚未被批准和写入宪法。其次，虽然没有废除已有的平等权利法案，里根政府成功地通过削减管理机构的人员和经费削弱了这些法律的效力。（Bawden and Palmer, 1984：201 - 208）在20世纪80年代中期，美国司法部出台了一系列法律攻击公共部门的支持行为和权益保护政策。（Power, 1988：153）虽然争取平等权利修正案的斗争遇到了这些挫折，但是捍卫男女平等的权利机制仍然需要继续下去，同时里根政府不可能在抨击女性权利上取得完全成功。虽然缺乏有力的证据，但是似乎从事专业和经理岗位的中产阶级女性比从事工人阶级岗位（包括蓝领和白领）的女性更为普遍地从平等权利政策中获益。通过比较美国和英国的女性就业者，戴克斯和肖（1986）得出结论，对于大多数女性 *113* 就业者来说，美国就业上的男女平等权利政策比英国产生了更为积极的影响。造成这种结果的一个重要原因在于美国女性的全职就业占主流，对儿童照顾开支进行减税以及针对大部分全职就业的由雇主支付的医疗保险方案促进了美国女性的全职就业。总的来说，美国妇女运动的力量和英国相比更大程度上反映在立法方面，这导致美国妇女更为积极地追求平等权利，这也提高了女性就业者在雇主眼中的总体地位。（Dex and Shaw, 1986：128）这意味着英国雇主比他们的美国同行更倾向于将他们的女性雇员当做"边缘化和可任意处置的"。

从有效证据的基础上来说，不可能十分精确地在这些女性群体或阶级之间划出变动性的边界来。正如表4.1所示，穷人中相当大的一部分是女性，相当一部分单身母亲家庭处于贫困状态。美国的福利制度在使得单身母亲家庭摆脱贫困上的作用十分有限。以1980年的卢森堡收入研究为基础，现金救济只是成功降低了11.6%的贫困单亲家庭数量，同时51.7%的单亲家庭还是陷入收入转移后的贫困之中（表 A.6）。因此，虽然以有小孩需要抚养的家庭为目标的福利计划是以单亲父母为目标，但是与联邦德国和瑞典相比，该计划在使得大部分单亲父母脱离相对贫困方面做得不够。美国单亲家庭的净收入占双亲家庭净收入的比重只有57%，这在本书研究的四个福利国家当中是最低的（表 A.18）。虽然事实上在美国有比英国和联邦德国更大比重的单身母亲就业（表 A.17）。随着单身母亲家庭数量的不断上涨，最近几十年间美国家庭结构发生了很大变化。到1984年超过四分之一有孩子的美国家庭是单亲家庭，在这当中89%是单身母亲家庭。这在经合组织国家中迄今是单亲家庭比重最高的国家，甚至比瑞典还要高出许多（表 A.16）。因此，单身母亲家庭导致穷人比重的不断上升。同时女性贫困人口的比重在过去30年间没有发生大的变化，这意味着她们大多是生活在单身母亲家庭中。因此，正如希门尼斯（1989）所说，还没有存在贫困的女性化，但是贫困女性相当程度上实现了从依靠贫穷男人到依靠福利制度的转变。

种族不平等、种族主义与福利国家

种族背景

正如同阶级不平等和压迫议题在西欧那样，围绕着种族不平等和种族主义的议题在美国现代福利国家政治中可能扮演着决定性的角色。与阶级一样，种族是一种有着深厚历史和文化根源的社会建构起来的类型，不同人群被不同的社会进程"种族化"，同时种族间的边界经常是模糊和主观的。1980年的人口普查开始时假设美国有14个明确的人种，根据被调查者的自我分类。第15种类型是留给那些不认同自己属于这14种类型的人。三个最大种族人群分别是人口普查机构称之为"白人"（83.2%）、"黑人"（11.7%）和"美国印第安人"（0.6%），其他12种少数族群占到官方2.26亿总人口的4.5%。与大多数西欧国家相比，在过去20年间美国人口以每年200万的速度持续增长，其中大约四分之一要归因于永久定居的难民和移民。另外，实际上还存在大量非法移民，特别是来自墨西哥的非法移民，可能每年非法移民的人数达到50万。（Carens，1988）从20

世纪20年代初开始，非白人的合法移民受到严格的限制。在另外一个人口普查问题中，西班牙裔人被邀识别自己的身份，只有6.5%的应答者认同自己的西班牙裔身份。明确的是在白人和其他种群中有许多其他文化和少数族裔，他们也被种族化。本文将焦点集中于美国黑人，几乎所有美国黑人的祖先都来自非洲的黑奴，并且他们继续使用"黑人"一词来形容自己。他们无疑是美国最大的也可能是政治上最明显被种族化的社群。

直到20世纪60年代福利国家在许多积极方面对美国黑人来说也只是一纸空文。因此，虽然大量黑人生活在贫困线以下，却很少有人能够成功申请到以有小孩需要抚养的家庭为目标的福利计划。要解释这一现象取决于从高等法院到下层地方政府所颁布的外在的制度化种族主义法律。可能只有与南非和纳粹德国相提并论，美国是坚定的资本主义和种族主义国家。直到19世纪60年代美国内战为止，在南方各州通过奴隶制将种族主义强加给所有人。内战之后，联邦政府设计政策从根本上改变黑人的法律和福利地位，但是到了19世纪80年代重建的局面让位于持续到20世纪50年代公开的种族主义政策。在南部诸州大约80%的黑人依然生活在通过地方性立法（最著名的吉姆克劳法）和恐怖主义白人暴力强制施加的种族隔离制度之中。该制度由1896年最高法院的决定将其合法化，宪法将针对黑人和白人的"隔离但平等"的保护置于法律之下，因此允许教育、公共汽车、休闲和福利服务的种族隔离。虽然这些服务对于黑人来说是可用的，但是通常要差许多。作为对南部种族隔离的反应，同时在南部农业机械化的推动之下，黑人向北方移民并开启了黑人劳动阶级从南部农民和家庭佣人向北方（以及南方）城镇工业和服务业工人的转变。在1975年有52%的黑人生活在南部诸州，相比之下在1910年这一比重是89%，在1970年有19%的黑人和28%的白人生活在农村地区，相比之下在1910年这一比重分别是73%和51%。（US Bureau of the Census：表5和表6）

115

二次再造：黑人与福利国家

在美国有色人种民权促进协会（NAACP）等组织数十年的游说和抗议之下，在1954年最高法院颠覆了"隔离但平等"原则，这一原则被用于学校教育并阻碍了黑人的教育进步。通过允许联邦政府否决向执行种族隔离主义的学校董事会拨款来实施该决定。争取废除隔离和黑人民权的激烈斗争本质上是黑人的工人运动，正如马罗波尔（1984b：129）所述，要求"对工作、住房和医疗保健的社会承诺……这是民主社会主义的前提，也是其他发达资本主义国家大多数工人阶级的政治"。这在许多方面就是为争取福利国家而斗争。在20世纪60年代民权运动的推动下，废除吉姆克劳法的过程在1964年的民权法案和1965年的投票权法案中达到顶峰。民权法案宣布种族歧视和隔离的外在形式非法，同时将确保机会平等的支持行为观念合法化；宣布从雇主到联邦政府造成的制度化种族歧视非法，同时为废止种族歧视并在该法案实施的其他方面安排联邦资金。20世纪60年代中期出现的黑人权利运动，正如马罗波尔（1984b）和平科尼（1984）描绘的"伟大社会"计划那样，确保二次再造能够在改革过的福利国家政治中解放黑人。与这一过程相伴的是黑人经商、新黑人专业和经理精英集团的增长，同时特别是黑人在地方

116 政府中的政治代表性也日益增长。

从20世纪60年代初到70年代中期，二次再造似乎适度缩小了黑人和白人之间的福利不平等。但是白人从城市迁移到郊区某种程度上加剧了居住隔离。学校中事实上的隔离依然普遍，因为"虽然法庭可能发现一个学区存在违宪隔离，但是只要白人居住区没有出现故意种族隔离，那么法庭不能把开通跨区校车作为一种弥补手段"（Economist，1990：44）。从20世纪70年代中期经济衰退以来，特别是20世纪80年代早期经济进一步衰退之后，里根政府猛烈攻击福利国家及其支持行为，种族不平等进一步扩大化，在一定程度上20世纪60年代反种族运动的成果都被取消掉了。因此黑人家庭中间收入占白人家庭的比重在1975年几乎达到了顶峰的62%，在1988年下降到55%以下，与1967年和1953年在一样的水平上。1960年到1975年之间黑人和白人婴儿死亡率之间的差距迅速缩小，但是在20世纪80年代开始不断扩大。威尔逊（1987）、法利（1984）和艾斯平·安德森（1990）提供了更为乐观的数据，该数据显示在职业阶层结构中黑人出现持续的向上流动。然而，马罗波尔（1984b）和平科尼（1984）认为在20世纪70年代二次再造运动失败了，并且该

运动的首要受益人是新黑人中产阶级，他们占到了黑人人口的
10%。特别是他们得到了更多的机会进入大学受教育，在黑人中制造了日益增长的阶层分化。柯林斯（1983）认为向上流动的中产阶级黑人并不安全，因为他们的社会位置通常依赖于并不牢靠的公共基金或是连接白人企业和黑人消费者的不稳定的市场。具有讽刺意味的是，黑人精英的成功鼓动了这样的观点，即种族的社会学意义削弱了（Wilson，1978），机会平等已经实现了或者说支持行为执行得过头了，并且现在已经歧视白人了。然而，在许多方面对于黑人大众劳动阶级来说，社会和经济条件还是和过去一样，20 世纪 70 年代中期以后对于贫困黑人来说情况变得更糟了。以上统计数据也许反映了黑人阶层结构在顶端和底层的扩张，即富裕精英的不断增长以及穷人和失业者构成的下层社会甚至更快的增长。

到了 20 世纪 60 年代，绝大多数黑人人口都城市化并且生活在城市和郊区中心区，在那里他们比传统南方公开的种族主义面临的是更为复杂的制度化和结构化种族主义。首先，结构种族主义采取的形式是黑人男女中大规模失业，这甚至是在经济繁荣的 20 世纪 60 年代也是这样。1985 年白人男性的官方失业率是 6.1%，女性是 6.4%，相比之下黑人男女分别是 15.3% 和 14.9%。根据马罗波尔（1984a：19）提供的一项调查，在 1982 年大约 20% 处于工作年龄的黑人男性处于失业状态，这一数字从 1960 年以来增长了三倍，因此总的来说几乎一半处于工作年龄的黑人成年男性处于失业状态，要么是官方失业者、丧失劳动能力者、收容在监狱和精神病院的人，要么是其他没有被统计进来的人。表 4.1 显示生活在贫困线以下的黑人家庭的比重在过去 20 年里维持在 28% 左右，是白人家庭所占比重的三到四倍。黑人家庭有许多种方法来应对城市贫困和失业——男性去参军，许多黑人男性在监狱里终老，为了母亲们能够申请救济而家庭离异，女性主要从事诸如佣人和服务行业中低收入的非正式工 *117* 作。（Marable，1983）黑人社会学家用图表绘制出一个黑人城市下层社会的出现，该词被格拉斯哥（1980）用来形容"持续陷入贫困的穷人"，这部分人被稳定就业的劳动力市场拒之门外，在数量上维持在黑人成人人口的四分之一到一半之间。对于下层社会的人来说，福利制度"没有鼓励或提供流动的渠道或是获得稳定工作的渠道，只

是维持穷人的现状，通常惩处那些有非分之想的人同时作为一种管理部分下层社会人的制度"（Glasgow，1980：12）。福利救济制度和执法、医疗保健和社会服务机构一到起到维持和控制下层社会的作用。具有讽刺意味的是，在福利国家中解放黑人本身创造了一项制度来使得黑人落入其中并对其进行管理，同时也避免使其陷入绝对贫困。和大多数分析家一样，威尔逊（1987：110）主张"源自于民权革命的种族特殊政策，虽然能够使处于优势地位的黑人受益……但是对于那些真正处于不利状态的黑人来说无所助益"。分析家所得出的政治结论在种族社会主义（Marable，1983、1984b）到新保守主义（Murray，1984）范围内变动。威尔逊（1987）从社会民主主义的视角出发，认为下层社会的问题只能通过西欧模式的普遍社会福利计划来解决，而支持行为和目标项目只会扩大该问题。

女性与家庭政策

意识形态

117　美国是唯一没有普遍儿童津贴和法定产假的主要资本主义国家，同时在可以预见的将来，还没有任何一项福利能够获得立法通过。很明显，也没有关于以确保母亲和儿童的福利安全或是鼓励人们生小孩或是不生小孩为目标的普遍性计划的联邦家庭政策。虽然这与瑞典和法国相比形成了显明的对比，但是德国和英国等国家的情况则变得越来越接近于美国。联邦德国和英国都允许通货膨胀侵蚀儿童津贴，同时从20世纪50年代以来，提高人口出生率几乎退出了政治议程。在美国，家庭政策的观念一般是与形塑社会政策的唯意志主义和自由主义意识形态相违背的。尼克松总统反对针对日托的国家计划，因为这会使得美国家庭陷入"苏俄化"的威胁。对这方面的推论基于在美国家庭通常比在欧洲甚至更多地被描述成"残酷世界的避风港"（Lasch，1977）、可靠个人主义的堡垒。美国唯意志主义和自由主义的传统强调家庭养活自己的责任。当时尼克松提出以家庭救助计划来代替福利并且给予所有家庭稳定的最低收入，国会以这将会削弱家庭的责任和工作积极性为由否决了该提议。美

国家庭政策表面上缺席但背后的另一中心议题在于生育率的政策问题。在欧洲，国家家庭政策通常是由以提高人口出生率的措施来阻止生育率下降这一焦点问题进行引导的。在美国，一般的提高人口出生率的措施从来没有提上过国家政策日程，部分是因为美国人口持续增长，但首先可能是因为阶级和种族偏见的优生学和新马尔萨斯主义的制度化影响。公共和私人部门通常通力合作寻求限制贫穷白人、黑人、美洲土著和其他少数族裔中的出生率，同时试图鼓励中产阶级女性生育更多的孩子。西奥多·罗斯福总统在1905年的一次著名评论中攻击不少女性使用节育手段，将之称之为"反种族的犯罪……并且是健全的人嘲弄和鄙视的对象"（转引自 Gordon，1977：136）。"种族自杀"一词被用来形容这种被广为支持的观点，对该观点的反对意见仍然是表面上的。从19世纪晚期开始美国的自由主义者就寻求可以使儿童也包括母亲免予遭受贫穷和寄居制度之罪。在20世纪50年代和60年代冷战期间，特别是在苏联成功实施太空计划之后，人们开始关注以儿童作为人力资本投资的不足，同时人们将苏联的成功归因于其明显的干预主义家庭政策。（Ehrenreich and English，1979：232 – 234）自从1909年以来就有一系列关 *118* 于儿童的总统咨文，这几乎可以被看做是联邦政策干预的替代品。在地方上，这种自由主义的社会压力有助于在联邦协作或资助相对较少的福利国家基础上形成社会工作、计划生育、家庭护理和社区照顾机构在内的网络。因此，美国的家庭政策具有两个方面——与隐私、自给自足和日常的，特别是家庭中推崇母性这样的观念相一致的以穷人和种族化少数族裔为目标的规训性质的福利和服务。然而，并不是说这一正统说法就是完全高枕无忧的或是没有人挑战的。黑人控告自由主义的生育控制政策是在进行种族灭绝。人们普遍认为福利制度是在破坏双亲制的家庭结构。

也许最重要的挑战来自于妇女运动，其在家庭政策发展过程中扮演着领导角色。从19世纪70年代开始，女性与争取政治和经济权利一起开始争取志愿母性、节育和母亲退休金。一直以来，美国的女性主义运动就团结起来争取法律之下的平等权利，但是社会女性主义——为女性争取社会福利及服务——通常与平等权运动密切相联。近几年来，妇女运动为扩大和捍卫堕胎权及服务、女性为中心的医疗保健服务、针对受虐待妇女的服务、儿童看护服务、产假等而斗争。

在所有这些多种政治压力和结构性经济变化中，家庭政策逐渐不规律地发展着。只有14%的家庭遵循传统的男人养家模式，数量上不及单身母亲家庭的数量。双份工资收入家庭成为迄今最为普遍的家庭模式，因此，

> 福利国家部分起因于家庭生活模式的改变，同时对于家庭生活来说也产生了有意和无意的结果。白人已婚妇女加入到劳动者之中，增加了离婚率；经济结构的变化以及女性主义运动的兴起足以揭示出传统男权主义家庭中过时的一面。国家正被迫重新制定一种动态的不再单单依靠传统家庭模式的男性特权。(Eisenstein，1984：114)

出现在瑞典社会民主主义家庭政策之下的"新男权"在美国也是明显的，美国女性现在正越来越多地在经济上依赖福利国家和就业。因为男性和女性之间日益扩大的工资差距，以及美国福利国家的不充分，休利特（1987）甚至认为美国大部分女性在许多方面过着一种"虚弱的生活"，并且迄今为止女性解放某种意义上还只是一种神话。作为对这种变化的反应，新右派特别是其中的福音传教士道德多数派，在20世纪70年代发起了对福利国家的攻击，认为他们是对传统家庭价值观的一种危害。这在20世纪80年代得到了里根总统的支持，1981年的统括预算调整法在福利和与此相关的救济和服务上的削减根据传统家庭价值被正当化。也许新右派最重要的斗争集中在堕胎问题上，但是他们寻求在更大范围内改革福利国家。在20世纪80年代初期，新右派将他们的家庭保护法案提上了议会议程，虽然没能获得通过，但是这向人们展示了他们的计划。该法案寻求重新定义并且延伸父母的责任，比如要求父母承诺给未成年人开具避孕药或是允许他们堕胎，同时对于那些违背这些条件的机构撤回联邦资助。该法案试图对于那些"不允许志愿学校祷告、父母参与到与学习宗教相关的决定以及……父母审查教科书内容"（或者正如比切斯基翻译成"检查制度"）的学校断绝联邦财政支持。(David，1983：36）该法案还建议联邦资金不应该被投放在那些没有反

映一般的男权主义家庭价值观和女性传统角色的教材或是那些对同
性恋持中立或赞同态度的教材上。这些观念在地方层次上产生了持
续性影响。新右派和道德多数派没有在联邦政府层次上取得成功，
反映了他们没有从新保守主义者那里获得支持，这些人通常在家庭
和堕胎上持相对自由主义的立场。新保守主义者关注于福利预算削
减和削弱支持行为计划。正如爱森斯坦（1984：58）推论说：

> 新保守主义者正在逐步建立起这样的国家，即反对男女平
> 等并且选择性别差异性，但将其隐藏在机会平等的自由主义华
> 丽辞藻中。就这一点而论，他们并不是主张反对男女平等的立
> 场，但是……在这里性别和政治以及作为政治的个人的议题又
> 一次令人费解。

甚至该计划在20世纪80年代没有得到成功的实施，下面我们对
黑人家庭、堕胎、日托和父母权利的讨论中将会尽量体现这一点。

黑人家庭

美国家庭政策和贫困政策争论的焦点集中在黑人社区中单身母 *120*
亲家庭数量的日益增长。黑人家庭中单身母亲家庭的比重从1964年
的25%上升到1984年的59%。大约60%的此类家庭生活在贫困当
中。在近30年的时间里，人们越来越关注所谓黑人家庭的危机，因
为人们普遍认为明显脱离男权主义的家庭模式总的来说对于黑人的
生活产生了破坏性的负面影响。自由主义者和新保守主义者都将之
看做下层社会现象的重要诱因，也是社会政策应当应对的一种社会
疾病。因此，1965年莫伊尼汉在其著名的申明中强调"黑人社会机
构恶化的核心在于黑人家庭的恶化"（Valentine，1968：29）。作为一
个自由民主主义者，莫伊尼汉主张用一份稳定的最低收入作为恢复
双亲家庭的一种手段。诸如默里（1984）这样的新保守主义者准备
清除掉福利及与此相关的实物形式的救济，迫使穷人去工作或者是
依赖于慈善、亲戚和朋友。他暗示强化工作刺激将会从某种角度以
难以解释的方式鼓励一般意义上的温馨家庭生活。研究证据表明福

利收益的水平和可及性对于家庭结构只有很少或是完全没有影响。(Neckerman et al., 1988) 马罗波尔（1984a）描绘了"黑人家庭对晚期资本主义结构性失业的破坏作用"，特别是黑人男性失业的增长以及将黑人男性制度化到监狱、军队和精神病院中。也没有必要将男权主义家庭看做一种理想模式。黑人单身母亲家庭数量的日益增长是对大量严重压力的理性适应，这些压力包括结构性失业、不给予双亲家庭福利以及十几岁的下层社会中黑人的绝望和对自尊的渴求。事实上，背离男权主义家庭模式可能被看做反映了在压力下黑人社区的力量，这和在奴隶制下发展起来的非正式亲属关系并没有什么两样。单身母亲家庭比重的增长只是一般欧美核心家庭下降的一部分，同时也说明包括同居、男女同性恋父母身份以及缺少父爱在内的替代性家庭模式的增长。后一种现象在由斯达克（1974）进行的贫困黑人社区的民族志研究中非常普遍。不论其是否是人们所希望的，迄今为止新保守主义和自由主义显然都没有成功地复活传统家庭模式，特别是在黑人当中。导致单身母亲增多的结构性和社会力量并没有弱化的倾向。

堕胎与绝育

美国的堕胎问题一般是根据宪法赋予女性的权利和胎儿的权利（如果有的话）进行讨论的。事实上核心议题应该是在本质上私有的医疗保健制度中对安全合法堕胎的可及性问题，特别是对于贫困妇女和少数族裔妇女来说更是如此。在 1973 年自由堕胎法改革之前，女性获得医院堕胎手术的机会主要控制在私人医生手中，这导致贫困和少数族裔女性只有很少或没有堕胎的机会。因此，成百上千的堕胎手术在一个阶层分化的制度中得以实施，贫困女性只能在贫民窟中非法堕胎者的危险和肮脏的环境下实施堕胎手术，而富裕的中产阶级女性通常能够在医院和私人医生的诊所中获得安全、卫生的堕胎手术。(Petchesky, 1985：153) 虽然 1973 年的改革一定程度上清除了这种阶层差异制度，但是缺乏公共资金以及廉价、可及性的医疗服务意味着在这个国家的许多方面，特别是对于贫困女性来说，直到她们怀孕 20 周都可以堕胎的法定权利仅仅停留在书面上，难以成为现实。1973 年的改革必须置于种族和阶

1973 年的改革起源于 20 世纪 60 年代发生的两种现象：现代妇女运动的兴起，该运动高调地将堕胎权置于议事日程上，另外一个是对人口控制的自由主义、新马尔萨斯主义观念的修正，该观点逐渐支持将堕胎作为一种控制穷人和少数族裔人口出生率的手段。值得注意的是，美国医学会在 1967 年承诺在女性的健康受到危害的时候可以实施堕胎手术。因此，"医学和优生学在生育政治占统治地位一个世纪之后，堕胎成为合法……因为在一个特殊的历史时刻，社会需要、女权主义行动和控制人口增长的观念聚合到了一起"（Petchesky，1984：132）。

1973 年的自由改革是高等法院对保罗伊诉韦德案宣判的结果，该法案将妊娠前 12 周之内的即时堕胎合法化。在怀孕 12 周到 24 周之间，州立法机构可以根据孕妇的健康状况管理堕胎相关的程序。24 周之后，州立法机构可能禁止堕胎，除了遇到孕妇的生活或健康受到威胁的情况。在 1976 年的海德修正案中，议会授权联邦医疗补助基金对那些生命受到威胁或是因为强奸或乱伦怀孕的女性提供帮助。1981 年对于强奸和乱伦受害者的医疗救助资助被取消了。有 10 个州继续对即时堕胎提供医疗救助资助，但是另外 4 个州要考虑受资助者的"医疗必要性"。从 1973 年开始由于黑诊所的堕胎导致的死亡和疾病已经大为下降，同时每千名年龄在 15 岁到 44 岁之间的妇女的合法堕胎率从 1972 年的 13.2‰ 上升到 1983 年的 27.4‰。从 1977 年以来，总的堕胎比例维持在 25‰ 到 30‰ 之间，而非白人的堕胎比例则在 50‰ 和 60‰ 之间波动。贫困女性的堕胎率大约是一般人的 3 倍，这意味着，即使有公共基金方面的障碍，这项改革仍然明显提高了穷人和劳动阶级女性获得堕胎服务的可及性，虽然这些女性中的许多人不得不为堕胎而背负大量债务。据摩根（1984）所说，"18% 到 23% 需要堕胎的有资格获得医疗救助的女性因为缺少资金不能得到救助"。国家不同地区的堕胎率变动非常大，反映出许多医生和医院不愿意实施堕胎手术。1982 年每千名 15 岁到 44 岁女性的堕胎率在哥伦比亚特区的 169.9‰ 到西弗吉尼亚的 7.7‰ 之间变动。私人慈善组织和营利性诊所发展起来满足堕胎的需要，但是其可及性是不均衡的。1983 年，90.5% 的堕胎手术是在 12 周之前实施的，相比之下英格兰和威尔士是 85.4%。美国的堕胎率超过了英国、瑞典和联邦德国的两倍。这也许反映了美国更为自由的立法，但是也反映了美国更高比重的遗弃儿童、更低水平的性教育和较少使用节育措施。范金（1986：155）主张，"通过更为理性和透明的通往性欲之路，美国的堕胎率可能会大幅下降"，但是从新右派的"家庭保障"动力来看，这似乎很难实现。比切斯基（1985：159）推论说，美国堕胎的现实情况是复杂的："看起来贫穷妇女通常不能得到她们所需要的堕胎手术；通常在她们不想实施堕胎手术的时候在外部压力下被迫堕胎；但是绝大多数情况下因为她们需要，有必要，而不是口头上'选择'堕胎手术。"

从 1973 年开始，反堕胎"生命权"运动和道德多数派以及新右派的众多支持者一起发起了一场反对改革的暴力运动。堕胎诊所遭到燃烧弹的袭击，被栅栏团团围住。游行示威与反游行示威迅速蔓延，同时妇女运动强烈捍卫改革。合法性斗争在 1989 年 7 月最高法院关于允许州立法机构限制合法堕胎机会的决定时达到了高潮，该决定包括禁止在公共资助的机构实施堕胎，有效促使超过 20 周孕期的堕胎为非法。比如爱达荷州的立法机构决定在 1990 年 3 月实施这些权力，通过立法，该法案提出该州 95% 的堕胎都是非法的，同时对于那些不遵守该法案的医生实施犯罪性制裁。然而，该措施被州政府否决了。类似的反堕胎法案在全国范围内都失败了，正如保守主义政治家发现反堕胎的立场在政治上具有很大的破坏性。政治现实是 1973 年的改革获得了广泛的支持，不仅是在一般大众那里，而且也在政治和司法体制内获得了支持，不论该改革是支持女权还是人口控制。自此，推进反堕胎运动停顿了下来。

美国家庭政策中种族主义和优生学主义的普遍影响因为滥用绝育议题的斗争而进一步显现出来。在 1907 年到 1940 年之间三分之二的州立法机构通过了优生学法案。该法律允许对被认为有遗传性缺陷的女性实施非自愿的堕胎手术，有时候甚至包括那些被贴上"社会性不足"标签的女性或是仅仅只有身体缺陷的人。在这项法律之下，1907 年到 1964 年之间在美国及其殖民地——波多黎各有 63 000 人被实施绝育手术。她们中的绝大部分患有精神疾病并且绝大部分是贫穷的黑人或西班牙妇女。最近至少有 10 个州认为有必要对福利申请者实施强制性绝育手术，虽然这还没有变成法律。根据罗德里格斯—三叠系（1982：149）所说，"子宫切除，现在已经成为美国最常见的大手术，其比率是瑞典的4倍多，已经成为另外一种估计在没有得到本人许可情况下被实施绝育手术女性人数的办法。接受福利救济的黑人女性是最大的受害者"。医疗救助将会承担90%的自愿绝育手术的费用。在"自愿"绝育这一人口控制计划实施以来，据估计在1982年有41%的印第安妇女被实施绝育手术。（Morgan，1984：704）在20世纪70年代和80年代黑人和其他少数族裔妇女加紧反对滥用绝育，试图迫使联邦政府和地方政府管理该手术并且发展绝育手术接受者的知情同意权。（Rodriguez – Trias，1982）

日托与产假

鉴于家庭政策的背景已经阐述过了，人们对于美国联邦政府和 *124* 地方政府拒绝为学龄前儿童提供公共资助的综合日托服务并不感到意外。在第二次世界大战期间，美国联邦政府例外和暂时性的资助托儿所使得妇女能够从事工厂劳动。1971年，国会通过了儿童综合发展法，该法提出为一个遍布全国的日托服务中心网络提供联邦财政资助，但是该法案遭到了尼克松总统的否决，他十分准确地传达了政策的正统观念，因此：

> 好的公共政策要求我们提高而不是降低父母的权威以及父母和孩子的互动——特别是在那些具有决定性的儿童教育早期，他们的社会态度和道德意识开始形成并且他们第一次被灌输宗教和道德准则……对于联邦政府来说轻率地投入大量财政资金支持儿童发展会将国家政府的道德权威置于通过国家模式来抚养儿童一边，同时反对家庭模式。（转引自 Ellis and Pet-chesky，1972：12）

家庭和母爱的私人神圣性必须免于国家的干预。在过去的30年间有3种因素破坏着这种正统说法，所有这一切都反映在国会对日托的持续支持上。首先，日托和早期教育干预被看做是解决贫困和虐待儿童的重要手段，而不仅仅是通过鼓励生活在贫困中的母亲寻找工作来发挥作用。其次，高质量的家庭之外的看护对于所有儿童发展的好处正日益被人们认识到，特别是在美国教育成功被看做使其具有竞争力的首要因素。最后女性就业的扩大制造了来自几乎所有阶层的对日托的绝大部分需求，妇女运动将日托看做更多平等机会中的首要内容。所有这些压力促使从 20 世纪 60 年代早期开始日托的大规模扩大，在这过程中联邦和地方政府扮演着重要角色。

其母亲从事劳动就业的 6 岁以下儿童的比重从 1970 年的 29% 增长到 1985 年的 49%，预计到 1995 年要增长到 65%。表 4.2 显示在 1965 年到 1985 年之间对于 3 岁以下儿童来说由亲戚或保姆负责日托的比重出现了快速下降，同时由保育员，特别是由日托中心或是托儿所照看的比重相应地增长了。相似趋势也出现在母亲在工作的 3 岁到 5 岁儿童的照看上，与此同时从 20 世纪 70 年代中期以来公立和私营领域的幼儿园数量都出现了快速增长。正如卡恩和凯默尔曼（1987：4）所说："一半的州要求所有的学区向 3 岁到 5 岁的儿童提供幼儿园教育，有 5 个州事实上对所有 5 岁大的儿童提供了幼儿园教育……没有一个州为所有 4 岁大的孩子提供幼儿园学龄前计划，但明确的是正在逐渐朝这一方向发展。"家庭日托的增长大部分
处于无管制状态，因为在绝大多数州只有看护 3 个或更多的保育员才被要求接受管制。

表4.2　美国3岁以下，母亲就业儿童的日托安排

照看类型	母亲就业	1965 年		1985 年
亲戚	兼职	56	}	35
	全职	49		
临时看孩子的人，在家	兼职	19	}	9
	全职	22		
家庭日托（保育员）	兼职	23	}	34
	全职	24		
日托中心（托儿所）	兼职	2	}	22
	全职	6		

来源：菲利浦斯，1991：表9.2。

至于美国家庭日托的质量、工作条件和经费状况我们不得而知。似乎家庭日托主要是由那些既贫困又不富裕的父母使用——既没有穷到符合反贫困日托计划的条件，也没有富到足以将孩子送到

私人日托中心。休利特（1987：89）发现许多父母拼命地变着戏法一样运用各种非正式的安排照料孩子，她们将自己的时间、亲戚的时间、邻居的时间以及付费服务的时间混合到一起以提供足够的日托服务以确保她们能够正常工作。日托中心（托儿所）有两种类型，为中等收入家庭提供服务的营利性机构和通常由公共资金资助的服务对象更为复杂的非营利性机构。只有大约 500 所由雇主提供的在工作单位的托儿所，它们所做的贡献相对来说微不足道。政府资助在 1988 年占到了日托中心收入的 17%，相比之下这一比重在 1977 年是 29%，这是营利性日托中心获得的联邦政府资金的四分之一。营利性日托机构从 20 世纪 70 年代中期以来增长了一倍，特别是在幼儿护理学习中心的带领下（该公司在 40 个州有 1 200 个中心），在专门从事日托服务的企业联盟中数量增长很快。到 1988 年有 51% 的日托中心中的孩子是在营利性日托中心，相比之下在 1977 年只有 37%。绝大部分非营利性日托中心由教会、慈善组织等私下管理，通常和其他公共机构开设在一起。近几年日托的私有化十分明显。日托中心黑人孩子的比重在 1977 年到 1988 年之间从 28% 下降到了 21%，这反映出中产阶级儿童的相对增加。最近一项有关日托中心的调查发现在非营利性日托中心看护的工资、条件和质量明显比较高，同时"来自中等收入家庭的孩子进入较低质量日托中心要比来自低收入和高收入家庭中的孩子多"（Whitebook et al., 1989：16）。具有讽刺意味的是，高收入的父母似乎更容易在非营利性日托机构中获得高质量的日托服务，这一点为沃克（1990）证实，他发现在华盛顿特区富裕的父亲们整夜在日托中心外露营。他们在排队获得"少数免费学校中的少数免费幼儿园，中产阶级父母准备冒险将他们的孩子送到这些地方"（Walker, 1990：23）。在大城市，一个营 *126* 利性幼儿园一年的费用从每年 5 000 美金起步并且可能会超过 10 000 美金，而中产阶级的平均收入大概是 50 000 美金。

除了托儿所教育的联邦基金之外，日托中心和家庭日托的直接性联邦基金主要来自于以穷人为目标的三个计划——开端计划、社会服务街区补助计划和儿童托育营养计划。作为向贫困宣战和伟大社会计划的中心环节之一，开端计划发起于 1965 年，主要是为贫困的学前儿童及其家人提供业余教育、医疗和社会服务，虽然该计划

138   只是覆盖了大约 16% 的符合要求的人。开端计划继续得到大量的政治支持，但是在 1981 年后的统括预算调整法主导的预算削减之下，针对日托的所有其他形式的联邦基金都遭到了真正的削减。联邦政府对日托的非直接性支持采取联邦收入税削减的形式（有时候也附加州收入税削减），削减最多时占到了日托花费的 30%。1986 年财政部在被抚养人照顾方面的抵税金额估计已经超过了 34 亿美金，按照实值计算，比 1980 年抵税金额的两倍还要多，并且比日托直接支出的 1.7 倍还要多。同时还将日托开支的减税当做雇员的次要福利。这些形式的财政福利使得中、高收入家庭受益，同时对贫穷和低收入家庭的影响很小。从所有这些数据来看，很明显日托制度是伴随着阶级分化而断裂的，这种情况在过去 10 年中变得越来越明显。联邦政府的政策被调整用以满足富裕的工人阶级和中产阶级的日托需要，同时以牺牲对相对不富裕的工人阶级和下层社会的服务资助为代价。近来发展的积极方面在于尼克松的正统言论正日益遭到父母们的反对，同时日托正逐渐褪去与"福利"相联的污名。1990 年议会批准了另一项儿童照顾法案，该法案寻求转变联邦基金平衡，即从抵税金额转向为低收入群体提供服务，预计每年投入 50 亿美金，并且将来会更多地以此来提高和扩大日托服务的供给。然而，布什总统以财政赤字为由否决了该法案。

在美国没有法定的产假和父母津贴。10 年的政治压力和立法上的争论最终使得怀孕歧视法案在 1978 年获得通过。依据该法，雇主只是必须给予怀孕女性和其他暂时"失去劳动能力"的就业者同样的权力就可以了。该法案说：

127   基于怀孕、生育或是与此相关的身体状况的歧视是非法的……同时列举了一大堆歧视行为：对怀孕比其他伤残规定更大的扣除；从雇员累积工龄中扣除产假的时间；对雇员妻子支付怀孕津贴，但不给予女雇员同等待遇。（Adams and Winston，1980：34）

虽然距离普遍性的提供产假还很遥远，但这对于妇女运动来说也是一个来之不易的成果。只有一部分州有强制性的伤残保险。因

福利分化

此，在 20 世纪 80 年代中期 60% 的母亲完全没有生育方面的权利，同时 40% 就业的母亲没有被生育保险覆盖。虽然一些女性因为怀孕和生育获得伤残休假，但是给新生儿最初几个月的产假依然没有保证，并且"雇主仍然通常解雇女性，即使是他们因为生育而休短假"(Hewlett，1987：72)。另外，

> 因为三分之一的单身女性和四分之一的已婚女性没有医疗保险，因此生小孩可能是一个昂贵的提议……甚至女性有一些保障……也不是综合性的。我所访问的 100 多个就业的母亲中没有一个的生育费用完全是被保险覆盖的。(Hewlett，1987：72)

毫无疑问，女性的生育保险的可及性以及生育的费用是嵌入在职业当中的。与西欧最低的法定规定相比，大公司一般都会在这方面作出规定，但是这也覆盖着不到四分之一的就业女性。因此，在获取资格上存在明显的阶级结构，也就是与许多只有很少保障或毫无保障的劳动阶级女性相比，为大公司工作的专业和经理女性能相对更好地满足生育方面的需要。

医疗保健制度

私人健康保险与公共支出

美国在经合组织国家中很特别，因为大部分医疗开支是私人支 *127* 付的。1984 年在美国只有 41.4% 的医疗保健开支来自于公共基金，相比之下经合组织国家的平均水平是 78.7% （表 A.19）。美国医疗保健的公共支出从 1960 年占医疗保健总开支的 24.7% 增长到 20 世纪 70 年代后期最高峰的 42.5%，这反映了"伟大社会"时期福利国家扩张的影响，同时比重的缓慢下降则反映了当前福利国家的停滞。医疗保健服务基金不再直接由病人支付（表 4.3），因为科学医学的成本不断上升。现在大约四分之三的资金来自于私人保险或是公共基金。

表4.3   美国用于医疗服务和采购占其来源的比重

(不包括医学研究和建设)

来源	1970 年	1985 年
私人		
病人直接支付	38	26
保险费	24	33
其他私人资金	2	1
合计	64	60
公共		
老年保健医疗计划	11	18
医疗补助计划	10	11
其他公共资金	15	11
合计	36	40

来源：美国人口普查局，1987：表126。

128   然而，与国家经济资源用 GDP 来衡量相关的是，从 20 世纪 60 年代初期以来美国的健康保健总开支（公共和私人）就位居世界首位，在 1984 年占到了 GDP 的 10.7%，相比之下经合组织国家的平均水平是 7.5%（表 A.20）。在 1960 年到 1984 年之间，与 GDP 增长相关的医疗总开支的增长接近于经合组织国家的平均水平（表 A.22）。然而，与其他国家相比，美国的这种增长更大程度上归因于人口变动，特别是老年人数量的增长，而不是一般意义上的医疗服务使用的真实增长。（OECD，1987：表 22）可能令人奇怪的是，比较每个人的公共医疗保健支出，美国在 1970 年到 1984 年之间超过了英国并且缩短了与瑞典之间的差距（表 A.21），这反映出美国更高水平的 GDP 和经济增长。因此，私人和公共支出与服务复杂地交织在一起，以公共医疗保健开支为形式的美国福利国家对医疗保健制度做出了主要贡献。

直到 20 世纪中期为止，美国的医疗保健制度在许多方面与西欧国家并没有什么不同，公立医院和志愿性医院混合在一起，绝大部分医生独自行医，资金方面由服务费、慈善捐款、公共基金和非营利性医疗保险构成。随着以医院为基础的科学医学的迅速扩张，美国的医疗保健制度逐步变化，但是与西欧国家相比，这些变化是由私人力量主导的，无论是营利的还是非营利的。不仅医疗保健技术和设备的供给和其他地方一样商品化，同时医疗保险和医疗保健服务本身也日益被商品化，这些都是由营利性的公司提供的。（Salmon，1985）通过地方非营利蓝十字和蓝盾基金的形式，在 20 世纪 30 年代大量原始医疗保险组织出现了，它们是由医院组织起来保护医院及其患者以反对医院住宿和医疗费用日益增长的成本。战后，商业保险公司以与职业和阶级结构相关的竞争性保险费为雇主群体提供健康计划并大量扩张其市场份额。在过去的几十年间，营利性和非营利性医疗保险人分享市场。在过去 20 年间，一种叫做健康维护组织（HMOs）的新形式的医疗保健供给者占据越来越重要的位置。为了避免像一般保险组织那样成为消极的第三方，健康维护组织向缴纳年费的成员提供完备的地方医疗保健服务。许多会员部分或者全部的费用由雇主支付。健康维护组织要么与医疗保健提供者签订协议，要么向患者直接医疗保健服务。健康维护组织，可以是营利性的也可以是非营利性的，在 20 世纪 80 年代末大概覆盖了 12% 的美国人口。

在过去 20 年间医院制度的商品化还有其他新的主要发展。营利 *129* 性医院被支持者形容为"投资人所有"或是"中间人所有"。1960 年美国成立了第一家私人医院公司，但直到 20 世纪 60 年代美国只有少量这样的公司。到了 20 世纪 80 年代末期，大约 30% 的床位在营利性医院，并且这一扩张中的大部分主要是通过计划外的途径由公共基金资助的。希美尔斯坦和乌尔翰德勒（1984：20）发现在奥克兰和波士顿主要的私立医院超过 60% 的收入来自于政府资源。另外，越来越多的志愿医院和公立医院与营利性公司签订管理协定。在 20 世纪 80 年代，胡马纳和美国医学国际（AMI）这样的主流公司开办了它们自己的社区卫生服务中心，提供非卧床护理并且已经开始超过健康维护组织。似乎到了 20 世纪末，一些被称做"新医疗行业复合体"的巨大跨国公司将要垄断医疗保健服务的生产。（Navarro，1989：205；Bergatrand，1982：50）过去双重的志愿（非营利性、私人）和公立（州立或市立）医院制度现在有了另外一层含义，榨取那些有利润可赚的病人，同时将那些无利润可赚的病人送到非营利性医院中。为了竞争获得资金，志愿医院不得不加快公司化的步伐，同时公立医院正严重遭受预算削减和资金不足之苦。希美尔斯坦和乌尔翰德勒（1984：19）报道说"纽约 19 家公立医院已经有 6

142 家倒闭了，同时只在底特律和费城有公立医院运作，加利福尼亚的
66 个县还有 29 家公立医院"。到 20 世纪末，将会实现一种新的医院
制度，在两个层次上都有公共基金支持，较高层次的本质上是商业
性的医院，较低层次的是针对穷人和没有保险的人的贫困的公立和
志愿医院——即救济院医院在 21 世纪的翻版。

表 4.4　美国各种医疗保险覆盖的人口比重，1983 年

老年保健医疗计划	12
医疗补助计划	8
军事/制度上的	5
就业实现的群体保险计划	58
没有健康保险覆盖	15
不是通过就业实现的个人保险	2

来源：史泰博，1989：表 1。

130　　来自于各种地方和联邦计划的公共资金被投入到私人医疗保健
制度中。表 4.4 显示美国医疗保险的基本结构和覆盖范围。最显著
的特点是大比重的美国人口要么没有医疗保险，要么是保险不充
分因而不能覆盖个人或家庭健康问题可能存在的巨大支出，但是
这种情况不能被可靠地进行量化。根据官方统计数据，伦纳和纳瓦
罗（1989：表 6）认为在 1984 年 17.4% 的非老年人没有医疗保险。
在 1980 年，62% 的雇主实施雇主计划（职业为基础的医疗保险，通
常要求雇员缴费），该计划覆盖住院和门诊以及处方费用，但是有一
定的封顶线。在那些被雇主计划覆盖的人群中，有 37.5% 的人没有
覆盖"补充医疗"保险，这部分是用来应对慢性病的绝大部分开支
的，同时 49.5% 的人没有被常规牙科医疗覆盖。（Renner and Navar-
ro，1989：表 5）因此，无论如何有 20% 到 60% 的美国人口要么医疗
保险不充分，要么完全没有医疗保险。由雇主医疗计划覆盖的雇员
比重从 1980 年的 62% 下降到 1984 年的 59.8%，这表明保险不足现
象在 20 世纪 80 年代不断增长。据博登海默（1989：438）所说，完
全或部分缺乏医疗保险的人数在 20 世纪 80 年代以每年 50% 的速度
递增。伦纳和纳瓦罗（1989：438）发现"雇员的平均收入和那些
直接雇主医疗保险的雇员的平均收入之间的差距日益扩大"，这与无
工会组织的、低收入的兼职就业的增长有着直接的关系。医疗保险

福利分化

的分布自然反映了职业阶层结构，经理和专业技术从业人员享有最好的医疗保险承保范围，在服务业和零售业中属于低收入的、无工会组织的工人只有较少的承保范围或是没有承保范围，同时组织化的工人阶级处于中间位置。因此：

> 一个工人的医疗保险的可及性随着劳动力市场成就的其他指标一起变动，首先是工资，同时医疗保健承保范围成为在美国经济中标志着一份好工作的额外福利之一。然而，当拥有"好工作"的工人下岗或被开除的时候，他们也会失去医疗福利。（Staples，1989：418）

既然劳动力市场是被种族、阶级和性别严格分层的，私人医疗保险密切地反映了这些不平等。在 20 世纪 80 年代早期，有 14% 的白人、22% 的黑人和 29% 的西班牙裔人没有医疗保险。（Bodenheimer，1989：536）

从伟大社会时期开始的两项突出的改革在 1965 年得以实施，分别是针对老年人和穷人的医疗保险计划，叫做老年保健医疗计划和医疗补助计划。这两个计划在资助和获得申请资格上很不一样，老年保健医疗计划是和社会保障的大众普遍性相一致的，同时医疗补助计划则被看做与救济的污名化相联系的。老年保健医疗计划是老年、孤寡、残疾和健康保险这一社会保障计划的积极的医疗保险内容，提供给申请人统一的国家标准以及医生和医院合理补偿的福利。然而，对于该计划受益人的应得权利有规定的封顶线，比如 90 天的住院时间，因此该计划只是大约保障了 65 岁以上老人实际医疗保健开支的 40%。1981 年后的统括预算调整法通过增加可扣除部分（也就是那些不承保的开支）削减了老年保健医疗计划的 6%。从 1985 年开始，"老年人比老年保健医疗计划实施之前为医疗保健支付占其收入更高比重的份额"（Bodenheimer，1989：535）。

医疗补助计划离全国统一还很远，各州的计划各不相同，其费用由州政府和联邦政府平摊。该计划有义务覆盖领取救济金的人及其家人，但是除此之外的复合条件的人在各州都不一样，有的时候包括其他低收入者和那些领取补充保障金和失业救济的人。虽

144 然"所有州都必须覆盖住院和诊疗开支,同时可以选择性地覆盖诸如处方药和牙科等项目⋯⋯绝大多数州通过限制住院治疗天数以及诊疗次数或是强制推行医疗费用共担来限制对该项福利的使用"(Raffel,1987:219)。对于许多贫困家庭来说,医疗补助计划是福利国家最为重要的内容,该计划通常使他们陷入贫困之中,他们任何现金收入的增加都可能导致相应的医疗补助这一重要福利的削减。因为医疗补助计划的管理复杂,大约60%的穷人要么没有资格享受该计划,要么没有得到他们有权享受的医疗补助计划。一般来说,各州医疗补助计划中对医生和医院的偿付比是非常低的。这"使得医院和医生没有动力为医疗补助计划中的患者提供良好的服务或是完全的服务"(DiNitto and Dye,1983:189);医院和医生将会倾向于仓促应对这些病人并且为了使他们相对较少的收入最大化而对这些病人实施没有必要的治疗和检查。1981年后的统括预算调整法的预算削减大概减少了医疗补助计划基金的5%。医疗补助计划对于许多已经用完老年保健医疗计划权利的老年人和已经用完私人医疗保险权利的慢性病患者来说,医疗补助计划是其最后可以求助的地方。70%的医疗补助开支被用于那些在保险制度里已经落空,同时家人又无法承受其医疗费用的老年人和慢性病患者身上。这是针对身体残疾的救济院的现代翻版。

健康体系中的权利争斗

132　　实质上来说在美国有三股力量围绕着医疗保健展开斗争:医疗行业、医疗保健的法人化或行政化管理和针对医疗保健改革的群众运动。奥尔福德(1975)主张在医疗保健中存在强有力的"结构性利益",他称之为"专业知识垄断者"、"法人合理化论者"以及"健康平等论者"。虽然与那些具有优势的利益集团相比,群众运动的力量毫无疑问要弱小的多,但是为争取平等医疗保健改革的群众运动的潜在和长期影响通常被低估了。正如纳瓦罗(1989:888)指出来的那样,"绝大多数美国人支持政府建立一个普遍和全面的医疗计划,哪怕是以支付更高的税收为代价",但是来自医疗行业和法人合理化论者的强烈反对阻碍了这一计划的实现。纳瓦罗强调美国工人阶级在救济和政治上的相对软弱是一个重要的解释因素。至少从20

世纪初开始，就开始出现大量争取国家医疗保险（NHI）以及比国家医疗保险更进一步的国家医疗计划的斗争。在20世纪30年代大萧条期间日益上升的医疗保健成本和日趋下降的病人收入促使了争取国家医疗保险斗争的复苏，人们曾希望将国家医疗保险成为新政的一部分。然而，由医生支持的医院管理者积极发展大量的志愿医疗保险计划作为国家医疗保险的替代品，同时1935年的社会保障法有意回避了国家医疗保险。战后，杜鲁门一开始支持大众对国家医疗保险的强烈需要，但是在冷战环境下国家医疗保险又一次失败了。在20世纪40年代末期，美国产业工会开始要求雇主承诺实施大规模扩大化的雇主医疗计划。围绕着社会保障进行的这些集体协商过程形成了劳工阶级从新政中获取的最大的收益。同时在20世纪40年代末期，代表医疗行业的美国医学会（AMA）第一次公开支持将志愿医疗保险作为不同于英国和瑞典的国家医疗服务制度的"美国道路"（Starr，1982：313）。雇主健康计划通过控制工人们医疗保健的可及性将其更加牢牢地束缚在工作上，同时也削弱了对国家医疗保险的支持。20世纪60年代，在民权运动增加的压力和实施伟大社会计划的背景下，联邦政府推出了老年保健医疗计划和医疗补助计划。从那时起，许多自由民主主义者继续为争取国家医疗保险而斗争。近年来，活跃于民主党内外的以杰西·杰克逊为领袖的全国彩虹联盟继续为全面的国家医疗计划而斗争。该计划承诺对由税收资助和联邦政府管理的国家医疗保健制度的实施普遍可及性。地方计划和公共责任将会对联邦行政机构提供检查，同时医疗保健的供给者将主要是志愿、非营利性机构。（National Rainbow Coalition，1988） *133*

与争取国家医疗保险和国家医疗计划的运动一样，由妇女、少数族裔、医疗保健就业者、残疾人、同性恋者和许多其他群体发起的数不清的争取医疗保健改革的斗争也对地方的医疗保健制度产生了积极影响。这其中最重要的可能是女性健康运动，该运动已经实现了妇科诊所、堕胎诊所和卫生院置于女性控制之下，同时在许多领域挑战男权主义医疗实践，特别是在生育的管理和精神疾病的治疗上。（Ruzek，1978）20世纪80年代同性恋运动领导了为艾滋病患者争取医疗保健服务的运动。美国私人医疗保健制度中一个重要的、矛盾的方面在于，在许多方面，该制度为操纵一般利益群体（特别是那些具有中产阶级消费能力的人）提供了更大的空间。更使得官僚化的西欧国家的医疗制度对诸如此类的群体压力显得更具免疫力。

毫不夸张地说，美国的医疗行业可能是世界上能够看到的最强大和最成功的利益群体。其力量的基础不仅来自于科学医学的巨大权威，还特别来自于20世纪初期的行业重构。以1910年的弗莱克斯纳报告为基础，美国医学会成功地限制了进入医疗行业的机会，本质上仅限于中产阶级白人男性。超过一半的医学院校关门了，包括实际上所有入学的黑人和女学生，以及那些来自相对不富裕家庭的学生。（Brown，1979）医学校直到1955年的招生规模还没有达到其1905年的水平。虽然在医学校的招生上实施积极的行动政策，但是到了20世纪70年代后期也只有20%的医学生是女性并且只有6%是黑人，这和20世纪60年代相比依然是一项巨大的进步。在20世纪30年代之前，美国医学会不仅对医学教育实施严格的控制，而且"还通过地方医学协会控制药品的生产和经营"（Brown，1979：7）。到了20世纪70年代，坐诊医生已经成为阶层结构的顶端阶层，

其在1976年的收入比平均全职就业者收入的5倍半还要多。1984年他们的平均总收入是181 300美元。

法人合理化论者是一个复杂的群体，在一定程度上他们是与医疗行业相冲突的，但在阶级背景下又是与其合伙的，他们包括医院经理和法人、保险公司、医学校基金会以及联邦/地方政府。他们的政治观点从主张将医疗保健完全推向自由市场到主张设立联邦医疗保健资源计划以及从紧管理医生的开支不等。使得法人合理化论者联合起来的是在医疗保健支出和成本膨胀的背景下为成本控制而斗争，该议题决定着20世纪70年代和80年代的医疗保健政策的制定。成本控制的真正压力来自于雇主，特别是那些大公司，他们从20世纪70年代中期经济衰退以来就寻求削减由工会集体协商获得的医疗保健计划。在1979年，医疗保健占到了钢铁行业工资总额的7.8%和汽车行业工资总额的8.1%。在1984年医疗保险占到了行业税前利润的38%。从20世纪70年代中期开始企业就已经协商要求雇员承担更大比例的医疗保健直接成本，因此雇主医疗计划覆盖越来越少的全部医疗成本。在1974年200家主要的公司成立了一个争取

医疗保健成本控制的强有力的压力群，并且到了 1986 年，"在 200 家行业主要的地方医疗保健联盟之中，与 1982 年相比只有 25 家存活了下来"（Bodenheimer，1989：535）。这些来自企业的压力在 20 世纪 70 年代促使联邦政府发展更为有效率的健康维护组织。从 20 世纪 70 年代中期以来，联邦政府发起了一大堆行政成本控制措施，本质上是将财政自我管理强加到医疗行业中。讨论这些措施时，比约克曼（1989：72）得出结论说"就成本、同行审查、健康规划和资源分布而言，美国医生行业依然处于优势位置"并且继续在医疗保健部门占据统治地位。然而，斯塔尔（1982）主张来自政府和雇主日益增长的成本控制压力侵蚀着医疗行业的权威和关键位置。营利性医疗保健公司的快速发展将会使医生"无产阶级化"，这一点也存在理论上的可能性。然而，

> 由于医疗保健公司依赖于医生，因此这些公司将会在给予医生回报上比较慷慨，包括给予医生比给予绝大多数就业者更大的自主权……不过，与个人实践相比，公司化的工作将不可避免地导致自主权的大量丧失。（Starr，1982：446）

毫无疑问，医疗行业复杂情形的出现正将权力转向私人医疗公司的管理，这些公司缺乏政治责任将会使大众健康运动的斗争更为激烈。

健康状况与健康不平等

根据 1975 年 17 岁和不同性别的死亡率，衡量的人口健康状况，美国在前 10 位领先的工业国家中排名第 9（表 A.23）。在本书中提到的 4 个资本主义国家中，美国的婴儿死亡率始终是最高的。麦金利等人（1989：204）在最近关于美国医疗措施对死亡率和患病率的影响方面的评论肯定了这个被普遍接受的观点，即"医疗保健对现代死亡率的下降几乎没有任何贡献，因此对健康的改善也没有起到多大作用"。正如全国彩虹联盟所倡导的，"据保守估计，一个有效的公共卫生项目每年可以挽救 600 万人的生命，节约 50 亿美元的医疗费用开支"（McKinlay et al.，1989：205）。虽然我们已经在女性能

否接受堕胎服务讨论过阶层差别问题，但是健康不平等的数据显示主要还是受制于种族不平等。在某些方面，"种族"可以看做"阶层"的隐喻，这使得阶层结构种族化。在一个关于可避免的死亡中存在种族差别的地方性研究中，乌尔翰德勒等人（1985：9）发现"在可避免的死亡中黑人和白人之间存在的差异要比不可避免的死亡中黑人和白人的差异显著得多"。假若如此，那么获得医疗保健服务的特定途径就对结果非常重要，并且解释了大量可避免死亡率的差别。显然，医疗保健制度的可及性及其结构是解释健康状况的区域和社会差异的重要因素。

表4.5　美国不同种族人口的婴儿死亡率
（每年每100 000个活产儿中的死亡数）

	1960 年	1983 年
白人	22.9	9.7
非白人	43.2	16.8
黑人	44.3	19.2

来源：美国人口普查局，1987：表112。

表4.6　美国人口平均预期寿命（年龄）

	1920 年	1970 年	1984 年
白人	54.9	71.7	75.3
非白人	45.3	65.3	71.3
黑人	N/A	64.1	69.7

来源：美国人口普查局，1987：表105。

表4.7　美国每100 000活产儿产妇死亡数

	1960 年	1983 年
白人	26.0	5.9
非白人	97.9	16.3
黑人	103.6	18.3

来源：美国人口普查局，1987：表112。

　　表4.5、表4.6和表4.7显示，尽管福利国家进一步发展，但是黑人和白人健康状况的差距几乎没有得到改变，从20世纪60年以来黑人的婴儿死亡率仍然是白人婴儿死亡率的两倍。20世纪20年代以

来平均预期寿命中的种族差别有所缩小，但是在最近几十年这一差别的缩小又开始放慢，黑人和白人的预期寿命的差距仍然超过 5 岁。20 世纪 60 年代和 70 年代各组产妇死亡数的下降都非常显著，这大概表明了福利国家的扩张以及女性健康运动的影响，但是在 1983 年黑人产妇死亡率是白人的 3 倍，比起 1960 年的近 5 倍还是有差别的。婴儿死亡率的地区差异又从另一方面揭示了健康状况的种族和阶层的不平等。1983 年（美国人口普查局，1987）白人的婴儿死亡率（每 100 000 活产儿）在特拉华州（7.3）为最低，哥伦比亚地区（11.6）为最高，而黑人的婴儿死亡率是俄克拉荷马州（14.9）最低，伊利诺伊州和密尔沃基（都为 23.1）最高。1983 年产妇的总体死亡率在最近几十年里首次有所上升。婴儿死亡率在 1981 年和 1982 年经济衰退的高峰期在 11 个州有所上升。还有一些证据显示，随着二次重建（the Second Reconstruction）的衰退以及 20 世纪 70 年代中期经济不景气以来失业率的上升，人口的健康状况以及健康状况的阶层和种族差异进一步恶化。

结论

美国的反福利国家运动几乎随着 20 世纪 60 年代福利国家的扩 *136*
张就开始了，这反映出任意主义在美国的优势影响。一直以来，围绕着福利国家的斗争依然激烈，可能在 20 世纪 80 年代初围绕着里根政府的减税和削减社会开支的冲突中达到了顶峰。冲突的结果是保守主义者没有获得明显的胜利，同时也不能说福利国家完整无损。几乎所有新政计划和许多伟大社会计划都在大量削减的预算中保存下来。一定程度上福利国家的财政负担已经从联邦政府转向地方政府、雇主和雇员。分散化伴随着私有化，特别是在日托、住房社会服务和医疗保健等领域更是如此。私有化主要采取营利性、专有的形式，而不是非营利性、志愿的形式。比如实质上在社会保障的形成过程中是有公共基金支持的企业和法人资本，已经在福利服务中建立了营利性的市场，而迄今为止这种服务都是不营利的。

这种重构福利国家以及失业率持续维持在较高水平上的影响进

一步扩大了阶级、种族和性别的不平等。这还影响到女性和黑人中间日益扩大的阶级分化。对于大部分就业的妇女和黑人来说，他们在劳动力市场上的持续较低地位的结构性位置引起其社会福利上的持续性不利，这主要源自于其职业地位。联邦政府对争取黑人和妇女平等权力立法的执行日益萎缩，并且在一些方面背叛了本来的受益人。因此，在一些方面，福利国家近几年深化了社会的不平等。也许对美国社会问题和社会不平等日益增长的专制反映地最生动的指标就是监狱人数和与毒品相关的犯罪的增长。这里有着非常清晰的阶级、种族和性别维度。正如沃克（1991：11）所说，4 个年龄在20 岁到29 岁之间的黑人就有一个要么在监狱里，要么处于缓刑之中，要么处于假释状态；同时 5 个这样的黑人中只有不到 1 个人在接受大学教育。然而，大学教育每年的成本大约是坐牢每年成本的一半。因此，

> 刑事司法制度正日益被用做美国人处理社会问题的主要工具，这一无所不包的工具将吸毒者、精神病人、无家可归者和其他社会"失败者"一网打尽，并且眼不见、心不烦地将他们投入到监狱系统中。（Walker，1991：11）

137 　　美国监狱人数的比重是全世界最高的，远远高于前苏联，同时一名黑人男性在美国被投入监狱的可能性是南非的 4 倍。

　　然而，对美国福利国家最近历史的任何评价都不应该是完全悲观的。关于美国政界拆除福利国家的权力，过去有，现在仍然有着可行的计划。迄今为止，该计划不幸失败了，同时保守主义的力量在其未来政略上有些混乱。福利自由主义在美国非常盛行，社会保障很受欢迎并且广泛得到支持。和西欧国家一样，中产阶级正在得到福利国家的一些收益，比如对有津贴补助的日托和社区照顾的需要。正如 20 世纪 60 年代的情况一样，福利的改革正处于保守主义者和自由主义者之间的僵持状态。支持民权和福利权的民众压力依然强大。其中在争取堕胎权的斗争中表现得最为明显。人们期待已久的 1989 年自由堕胎改革的"逆转"遭到了妇女运动、自由主义者、自由保守主义者和一般民众的强烈反对。当 20 世纪 90 年代开始的时

候，反堕胎运动似乎又一次遭到了失败。美国在 20 世纪 80 年代的经
验表明，福利国家既不是不可逆转的，也不是命中注定的。在这一
时期，工人阶级和大众运动在资本的进逼下处于失败状态，福利国
家的重构反映了这一权力的新平衡。*138*

第五章　英国：自由集体主义福利国家

　　与瑞典、德国和美国不同的是，20世纪30年代的大萧条没有使英国的社会政策产生剧烈的变革。削减失业补助和通货紧缩的经济政策被用来限制工人阶级和穷人。同时政府更卷入到基础设施投资、工业关系和宏观经济管理上。伴随着采取凯恩斯的经济政策和贝弗里奇的社会政策，现代福利国家决定性的意识形态转向发生在二战末期。英国的福利国家从此在资本主义国家中占据着中等水平。英国既不是瑞典式的社会民主主义意识形态占主流也不是美国那样的唯意志主义和勉强的集体主义占主流。英国的"福利混合经济"与德国的社会市场经济观念有一些共同点，但它的福利开支水平更低，更加提倡平均主义的社会思想以及更加注重服务的直接公共供给。特别是在20世纪50年代和80年代，保守党也和德国一样，在战后政治舞台上占据统治力量。面对工会和雇主的反对，工党政府不能长期保持社会民主主义的法团主义结构。保守党实施福利国家总是不确定和充满机会主义。因此，随着20世纪70年代国家财政危机中工党思想的瓦解，撒切尔主义在一定程度上成功地使英国福利国家脱离欧洲模式，同时更多地转向美国模式。

　　战后英国福利国家的政治经济通常被分成两个阶段，分别是20世纪40年代到70年代中期和70年代中期以后。从20世纪40年代到70年代中期资方和劳方之间战后非正式的冲突解决，建立在明显的充分就业、不引人注意的经济的逐步增长以及根据经济增长实现的福利国家的普遍增长的基础之上。战后劳资矛盾解决本身分成两个时期。20世纪40年代到60年代早期这一阶段在物质福利内容上比较艰苦，人们对福利国家的受益抱有很大的乐观态度，同时在福利议题上的冲突和压力相对较少。相比之下从20世纪60年代早期到

70 年代中期这一阶段可以看到大规模贫困现象的再生，福利开支的空前膨胀以及压力群体和新社会运动的出现，他们主张在穷人、老年人、黑人社区和女性中间存在大量没有得到满足的福利需求。在这一阶段，英国阶级政治失衡的严重程度要高于德国和瑞典。从 20 世纪 60 年代开始英国福利政治的多元主义很接近美国的情况，但同时又有一个很大的不同点，即代表福利国家工人的英国工会在"福利主义运动"中扮演着重要角色。

从 20 世纪 70 年代中期开始的第二阶段中，在高失业率滞胀、福利国家萎缩、国家使用反工会措施和其他政策将资本恢复到健康状态等一系列背景之下，我们可以看到战后劳资和解的色彩逐渐褪去。从 1974 年到 1979 年我们可以看到工党政府在经济衰退和通货膨胀的背景下与来自"福利主义运动"的压力进行搏杀。在 1976 年到 1979 年之间，通过与工会形成合作主义的社会契约来推动立法，工党政府开创了福利国家共识的转变，这一工作被 1979 年之后的撒切尔政府更好地执行。在整个 20 世纪 80 年代，削减社会福利、持续的高失业率以及个人税收上的倒退性改革明显导致了贫困水平的增长以及富人和处于平均收入以下的人群之间不平等的扩大。最终在 1987 年的选举中可以看到，撒切尔主义比过去任何时候都要更为直接和彻底地攻击福利国家的重新建构。仍在继续的这一方案从本质上来说是要试图改变福利国家在英国的角色，即使从直接的福利提供者转变为私人提供的福利的管理者。这一计划遭到来自福利消费者、福利行业、财政部和地方政府等各个方面的强烈反对。

在这一章，虽然绝大多数统计数据覆盖了联合王国，但是引用 *140* 将会经常被运用到英国福利国家中，这里的英国福利国家是指英格兰、威尔士和苏格兰的福利国家。与其他福利国家相比，在社会保障和医疗保健领域，战后英国的政策制定和管理已经高度中央集权化。因此在北爱尔兰推行的英国社会保障制度和医疗保健制度基本上和英国大陆一致。在教育、住房和个人社会服务领域，英格兰、威尔士、苏格兰和北爱尔兰之间存在明显的政策和法律差异。北爱尔兰的地方政府在 1973 年之前都参与到教育和公共住房的提供和资助中，这维持了对天主教的制度化歧视并且导致 20 世纪 60 年代的天

154　主教民权运动的兴起。至少可以说，从 1973 年开始来自伦敦的直接统治能在多大程度上阻止这些进程仍存在很大争议性。

意识形态与福利支出

自由集体主义与撒切尔主义

141　　自由集体主义一词最能够准确地概括英国战后的福利共识，撒切尔主义以此为自己的核心。"自由"成分是合适的，因为福利共识的缔造者是凯恩斯和贝弗里奇，他们都是自由主义者。贝弗里奇本人在一战之前就投入到爱德华时代的新自由主义运动中，当时的自由市场自由主义根据引入社会保险和俾斯麦主义社会政策的内容进行了修正。当然在"一个国家"，保守党的迪斯累里传统和工党的适度社会民主主义在凯恩斯和贝弗里奇理论的自由主义上总是有很大的相似之处。事实上从 20 世纪 50 年代早期开始，"巴茨凯尔主义"一词就被广泛用来描述战后工党和保守党政见上的基本一致，这一词是用 20 世纪 50 年代保守党发言人巴特勒的姓的前一半和 50 年代工党领袖盖茨克尔的后一半合成的。"集体主义"一词重点强调战后福利收益和服务的直接性公共供给、这些收益和服务的普遍可及性以及制度在国家层面上的统一性。因此，战后自由集体主义共识的核心在于它是这样一种意识形态：它一方面接受国家在经济和社会政策上的扩张性角色，同时也保证全体公民的社会权利。定义国家福利义务和公民福利权利的准确内容是留给政治实用主义和社会斗争去解决的。事实上，英国女性、黑人和穷人的福利身份不是由战后福利国家来保证安全的。就福利身份所承载的寓意以及其暗示着将部分人排除在福利身份收益之外来说，居于战后福利共识核心位置上的福利身份观念是意识形态上的。(Taylor, 1989: 25 - 26)

　　邓利维（1989）恰如其分地将自由集体主义共识表述成建立在继承战时动员机制的"不稳固的国家主义"之上，并且严重依赖于国家直接提供福利和服务，同时相对较少地重视自愿团体、工会、慈善组织以及表面上是公共性实质上是营利性的组织。除了在学校和看护服务上有一定政策行动空间之外，地方政府也几乎没有多少正向政策的空间。英国的国家主义既没有稳固地扎根于类似瑞典的强有力的社会民主主义运动当中，也没有扎根于类似德国的更为保守的法团主义国家经济传统当中。因此，在英国，

> 国家干预的国家经济统制模式在这一政治制度中得以实现，其特点在于右派占据主导地位同时社会民主主义观念处于非支配性状态。这一干预模式在这样的社会中比较普遍，即法团主义发展的明显的比较弱势，在宏观经济管理上缺少政策稳定性同时福利受益的真实水平比较低。(Dunleavy，1989：256)

当然，在自由集体主义共识上的"国家主义"程度没有必要被夸大。贝弗里奇福利国家概念中最为重要的是建立在缴费保险原则基础上的福利"社会最小化"观念，福利国家作为一种安全网也鼓励人们自我提供高出最小社会福利的私人福利。事实上，"在贝弗里奇看来，为了能够获得比最低社会福利更高的福利水平而进行的强制性缴费对于个人花钱的自由来说是一种冲击"(George & Wilding，1985：64)。正如蒂特姆斯（1958：35：148）在 20 世纪 50 年代强调的那样，保守党内的反集体主义者从 20 世纪 50 年代早期之后在限制福利国家的资源和进一步发展上扮演着主要角色，他们认为建立于 20 世纪 40 年代的战后福利国家已经远远超出了必须的福利最小化规模。

20 世纪 70 年代中期凯恩斯主义理论瓦解了，来自各方的压力反映了福利需求得不到满足和国家的财政危机，保守主义中的反集体主义流派探讨战后国家主义的不稳定特征。由撒切尔夫人领导的新右翼指责自由集体主义福利共识作为一种旧秩序已经失败了，他们在意识形态上极力主张货币主义、供给主义宏观经济以及在国有企业和社会福利中引入私有化和市场导向的竞争。然而，与 20 世纪 70 年代中期和 80 年代初瑞典、德国对经济衰退的应对以及上文中的美国里根主义相比，英国的转型因为以下两个原因更为激进。首先，英国经济特别是制造业的根本性衰弱相比之下在更大程度上减少了对福利国家的资源供给。其次，从需方来说，要求公共提供福利收益和服务的大众压力和政治支持相对而言更好地组织化了，另外 20 世纪 70 年代随着失业的增长和新社会运动的兴起，大众压力和政治

第五章　英国：自由集体主义福利国家

支持的力量不断增长。因此在20世纪80年代英国的自由集体主义捍卫者和撒切尔主义的支持者之间出现了严重的意识形态斗争。撒切尔主义的支持者宣称取得的成功远不止一场变革，同时实现了一种建立在由国家培育的竞争性个人主义和市场力量基础上的新福利共识。撒切尔政府试图针对性地抑制和阻止推动福利国家扩张和提升的社会压力与社会运动。但是这并没有完全成功，比如这激起了由英格兰教会捍卫的对贫困的进一步再发现运动。然而，1987年后的撒切尔主义更为激进的社会政策成功击败了贝弗里奇的社会最小福利主张，同时扭转了英国社会政策的国家主义。

福利支出

根据战后社会福利的公共开支占国家经济资源的比重，英国在资本主义福利国家中占据中等位置。表A.1显示英国真实社会开支占GDP的比重在1960年略超过经合组织国家的平均水平，到了1981年又略低于平均水平。1981年英国在这一数据上要远落后于瑞典和德国，同时美国也缩小了与英国的差距。20世纪60年代初到70年代中期号称英国福利支出的繁荣时期，用国际标准来衡量这一支出水平也是非常有限的。表A.1中的真实收入弹性的数据显示，与美国和德国不同的是，英国的福利国家自20世纪70年代中期经济衰退以来起到了缓冲作用。换句话说，虽然英国的福利国家没有瑞典保存得那么好，但是占GDP一定比重的真实社会开支在1975年到1981年之间维持连续增长。这实际上反映了1974年至1979年的工党政府保护福利国家核心内容的斗争。自撒切尔主义出现以来，福利开支的分析为政府有关公共开支出版的统计数据上的重要变动所困惑。从1979年开始政府就使用现金数字来衡量根据一般的经济通货膨胀校正过的公共开支。1979年之前，在经合组织国家中，每一个福利领域使用不同的物价折算指数，这给出了一幅更加准确的每个领域真实投入的图画，英国物价膨胀在这些领域通常比较高。因此20世纪80年代的公共开支数据倾向于掩饰真实的开支缩减程度，特别是在教育、医疗保健和社会服务等劳动密集型服务上。政府发现自己在提供公共开支统计数据上处于两难的境地。这需要政府在削减公共开支和全力支持医疗保健、国家养老金和免费国立学校教育等福利国家的一般内容上都宣称取得了绝对成功。因此，一方面中央和地方政府开支（除去国有企业和私有化收益）从 1982 年到 1983 年几乎占到 GDP 的 47% 下降到 1988 年到 1989 年占 GDP 的 40% 以下（HM Treasury，1989：Section 4），这表示政府在经济快速增长时期成功地控制了福利国家的膨胀。另一方面，在 1979—1980 年和 1989—1990 年，政府也可以宣布卫生部的支出增长了 37%，同时社会保障部的支出增长了 36%，虽然由于相对价格效应和社会保障申请者和老年人口的增长带来的影响可能会使这些增长被抵销掉。从 20 世纪 70 年代中期以来英国福利国家无论是相对于 GDP 还是需求来说毫无疑问都真正下降了。

收入支持政策及其结果

根据社会保障收益的综合去商品化程度（表 1.1）确定的英国的 *144* 排名明显低于资本主义福利国家的平均水平。换句话说，与绝大多数资本主义福利国家相比，特别是与大部分西欧福利资本主义国家相比，英国的社会保险收益在消除劳动力市场不平等影响上的作用要微弱些。英国和澳大利亚、新西兰、加拿大、美国、爱尔兰被艾斯平－安德森（1990：48）称之为建立在盎格鲁—撒克逊社会救助传统之上的福利制度……这一传统的特征在于运用家计调查或者收入调查……这些制度没有适当地扩大公民权。在英国，最小社会福利的自由集体主义观念嫁接到垂死的济贫法传统上，这导致了以家计调查为基础的救助和社会保险的一种不稳定的联合。英国的收入支持制度从两个重要方面来说在资本主义国家中是独一无二的。首先，贯穿战后的家计调查为基础的社会救助在操作上实行收益和权利的全国统一规定，并且由数以百万的人依靠的中央政府进行管理。其次，社会保险制度一直以提供较低的工资替代、很少的风险覆盖和相对严格的获取资格来换取雇主、雇员和国家的缴费。英国的社会保险制度相对欠发展，因此社会救助扮演着重要角色。人们普遍认识到这并不是贝弗里奇所设想的，而社会保险在斯堪的纳维亚国家、德国甚至在美国占主导地位才是更多地贯彻他的理念。在雇员、雇主和国家不能承担缴费负担这一疑虑重重的背景之下，20 世纪 40 年代的英国工党政府没有能够建立起资金充足的社会保险制度。持左派看法的平等主义者反对收入相关的社会保险制度，该制度不可避免地强化了由劳动力市场产生的社会不平等。

战后英国社会保险计划的"普遍性"也带有一点神话色彩。相当一部分人，主要是女性，要么没有被完全覆盖到要么就是缴费记录不充分，因此他们不能享受国家养老保险、失业、疾病和生育保险以及其他福利。许多已婚妇女可以从她们丈夫的缴费中获得领取养老金的资格。这也包括大量在职女性，她们选择贝弗里奇关于已婚妇女可以大幅减少国家保险的缴费方式，导致她们丧失原本属于她们自身权益之内的失业、疾病和养老保险权。这一缴费选择不再适用于1978年的新就业者，但是仍然继续影响到1978年4月以前开始工作的许多女性。除了这些女性之外，哈吉姆（1989）估计在20世纪80年代中期大约有200百万人，大约占到劳动力的7%，从事正规工作但没有被国家保险覆盖，他们中大约80%是女性，大部分从事与家庭相关的兼职低薪工作。如果再考虑到诸如使用非法外籍劳工这样的非正规经济的其他特征的话，大概有超过10%的劳动力事实上没有被国家保险覆盖，这一比重随着兼职就业和非正规经济的增长而上升。

收入不平等

1972年、1973年和1980年根据家庭规模修正过的净收入分配数据表明英国的贫富差距处于中等水平，不像德国和美国那么不公平，但同时没有瑞典那样公平（表A.3和表A.4）。税收和社会保障制度的再分配效应相比之下也处于中等水平，没有瑞典和美国那样明显，但要比德国明显得多（表A.2和表A.5）。对于英国来说，有可能使用来自家庭支出调查机构（FES）的"最终收入"分配的数据比较福利国家在20世纪70年代中期和80年代中期的不同影响（表5.1）。这里的"最终收入"是将现金收益、直接和间接的税收（包括抵押税减免）和公立教育、国民卫生服务、住房和公共交通津贴等实物形式的福利收益。在政府的统计学者看来，"至少这种变化部分是因为在收入分层的不同五分位的家庭组合情况发生了如下变化"，即"在收入最低的五分之一家庭中，老年家庭越来越少而年轻家庭越来越多"（中央统计局，1989：97）。奥希根斯将未校正过的家庭收入分配

和根据家庭规模以及成人与儿童构成校正过的"等效家庭收入"进

行比较。他发现"使用等效收入而不是未校正收入能够降低收入五
分位分配的表面不平等，但是会与收入分配和再分配在1976年到
1982年之间的趋势图略有不同"（O'Higgins，1985：300）。这一点为
斯塔克（1988：表E）和中央统计局（1990b：93－96）所证实。因
此我们可以从表5.1中得出可靠结论，英国在1976年到1986年之间
工人阶级内部的"最终收入"分配扩大化了，特别是穷人更加地被
抛在了后面。在这一阶段，收入分配中最顶端的五分之一群体最终家
庭收入所占的比重实质得到了提高。正如奥希根斯（1985）指出的那
样，造成这一结果的主要原因在于由经济衰退和失业导致的初次分
配的恶化。从这一特殊统计数据来看，这一阶段税收变化并不明
显，同时福利国家其他部分的变化也只起到了很小的作用。

表5.1　英国最终家庭收入五分位划分占比情况

	最低的五分之一	下一个五分之一	下一个五分之一	下一个五分之一	最高的五分之一
1976年	7.4	12.7	18.0	24.0	37.9
1986年	5.9	11.4	17.0	23.9	41.7

来源：中央统计局，1989：表5.18。

表5.2　不同税收—福利制度阶段英国家庭收入分配的基尼系数

	1975年	1979年	1983年	1986年
最初收入	43	45	49	52
总收入*	35	35	36	40
再分配收入**	32	33	33	36
最终收入	31	32	33	36

* 总收入等于最初收入加上现金转移和抵押减税。
** 再分配收入等于总收入减去收入税、雇主的国家保险缴费。
来源：中央统计局，1988：表11。

这些变化还体现在英国不同税收/福利制度阶段基尼系数的历史
上（表5.2）。1975年和1986年的基尼系数之间最大的变化在于就
业、投资和年金养老金的初次收入上的不平等不断扩大。总的可支
配性最终收入上的不平等扩大程度要小得多。然而，实物福利收益
只是以年龄和性别为基础来计算的，忽略了收入，因此实物福利收

益对收入分配明显缺少影响只是某种统计学上的假象。整个 20 年代
80 年代初次收入不平等都在扩大化，同时在 20 年代 80 年代中期，
其他形式的收入不平等的增长集中化了。以同样的家庭支出调查机
构的数据为基础，可以估算出在 1979 年和 1988 年之间，位于收入分
配分层中最低端的 20% 人口的可支配收入下降了 6%，而同时位于
收入分配分层中最高端的 20% 人口的可支配收入上升了 38%。（La-
bour Party，1989a）

表5.3　1986 年英国福利国家现金和实物收益分配：

以最初收入划分的五分位情况（英镑/年）

最低的五分之一	下一个五分之一	下一个五分之一	下一个五分之一	最高的五分之一
4880	4220	2760	2530	2390

来源：中央统计局，1989：表5.17。

　　家庭支出调查机构的数据还显示福利国家对英国最穷的那部分
人群是如何重要的。在没有福利国家的情况下，最贫穷的 20% 家庭
来自于工作和财产的平均初次收入在 1986 年只有 130 英镑，而福利
国家将他们的最终收入提高到了平均 4 130 英镑。在表5.3 中，中央
统计局计算出福利国家对按照初次收入排序的五分位数家庭的现金
价值。因为没有包括对养老金的税收减免以及假设所有初次收入排
序的五分位数家庭得到的实物收益是一样的，该表低估了更为富裕
的群体从福利国家获益的程度。正如罗格朗（1987）所述，事实上
按比例来说，中产阶级消费更多的实物福利，比如国民卫生服务和
更高的教育等公共服务。收入层级中的前 20% 和 40% 的人群得到越
来越多的福利国家的好处，这一过程自 20 年代 70 年代中期福利危机
爆发以来加快了。事实上数据显示，从 1979 年到 1984 年因为有意愿
支持这些国家提供的主要由中产阶级成员使用的服务，削减福利开
支和福利国家私有化的保守主义政策在一定程度上被制止了。（Le
Grand & Winter，1987：165）第三任首相任期内的撒切尔主义在1988
年 3 月的预算中达到了顶峰，在此后最激进的收入税改革中，将 5
项较高的税率削减到了只留下两项，40% 是针对高收入者的，25%
是针对其他人的。很可能这项改革导致了收入分配层级中位于顶端
的 20% 的人群与其他人群之间日益扩大的收入差距。一位政治评论

者在 1988 年预算演讲当天写道，这代表着撒切尔式的政治宣泄……
它带着我们在走向税收的美国水平上迈出了一大步，同时支持将社
会公正和个人财富、公平和机会之间的正确关系的美国式观点作为
全社会支持的价值观。（Young，1988：1）英国的净收入不平等慢慢
变得和德国及美国比较接近，因此英国可能正在失去它在收入平等
方面的中等排序位置。

贫困

从 1960 年初期贫困现象开始卷土重来以后，与西欧其他国家相
比，英国的贫穷政治学更有活力。这一现象的核心在于在自由中产
阶级的支持下，工人阶级对于福利国家在战后没能实现充分且适度
的社会保险制度的背景下从纸上谈兵转为现实起到了决定性作用。
由于历史和文化的原因，英国的穷人在战后几十年中与其他资本主
义国家相比可能更少被边缘化。由于压力和利益群体（MacGregor，
1981：第 7 章）以及大众传媒中的自由派别和英格兰教会的作用，
穷人的需要能够反映到国家层面上来。和美国一样，英国的穷人也
通过游行示威、暴动的威胁和现实来将他们的要求提到政治议事日
程。1887 年暴动、战争期间的饥饿三月运动以及 1981 年和 1985 年
的暴动都是最引人注目的案例。所谓的 1981 年和 1985 年城市中心区
暴动，和他们造成的威胁对撒切尔主义造成了不可低估的影响，毫
无疑问放缓和改变了对穷人的攻击。然而，随着从 20 世纪 70 年代中
期开始持续性大规模失业卷土重来和福利国家的削减，人们普遍感
觉到穷人和富人之间的差距扩大了，同时穷人变成了由失业者和单
身母亲组成的新底层社会，并且日益从主流工人阶级中脱离出来。
当然，相似现象在其他资本主义福利国家也存在，但是相比之下英
国的情况在 20 世纪 80 年代更为恶化。英国没有官方的贫困线，但是
直到最近社会救助水平或是超过社会救助水平 40% 已经被看做非官
方的贫困线。人们普遍认识到没有充分的方法来衡量贫困，因为这
些方法在使人们达到随便定义的"社会最小化"福利水平上也只能
意味着实施社会救助。然而，后来这些衡量贫困的方法被广为运
用，表 5.4 展示了过去 30 年间按年代的变迁情况。1960 年到 1975
年贫困的明显增长很大程度上反映了社会救助收益水平的提高。从

1975 年开始出现的贫困的增长反映了失业和下层社会现象的增长,因为从那时起社会救助上很少有真正的提高。

表5.4　人口比重（英国）

	1960 年	1975 年	1979 年	1981 年	1983 年	1985 年	1987 年
（ⅰ）	N/A	6.8	7.3	9.1	11.4	12.9	14.6
（ⅱ）	N/A	3.4	3.9	4.9	5.1	4.5	6.8
（ⅰ）+（ⅱ）	3.8	10.2	11.2	14.0	16.5	17.4	21.4
（ⅲ）	10.7	12.9	10.1	13.4	19.1	15.6	N/A
（ⅰ）+（ⅱ）+（ⅲ）	14.5	23.1	21.3	27.4	35.6	28.5	N/A

说明:（ⅰ）接受社会救助（SA）;（ⅱ）没有接受社会救助,但生活水平达到或低于社会救助要求;（ⅲ）没有接受社会救助并且生活水平处于社会救助要求的100%到140%之间。
来源:汤森,1979:表4.21;帕克和米尔利斯,1988:表12.33;诺兰,1989:表1;下院,1990。

148　　对贫困的比较充分的衡量方法是那些家庭可支配收入低于平均等效收入50%的人所占的比重。这一办法测量出了穷人和一般人之间的"经济差距",但这只是一种相对收入贫困的衡量办法。以此为基础,欧洲委员会发现英国贫困人口所占比例从 1975 年的 6.7% 增长到了 1985 年的 12%,同时欧共体整体贫困率大致在同一时期从12.8% 增长到了 13.9%。（Labour Party, 1989a）从 20 世纪 70 年代早期开始英国从 12 个欧共体成员国中贫困水平第二低的国家到 1985年变成排名第 6 位。与本书中研究的其他国家相比,英国在 1980 年以"经济差距"衡量的贫困水平处于中等层次,比德国和瑞典高一点,但比美国要低许多（表 A.6）。1988 年英国政府正式采取经济差距方法来提供"低收入人群的统计数据"（"贫困"一词没有被政府正式承认）。这些数字也显示在 1981 年和 1985 年之间贫困现象扩大化了（Nolan, 1989:表2）,但是与欧共体所显示的数据相比,这种增长要微小得多。因此,可以理解政府为什么要强调对那些实际上显示在 1980 年和 1985 年之间"经济差距"式贫困下降的数据进行修正。（Johnson & Webb, 1989）与收入分配上的迹象一样,有关贫困的大部分迹象表明从 20 世纪 70 年代中期以来英国的贫困现象明显增加了。

养老金

与大部分其他国家一样，英国为老年人提供了由 4 种收入维持形式组成的混合制度——社会救助、社会保险、年金养老金或者离职金（国营和私营部门都有）以及私人个人年金和养老计划。直到最近，后面几种收入维持形式还是比较少的。表 A.7 显示，作为国家经济资源的一定比例，英国在养老金上的花费明显少于瑞典和德国，但是比美国要高得多。根据在养老金缴费上的总花费，社会保障和年金养老金之间的平衡和美国、德国比较类似，大约有三分之二的开支用于老年人的公共社会保障项目（表 A.8）。然而这忽视了以各种年金养老金减税形式出现的财政福利的作用。财政部发现因为多重计算不可能计算出这些税收减免的总"价值"。关于税收减免价值的规模，在 1987 年到 1988 年总数上粗略超过 100 亿英镑，同时花在公共养老金和老人福利上的金额是 230 亿英镑。（Hogwood，1989：118；HM Treasury，1989：40–42）因此，如果将税收减免纳入到养老金开支中，几乎或超过 40% 的总体养老金支出可能被用于年金养老金计划。

在 20 世纪 30 年代到 60 年代之间，年金养老金计划平稳增长，但是从 20 世纪 60 年代中期以来年金养老金成员占到了将近劳动力的 50%。这一扩张部分是因为国家保险养老金的不平等性，国家保险养老金在 1961 年和 1978 年进行了改革。工党政府在 1948 年的改革中只是推出了统一费率的国家保险计划，其所提供的养老金低于社会救助贫困线并且与通货膨胀不挂钩。因此这甚至没有履行贝弗里奇的最小社会福利主张，更不用说福利公民权利的社会民主主义观念了。因此，很大比例的老年人依然依靠社会救助，虽然一些老年人拒绝申请社会救助，因为他们将社会救助与济贫法的污名联系起来。作为对老年人口中贫困现象的死灰复燃和由发展年金养老金导致的阶级和性别明显不平等现象的反应，保守党在 1961 年推出了适度收入相关（分等级的）国家保险养老金。直到 1978 年英国的国家养老金才与通货膨胀相挂钩，这大大晚于绝大多数其他资本主义福利国家，这可能反映出英国养老金领取者力量的薄弱，同时也反映了工会对社会保障议题相对不感兴趣。国家养老金在工党和保守

149

党政府进行轮替选举的时候会出现大规模增加的情况。最终在 1978
年，紧随着 1975 年的社会保障（养老金）法案，完全成熟的并且是
与通货膨胀相挂钩的收入相关国家养老金计划（SERPS）被用来替代
基础统一费率养老金，因为新养老金需要以 20 年最佳收入作为计算
基础，因此新养老金计划将会到 1998 才完全实施。雇员可以不参加
收入相关国家养老金计划，参加相同质量或更好质量的年金养老金
计划。撒切尔政府出于私有化的目的，在 1985 年将其注意力转向收
入相关国家养老金计划，本质上为了降低日益上升的财政负担，同
时为私人保险行业提供创业机会。经过激烈的公共辩论，日渐清晰
的是养老金行业尤其要谨防承担巨大的潜在风险责任，同时人们普
遍支持保留收入相关国家养老金计划。因此，政府在 1986 年制定、
1988 年得以实施的最终版本社会保障法案中作出了部分退让。收入
相关国家养老金计划以大量削减的形式得以保留，这项养老金在未
来建立在终身收入而不是最好 20 年收入的基础上，这又进一步刺激
人们不参加收入相关国家养老金计划而转向职业或私人个人养老计
划。政府希望这些措施能够降低收入相关国家养老金计划最终成本
的一半以上，这主要以那些普遍终身收入低的男女工人们为代价。
随着 1988 年收入相关国家养老金计划的减少，政府推出新财政刺激
措施鼓励年金养老金和私人个人养老金的扩张。理论上来说，私人
个人养老金（包括养老金的转移方案）对那些在农业、建筑业和零
售业从事临时就业的人来说有益。实际上在操作过程中，这些刺激
措施只是有利于小型企业主和熟练商人这样最高收入的就业者。
1988 年的改革似乎增加了在养老金获得上的职业社会阶级不平等，
同时也增加了面临个人和雇主被养老金推销员任意摆布造成的混乱
局面和复杂性。（Kaye，1987：25）

到 1985 年，虽然年金养老金只占到养老金领取者总收入的五分之
一，但是有 51% 的养老金领取者在领取年金养老金。年金养老金计划
的特征自然而然十分紧密地反映了职业的阶级结构，年轻的兼职女性
就业者、短期工作的就业者、大龄新就业者和不熟练的男性就业者通
常不会被年金养老金覆盖。（Brown and Small，1985：169）虽然许多蓝
领和地位较低的就业者现在也是年金养老金计划的成员，但是其收益
只比国家养老金计划要高一点点。事实上，据沃克等人（1989：575）

所说，"许多现有养老金领取者从他们的年金养老金中只得到少量或几乎得不到财务收益"。那些从前从事低收入或者是间断就业的退休人员，主要是女性，通常会陷入到"养老金陷阱"之中，其中他们的年金养老金仅能够使其略高于贫困线同时又不具备申领社会救助的资格。目前和将来年金养老金的受益者当然是白领经理和专业人士，特别是那些白领男性。大约10%的退休金领取者家庭的收入超过所有家庭的平均收入，他们属于精英阶层。虽然随着国家和年金养老金计划的扩充，近几年养老金领取者家庭的贫困水平下降了，1985年在英国有65%的养老金领取者家庭的收入低于社会救助贫困线标准的140%，同时36%的养老金领取者家庭事实上符合申领社会救助的条件。（Walker et al.，1989：576）1980年的比较数据显示，英国养老金领取者家庭的收入占全部家庭平均收入的比重在我们研究的4个国家中到目前为止是最低的（Hedstrom and Ringen，1990：表4.3），同时英国养老金领取者家庭中的贫困率几乎与美国一样高，比德国和瑞典要高得多（表A.6）。英国养老金领取者家庭的收入不平等状况明显低于美国和德国，但比瑞典要严重，这十分紧密地反映了这些福利国家净等效收入的一般分配情况。（Achdut and Tamir，1990：表5.8）

　　当前和未来养老金领取者中不平等和贫困的性别维度很难进行量化，但它产生于劳动力市场的结构、女性的无偿照顾家庭角色和其他根植于国家和年金养老金计划中的其他男权主义假定中。（Groves，1987）由于女性更加长寿，这些因素意味着贫困和需求得不到满足会在老年女性比老年男性中持续得更为深刻。（Walker，1987）在过去20年间，妇女发起了持续的斗争来改变这一现状，在20世纪80年代斗争的中心围绕1979年欧共体的平等待遇法案展开。直接的性别歧视下降了，同时高等法院强迫政府将退休年龄同一化。然而，正如我们在上院看到的例子（1989：106），寡妇的处境、为孤儿提供帮助以及女性的独立养老金权利等议题甚至被看做是立法要求都很遥远。虽然收入相关国家养老金计划的缴费记录承认因照顾家人而没有工作的时间段，但是"特别在私营部门，从事无偿的家务活动而中断缴费依然会导致养老金上的处罚"（Owen and Joshi，1990：71）。由高等法院发起的平等待遇这一概念仅以精算为基础进行立法工作（Owen and Joshi，1990：71），因此在铲除比简单的直接性别歧视更深的结构和制度因素所造成的结果性别不平等上收效甚微。(Millar，1989b：316)

社会救助

因为社会保险经费的不充足，如上文已经提及的，家计调查为基础的社会救助在战后英国福利国家中扮演着核心角色。英国福利历史上很具讽刺性之一的事件是，在经历了战争期间旷日持久的激烈反"家计调查"斗争之后，战后的解决方案普遍假定，就业者及其家属再也不会在很大程度上受到家计调查为基础的贫困救济下降的困扰，而该方案中依然具有维多利亚时代贫困救济的色彩。如表5.4 所示，事实上就是准确发生的情况，并且可以理解的是这经常被描述成是对英国福利国家的强烈控诉。然而，从激进和比较的视角来看，社会救助在英国的核心角色显得更为复杂和自相矛盾。尽管所有其他用途都失败了，但是英国的社会救助制度比任何其他资本主义福利国家向穷人提供了更为普遍，更少随意性、争论性和污名化的现金福利。英国是以国家统一形式提供社会救助的极少数国家之一，在本书研究的 4 个国家中也是唯一的例子。正如闵福德（1983）长期以来所反对的，这一社会救助制度的重要特征在于对新右派的倚重。闵福德倾向于将社会救助的受益水平与各地非技术工作的工资水平相挂钩，以此来阻止在高失业率地区社会救助制度诱导人们主动失业。这与美国许多方面的情况类似。而经过 12 年的撒切尔主义，该建议仍没有上升到政策议事日程，这一事实说明了英国"穷人运动"及其支持者的力量。

英国社会救助供给中相对比较积极的方面不仅仅是 20 世纪 30 年代斗争的直接结果，也是英国穷人持续斗争捍卫和提高社会救助这一福利国家最重要内容的结果。正如皮文和克洛（1971）所说，贫困救济和社会救助构成了反公共福利制度中阶级分化、男权主义和种族主义的一道坚固防线。通过强化阶级结构，社会救助在执行劳动纪律或者"工作刺激"上扮演着核心角色。整个战后阶段提供给失业救济申领者的受益水平在男性体力劳动者平均总收入的 17%到 21%之间徘徊。 (Parker and Mirrlees，1988：表 12.32)，为了确保不至于诱使申领者拒绝低收入工作。伴随着济贫法传统，社会救助管理继续形成申请救助的污名，这有助于制止申请者（起作用的大约在75%左右）以及提高工人阶级中的个人和家庭资助的观念。社会救助申领者大部分是女性，这部分反映了社会保险制度在保护女性和给予她们一份独立收入上的失败。然而国家寻求将男权主义依赖性强加在那些通过同居的办法而不是抛弃男伴的办法来申请社会救助的女性身上。(Ginsburg, 1979：83 - 88) 在很多方面社会救助管理中的种族主义制度化了。社会救助在法律上禁止外国人申领，因此事实上或名义上的移民身份导致这些人无法获得此项福利。这项政策的实施"不可避免地导致护照检查和移民局与卫生、社会事务部之间的合作，结果导致对许多人来说将卫生和社会事务部当做移民局的一部分。这一措施带有种族主义色彩，这本身就是种族主义的移民控制制度的结果，同时因为该措施首先用在黑人身上"(Gordon and Newnham, 1985：29)。

在英国外来定居者必须由一位英国公民（通常是其近亲）提供 *153*担保，担保者要在法律上负责确保定居者没有占用公共基金特别是社会救助。在实际操作上，这导致了针对英国黑人公民的护照检查和监督，同时制造了一群永久性失去进入福利制度的在英国长期定居者。(Gordon, 1986) 在社会事业部（卫生和社会事务部的前身）官员中仍然存在种族主义态度和种族主义的老做法，而在决定申请人的需求上的管理灵活性传统又强化了这种种族主义态度。(NACA-BA, 1991；Gordon and Newnham, 1985：第 3 章)

在日常隐蔽层次上，战后英国社会救助申领者对所有这些过程的反抗很大程度上都遭到了激烈的反对，与1948 年以来的众多其他变革一样，社会救助计划的三次主要重构本质上来说是造成这一现象的原因，同时为了应对来自社会下层的压力，政府一直试图抓住改革的主动权。(Alcock, 1987：第 7 章，Novak, 1988：第 5 章、第 6章) 20 世纪60 年代初期贫困的卷土重来以及有关贫困的示威游行的增长促进了作为补充福利（SB）的国家救助的重铸。这一改革增强了社会救助申领者的合法权利，特别是他们获得灵活补助金和福利附加的权利。申请社会救助的污名减少了，同时申请大体上升了。甚至随着20 世纪70 年代中期的财政危机和大规模失业的重现，社会救

168 助申请者及其支持者变得更为自信和组织化，工党政府寻找办法控制对这一制度的所谓"过度依赖"。这导致了由保守党政府实施的1980年社会保障法，其目的在于削减有利于申请者的灵活补助金，但由于福利权益运动对该法案的大部分持中立态度，该法案没有取得很大的成功，因此"到了1984年申请补充福利的权利比过去任何时候都更为复杂和困难"（Alcock，1987：91）。

这一情况使得政府和"贫困游说者"都不满意，同时政府推出1986年的社会保障法作为不满的回应，该法案在1988年得以实施，重新将补充福利看做收入支持。据说为了将目标锁定在那些政府确信更应当救助的诸如有孩子和残疾人的家庭，申请条件进行了改变。年轻人、失业者和那些不需要供养别人的身体健康的人被认为不那么值得救助。申请者获得补助金和附加补助的权利被剥夺了，同时在地方有限社会基金的形成上实施更为专制和严格的管理作为替代。1988年改革的影响引起了政府和福利权利运动的激烈争论。然而，政府并没有严肃地向统计数据发难，数据显示1987年和1988年之间补充福利或是收入支持申请者下降了9.8%（House of Commons，1990），另外提供给有两个孩子的一对夫妇和一个单身残疾人的救助分别削减了4%和15%。保守党政府发现自己处于一个很熟悉的矛盾境地。一方面，它希望在削减社会救助成本和在更加严厉地规训穷人上宣布取得成功。另一方面，它又急于通过宣布（并没有多大信心）将给予那些需要帮助的穷人更多的帮助以在选民面前展现人道。

失业与劳动力市场政策

154 比较而言，英国在20世纪60年代和70年代的失业水平接近经合组织国家的平均水平，同时这一水平要远高于德国和瑞典，但又远远低于美国。从1980年到1987年失业上升远超过了经合组织国家的平均水平，在1983年达到了12.4%，这是经合组织在西方7个主要工业国家中记录的最高水平（表A.10）。随着1984年之后的经济复苏，失业率直线下降，几乎回到了经合组织国家的平均水平，但是随着20世纪90年代初经济陷入衰退，失业率再次上升并超过经合组织国家的平均水平。必须特别警惕最近的数字，因为和扩大青年

福利分化

人培训计划一样,政府在衡量失业和就业的方法上作了重大改变。虽然这些变化中的一些以经合组织为参照来看要打折扣,估计1981年和1986年之间的管理和政策变化导致登记失业人数减少了138万,大约占到了1986年400万"真实"失业人口的30%。(Meacher,1989:137-138)1986年政府引入重启计划,对长期失业人口每6个月进行一次强制性谈话,不参加会导致福利的减少。政府宣称这些谈话提供建议和选择菜单来帮助长期失业者重返劳动力市场。独立证据(Meacher,1989:139-144;Harper,1990:17)表明重启计划只是通过各种方案简单地使得长期失业人口再循环,具有讽刺意义的是还鼓励许多长期失业者登记成为慢性病或残疾人。估计差不多1986年和1989年之间登记失业人数下降的一半(总数下降了170万)要归功于重启计划,虽然他们中只有非常少的一部分人已经找到了"合适工作"(Harper,1990:17)。

在1973年到1983年这一时期,其间发生了两次经济衰退,相比 *155*而言英国失业人口中领取失业保险救济(UIB)的比重比较低,同时这一时期的真实失业保险救济水平几乎减半,而本书中研究的其他3个福利国家的失业保险救济水平同期都在上升(Reubens,1989:表1和表2)。这一数据反映随着大规模失业的再现,英国失业保险救济的下降,因此家计调查为基础的社会救助在支持失业者方面发挥着主要角色。1986年5月大约三分之二的登记失业人口要么没有资格领取失业保险救济要么就是他们的领取资格已经用完了。特别是从1979年保守党政府上台执政以来,对失业者的收入维持进行了一系列重要改革,其累计的影响已经将这一制度转向了更少慷慨、更加严格的管制。具有讽刺意味的是为了方便裁员,单项最激进的变化是在1981年和1982年将1966年开始推行的收入相关补助(ERS)撤回到失业保险救济中。(Ginsburg,1979:62-72)根据与生活水平相关联原则,对于那些过去从事多种职业的失业者来说,与其他西欧国家的计划相比,英国的收入相关补助计划设计得不充分。(Micklewright,1989:535)整个战后时期直到20世纪80年代中期均一制的失业保险救济的受益水平在男性体力工人平均工资的17%和22%之间浮动,维持在接近社会救助受益水平上。(Parker and Mirrlees,1988:表12.23)法定的将失业保险救济与通货膨胀挂钩现在已经被取消了。阿特金森和米切莱蒂（1989：145）估计1979年和1988年之间所有政策变化的累积效应在于提供给失业人口的总福利开支（实际上失业保险救济加上社会救助）降低了大约5亿英镑，或者说如果1979年的制度保持不变的情况下，减少了总开支的7%。所有这些变化的目的明显不仅仅在于削减公共开支，还在于强化刺激就业。救助制度的劳动纪律功能明显提高了，但是这在多大程度上促进人们就业存在争议并且不可能进行量化。

贯穿20世纪绝大部分时间内英国劳动力市场政策的目标在于"将政府对劳动力市场的干预控制在最小程度上"（Lonsdale，1985：167），依靠宏观经济劳资关系的间接影响、移民控制和社会保障措施来管理就业和失业。由于企业和工会的战略性反对的危害，通过地区性就业政策和收入政策来缩减失业的尝试被确信已经失败了。与美国政府类似但不同于德国和瑞典政府，英国政府本质上接受这样的观点，即招募、解雇和培训劳动力应当是"雇主导向"的。因此，花费在瑞典劳动力市场计划中的总支出（救济、培训、补助金、残疾就业者支持等）是"花费在英国每个失业者身上总支出的16倍"（Meacher，1989：152）。部分是因为从20世纪70年代中期以来，英国劳动力市场除了高失业水平之外呈现出两个慢性问题——一个是"技术鸿沟"，即技术劳动力的短缺和体力劳动力的过度供应，另一个是劳动力供给和需求上严重的地区和地方不一致。工党和保守党政府对这些问题的反应比较混乱。劳动力向往制造业中的传统学徒制，而撒切尔主义者则希望看到失业者转变成经济中日益扩大的服务业中的低工资的临时就业人员。事实上，最显著的发展是1983年在劳动力临时青年机会计划基础上实现的年轻人培训计划（YTS），该计划最初目的在于避免失业的年轻人在大街上游荡。除了继续这一作用之外，年轻人培训计划已经较为成功地让16、17岁的中学毕业生脱离劳动力市场。与资助其他只有很少或没有培训内容的计划一样，政府实际上接管了企业针对中学毕业生培训计划基金，同时也在开发年轻人培训计划中受训者的免费劳动力。到20世纪80年代中期，年轻人培训计划一年大概花费10亿英镑，这是撒切尔主义下唯一一个福利国家扩张的例子，为此许多撒切尔主义支持者在1981年纷纷走向街头表示反对。（Finn，1987：

尽管与年轻人培训计划相关的平等机会带有强烈的修辞
学味道，该计划在挑战劳动力市场中牢固存在的种族和性别分化上
还是明显失败了，其中相当重要的原因在于"雇主导向"，即使是人
力服务委员会（MSC）也并不意味着能够应对职业导向、学校教育和
工作场所中的种族和性别主义过程。（Wrench，1987；Cockburn，
1987）随着与重启计划相联系的就业培训（ET）计划在 1988 年发
起，私下由雇主和公众服务机构提供发起和资助培训的年轻人培训
计划概念扩展到了成人失业者身上。年轻人培训计划和就业培训计
划相当可观的成本促使政府启动将其私有化的进程，通过在 1989 年
建立地方培训和企业委员会（TECs）将成本和管理的负担卸给雇
主。在就业培训计划和培训与企业委员会上政府都遇到了来自雇主
和失业者的相当大的阻力。不过，到了 20 世纪 80 年代末期：

> 福利原则和给失业者提供不确定的救助直到其找到工作已
> 经不复存在了……取而代之的是工作福利制的引入，在这种制
> 度下所有失业者为了获得救助都被要求去工作或培训……主要
> 的批评将会继续关注为失业者提供的救助和收入的质量以及真
> 实工作的无效性。（Meacher，1989：153）

在没有改变英国劳动力市场政策"雇主导向"或者"市场导
向"传统的情况下，政府成功地大大强化了福利国家的劳动纪律
功能。

女性、劳动力市场与收入支持

表 A.12 和表 A.13 中记录了英国女性就业的稳步增长，显示出全 *157*
体劳动力中的女性比重从 1950 年的 30.7% 上升到 1987 年的 41.4%，
同时女性劳动力占劳动年龄女性人口的比重从 1950 年的 42.9% 上升到
1987 年的 62.6%。这些数字接近经合组织国家平均水平并且与美国
的情况类似，但相比之下德国出现了十分适度增长同时在瑞典出现
大规模的增长。与瑞典类似，又不同于美国和德国，英国的大部分
增长要归因于女性兼职就业的增长。英国女性就业的特点在于持续
高水平的由性别造成的职业隔离，这种隔离表现在垂直（女性相对

集中在一些收入和地位较低的职业上）和水平（女性集中在一些特定职业上）两方面。战后女性就业比例的大幅度提高归因于福利国家内部就业的扩张，特别是在教育、社会服务和医疗保健，但这离挑战就业中的性别分化更加遥远了，现有的状况实际上强化了就业中的性别分化。(Beechey and Perkins，1987：第3章）因此：

> 远离劳动力性别分化上的停滞状态，较高的女性就业率和新的工作结构中已经有相当程度的隔离再现……因为在已经女性化的职业中女性比例的快速增长，总体影响在于将职业中的女性的过度表现和表现不足保持在同等水平上。(Rubery，1988：256)

1970年同酬法的实施一开始，女性的工资得到了相当程度的提高，但从20世纪70年代末期以来就很少或没有进一步的提高。英国女性工资占男性工资的比重比大多数西欧国家要低很多，同时又要

明显好于美国。(Rubery，1988：表9.1）根据欧共体的数据，1988年英国女性在制造业中全职工作能拿到男性工资的68%，相比之下法国、意大利、丹麦和希腊的这一比例达到80%或更高。如表A.14所示，20世纪80年代英国女性失业率是战后经济繁荣时期失业率的6倍，两倍于男性失业率的增长。然而英国的反常支出在于英国女性中的失业水平持续低于男性中的失业水平，一般来说在经合组织国家和本书中研究的其他3个国家中情况正好相反。对这一现象没有作出简要的解释。从20世纪60年代初期开始男性占主导的制造业劳动力受到大裁员最为激烈的影响，同时服务行业的扩张特别为女性提供了更多的就业。"家庭工资"以及"女人的工资只能用做零花钱"观念的持续作用阻止了许多女性外出寻找工作。最终救助和就业服务的联动管理总是限制把女性登记为失业，失业男性的伴侣倾向于撤离劳动力市场以避免她们的收入导致失去救济金。

战后自由集体主义、巴茨克尔主义、托利主义和劳工主义都强烈持这样的传统观念，认为女性的角色应当是男性养家人供养的无薪家务劳动者。虽然遭到女性团体的反抗，但是战后工党政府依然遵照贝弗里奇在这方面的明确建议，因此社会保险和社会救助福利

制度强化了女性在经济上对男性的依赖。(Land，1971；Pascall，1986：第 7 章) 从 20 世纪 70 年代中期经济衰退以来，政府大臣们乘机努力恢复倾向家庭生活的理念，暗示母亲们不应该待在劳动力市场中。建立在有家眷的男性全职雇员模式基础上的男权主义设想依然主导着福利制度，因此这越来越与现实不一致，现实情况是在绝大多数家庭女性收入起到核心重要性，并且单身母亲的数量在不断增长，同时她们也不能从孩子父亲那里获得充分的生活费用。在过去 20 年间，女性运动在贫困游说运动和穷人运动中发挥了重要影响，成功地捍卫了支付给母亲们的儿童津贴同时清除了一些由社会福利制度造成的不平等待遇中的特别明显的部分。进一步实质性争取女性在经济上独立于男性，公正地认识女性的无薪照料工作以及铲除劳动力市场中结构分化的积极行动，这三方面的行动几乎没有进展。自从 20 世纪 70 年代中期经济衰退以来，特别是在撒切尔主义之下，总的来说，女性的福利损失要比男性大得多。福利收益和服务的削减、公共服务中日益恶化的报酬和工作条件、福利服务的私有化、无就业保护和社会保险的兼职和临时就业的增长、贫困和失业的增长，所有这些过程都对英国女性，特别是黑人妇女和工人阶级妇女分别造成了不同的负面影响。这是福利国家衰落和"企业经济"兴起的结果。虽然倾向于家庭生活的观念还没有被成功铲除，但同时女性的就业从 20 世纪 80 年代初期经济衰退以来实质上增长了，到了 20 世纪 90 年代女性就业增长得更快了。由政府政策造成的女性在劳动力市场中的劣势导致她们在一些特殊职业上对于雇主来说变成了一种具有吸引力的劳动供给资源……虽然不是必然安全和充分收入保证的工作，但这为女性找工作提供了相对优势。(Rubery and Tarling，1988：126) 日益增长的女性就业比重归因于兼职和临时工作以及家政工作，特别是在工人阶级妇女中更是如此。在经理和专业技术工作岗位上的女性更加倾向于实现有法定就业保护权和养老金、社会保险覆盖的全职就业。亚裔和黑人妇女（除了穆斯林）也比白人妇女更为倾向于全职就业，但是她们的收入和职业地位要比白人妇女低得多。(Breughel，1989；Cook and Watt，1987) 在劳动力市场中阶级和种族分化超越了性别分化。因此，整个战后阶段政府政策对女性就业和收入的影响是不一致的、间接的和矛盾

第五章 英国：自由集体主义福利国家

的，因为倾向于家庭生活的观念要持续面对雇主需要女性就业者、女性有工作意愿以及政党政治对女性平等就业的支持等现实。

种族不平等、种族主义与福利国家

这一部分讨论战后英国的社会政策和"种族"，主要关注黑人的情况，他们中的大部分是战后来自英国在加勒比地区、东非和印度次大陆的殖民地移民劳工的后代。英国还存在包括犹太人在内的许多其他少数族裔群体，他们的福利国家经历和黑人有许多相似之处，但是战后时期民主政治和移民政策的种族化将有色人种置于一种较少福利公民权的不同类别当中。

移民与移民政策

大部分加勒比黑人移民在 20 世纪 50 年代末和 60 年代初来到英国，但是战后时期亚裔移民的扩散更为均衡，并且在 60 年代末达到顶峰。一些移民工人是由私营和国营部门的雇主在前殖民地直接招募的。黑人移民被看做廉价的劳动力储备。比如，国民卫生服务自成立起就主要依靠移民工人和黑人移民。战后自由集体主义不仅仅涉及以福利国家为基础对阶级关系和公民权的民主重构，也带来了以英联邦为基础的殖民地关系的重构。随着英国给予印度独立权，1948 年的不列颠国籍法案明确了英联邦国家和英国殖民地的公民进入和定居英国的权利。从那以后政府在没有完全破坏英联邦公民权概念的前提下，逐渐发展出更为有效的措施控制黑人的入境和定居权。到了 20 世纪 50 年代初期，"工党和保守党政府将一系列隐蔽，甚至有些违法的限制黑人移民的管理措施制度化"（Solomos，1989：46）。20 世纪 50 年代可以看到黑人移民对福利国家影响的激烈的政策和公共辩论。事实上黑人没有权利接受提供公寓这样的福利服务，或者是受到与其他人不同的更差的种族化的待遇。主流观念认为黑人是主动地以个人身份来到英国的，因此没有必要为他们提供福利。没有意愿为黑人提供福利，同时当黑人使用福利服务时被当做小偷。（Williams，1989：180）在白人明显的种族压力的推动下，20 世纪 50 年代后期骚乱频发，20 世纪 60 年代末期的鲍威尔主义以

及在 20 世纪 70 年代末期国家前线党的兴起，从 1962 年起工党和保
守党政府实现了逐渐严格的移民和国际法律和管理，这些对来自前
殖民地的黑人产生了特定影响，并且给予移民官很大的灵活行事的
权力。在几乎数不清的方面立法及其执行的内容和影响都是种族主
义的。最引人注目的可能是 1971 年的移民法最终取消了持有工作签
证的英联邦国家黑人公民在英国定居的权利。1988 年移民法要求所
有希望接受来自海外的配偶或者是子女的在英国定居的英国人和英
联邦公民必须为他们提供担保并证明他们能够养活自己而不需要依
赖"公共基金"。在 1973 年和 1988 年之间这一约定只适用于那些
1973 年以后定居在英国的人。这些措施特别对黑人定居者和亚裔人
群产生了很大影响，导致家庭成员有时要分离多年。因此移民官员
需要对积极的担保人进行评估并参观他们的家，同时他们要调查亲
属关系的真实性来防止担保欺诈。种族主义的移民控制的合法性在
于那些希望来到英国的人大多来自于穷国，并且根据 1986 年的政府
政策声明的说法："考虑到住房、教育、社会服务当然还有就业，国
家不可能为所有来到英国的人提供这方面的支持，因此，为了能够
提供发展和维持良好的社区关系必须的条件，严密的移民控制是必
须的。"（转引自 Solomos，1989：60）

因此，与适应白人关注黑人的福利困境一样，在福利削减过程
中福利国家的压力都明显集中在政府身上。结果是越来越多来自黑
人和其他少数族裔社区的非法移民遭到驱逐。在律师和竞选团体的
支持下，个人和社团为反抗和挑战移民官员管理操作上的灵活性做
出了巨大贡献。

不光是警察和移民官员，还有雇主和福利机构协同通过针对黑
人的护照和身份证检查来强制执行移民法。（Gordon，1985）这"已
经导致许多黑人产生恐惧，他们因为害怕他们的身份和合法性被看
做有问题的而不敢申请他们合法应得的福利或服务"（Gordon，
1985：94）。通过关注于上文提到的"求助于公共基金"的规定，移
民法剥夺了越来越多黑人的福利公民权。这为环绕福利国家的政治
氛围做出了贡献，在这一政治氛围中，针对黑人福利需求的合法要
求被看做是不可信的。因此，地方教育当局、房屋部门、福利机构
和医院等机构越来越倾向于将黑人的合法要求和需要看做是不重要

的，特别是在福利支出被削减的情况下更是如此。因此，在20世纪
80年代末期，许多伦敦东区的孟加拉人发现，当他们无家可归时并
且无力让他们的孩子上学时，即使实质上来说他们的移民身份是合
法的，背后有法院支持的地方政府也没能帮助他们。与本书中其他
三个福利国家一样，种族主义移民政策的方方面面已经深深渗入到
了英国福利资格的日常操作中去了。

黑人在英国福利国家中的位置

到了20世纪80年代末期有超过40%的英国黑人出生在英国，
并且超过三分之二拥有英国国籍。英国福利国家中绝大部分黑人的
正式处境要比德国从前外籍劳工的处境安全得多。到了20世纪80年
代末期，加勒比和非洲裔黑人总数达到大约625 000，亚裔人口达到
大约125万人，使得黑人人口占到了英国人口的3.5%。很难判断福
利国家在基础福利中多大程度上缓解了种族不平等来应对上文讨论
过的消极力量。明确的是，在20世纪70年代和80年代黑人在维护
其福利国家中的权利特别是在住房和教育领域的权利上呼喊声越来
越大并且在政治上更好地组织起来。如果福利国家中包括反歧视的
立法不存在或者被严重削减，这将会和对女性和穷人的影响一样对
黑人产生不同的负面影响。事实上从20世纪70年代中期以来福利国
家的削减、失业和贫困的迅速增长以及日益扩大的收入不平等对黑
人社团产生了不同的影响。差不多就在这个时候，黑人政治家开始
抨击地方政府，同时黑人专业人士开始从内部影响福利国家，平等
机会和少数族裔政策开始被一些雇主和福利机构采纳，也就是在20
世纪70年代中期自由集体主义开始发生转变并且新正统观念认为福
利国家已经承担了过多的义务。换句话说，随着黑人的福利要求被
越来越有效地体现，同时，福利国家削减的动力也越来越大，这一
情况与美国类似。举一个例子，当黑人开始实现享受由公共基金资
助的、低房租住房权利时，政府大幅度削减公共住房建设计划并且
对购买公房的老租户提供津贴。这进一步强化了由30年的制度化种
族主义分配政策制造的不平等。(Ginsburg，1989) 从1981年到1985
年之间的城市造反运动的影响到日常游说、自发组织和政治代表机
构范围内，黑人社团在捍卫福利国家上扮演着核心角色。比如，黑

人群体已经在为住宅协会争取公共基金从而提供低房租住房上取得了一些成功。

种族不平等最重要的方面体现在劳动力市场上。黑人就业者比白人就业者更多地倾向于从事地位低的、收入低的职业，同时也更加容易失业。在从 20 世纪 60 年代中期到 80 年代初期这一阶段，"有证据表明在行业或者职业集中程度、工作水平、收入或工作模式上黑人和白人就业者在劳动力市场上的情况没有相似之处……同时黑人就业者和白人就业者在失业上的差距明显扩大了"（Jenkins，1988：315）。20 世纪 70 年代中期和 80 年代初的经济衰退不同程度地增加了黑人的失业，因为黑人就业者"不成比例地更倾向于在一些行业（比如制造业和医疗服务）、职业（男性的体力和半体力工作）和地区（城市中心区和北部及中西部产业衰落地区）就业，而这些行业、职业和地区特别容易受到失业的影响"（Jenkins，1988：315）。

这些因素可以被描述成对就业有结构性的种族主义影响。另 *162* 外，有充分证据证明英国劳动力市场上存在制度化的种族主义和明显的种族歧视。（Ohri and Faruki，1988；Jenkins，1988）整个 20 世纪 80 年代，少数族裔的失业率依然大约是白人失业率的两倍，也如表 5.5 所示，失业者中加勒比黑人、巴基斯坦和孟加拉裔男性特别多，同时也包括所有青年黑人。

表 5.5　1985—1987[*] 年英国少数族裔中 16 岁以上
经济活动男女人口的失业比重

	白人	所有少数族裔	加勒比黑人	印度人	巴基斯坦人或孟加拉人
男性	11	20	24	15	29
女性	10	18	18	18	– [**]

[*] 为了降低抽样误差和年与年之间的表面波动最小化，数字取值于三年调查的平均值（OPCS，1989：30）
[**] 有关巴基斯坦和孟加拉经济活动女性人口的数字在统计上不明确。
来源：人口普查办公室，1989。

对就业和福利上的种族主义和种族不平等的政策分析自然关注政府的反歧视措施。然而对种族主义和种族不平等最显著的挑战采取抗议和活动的形式，这些抗议和活动是由个人、志愿团体和组织

178   以及非正式的工会、专业人士社团和其他在邻里社区、工作场所等
        地方采取行动的其他非正式社团发起的。虽然这些抗争活动通常为
        抗争提供了重要的背景和平台，但正式政策往往紧随着这些抗争活
        动而来。因此，每年数以百计的就业者在行业和就业上诉法庭中赢
        得声称被雇主种族歧视的案件。本－图卫姆等人（1986：173）记载
        了在住房、教育和社会服务领域地方志愿组织是如何成为重要的集
        体路径的，通过这些路径争取种族平等的地方斗争得以实现。在正

163   式法律上，政策的首要工具是 1976 年的种族关系法，该法案是福利
        国家危机之前的 1974 年至 1979 年工党政府在其比较激进的执政早期
        的产物。该法案的通过反映了对黑人青年人的隔离现象的担心，同
        时关注于改变人们对种族主义移民政策的批评以及对工党黑人选民
        的要求作出行动反应的需要。虽然没有该法案情况可能会变得更糟
        糕，但是人们普遍认为 1976 年种族关系法在降低结果种族不平等上
        只起到了很小的作用。一些保守党人以此为借口建议废止该法案，
        但是大多数反种族主义者和平等机会鼓吹者都认为以美国模式加强
        立法将会为挑战现状提供象征意义和实践上的平台。1976 年法案不
        仅将直接种族歧视也将间接种族歧视看做是非法的，间接种族歧视
        即形式上的平等操作产生了歧视性结果。然而：

164   从表面形式来看，该法案是对制度化歧视观念的某种狭隘
            而笨拙的表述。正如该法案要求法院找到更多的更大范围内社
            会关系的"社会事实"……这一行动有悖于英国法庭根据已有
            事实判断的现实，也使得法庭深感不习惯。（Lustgarten，1987：
            17 - 18）

        在现有法律之下挑战最明显的直接和制度化种族歧视之外的所
        有种族歧视是不可能的。然而 1976 年法案第一次授权个人可以将直
        接性种族歧视的案子递交到县法院和就业法庭上去。这一权利主要
        被运用在就业案件当中，但是由于法庭缺乏有力可用的制裁措施，
        因此这一法律的效力被严重限制了。法定的罚款和赔偿金水平都不
        高。在 1989 年有 115 位成功的个人申诉者得到了英国种族平等委员
        会（CRE）的支持并且平均得到了 1 527 英镑的赔偿金（CRE，

1990：110），但这对大多数雇主来说并没有什么威摄力。除了帮助申诉者之外，在 1976 年法案中，英国种族平等委员会还是具有有限权力的法定看守人，主要在教育、住房和就业领域为组织发展自愿行为准则以及对那些被怀疑存在直接或间接种族歧视的组织进行"正式调查"。英国种族平等委员会在这些方面的行动对福利国家的机构，特别是地方当局的住房和教育部门产生了一些积极影响，但是对私人福利机构和私人雇主的影响还是非常有限的。最终，1976 年立法要求地方当局"提高机会平等性"，结果是他们宣称自己是平等机会雇用者，这一做法在 20 世纪 80 年代为其他大雇主所模仿。但是至少在短期内，"似乎在成熟且完善的平等机会政策的控制和就业结果的积极变化之间只有很少或是没有联系"（Gibbon，1990：19）。地方政府的支持行为和遵守合同的措施比较少见，并且通常遭到中央政府和法院的不满。虽然现有英国的反种族歧视政策明显不充分，但是这些措施相对而言要比包括瑞典和德国在内的欧洲其他国家的政策要进步和明确得多。

在撒切尔政府下，除了日益从紧的移民规则之外在种族关系政 164
策上几乎没有明显的变化。英国种族平等委员会和其他公共组织的现有反歧视政策"都是在如果不是说敌对那么也至少是在负面的环境和空间中运行的"（Solomos，1987：48）。然而对于政府来说，废除种族关系法实在是太明显了，太容易引起争议了以至于不能这么打算。由英国种族平等委员会、反对党和许多其他机构建议的积极的法律改革与撒切尔主义的自由市场、个人主义立场相违背。目前的情况是在某种程度上陷入了僵局，也就是说政府政策的结构性影响和劳动力市场倾向于加剧种族不平等的共存，同时个人反抗及其成功、地方斗争及其发起者以及产业中的种族关系状况改善并存。

女性与家庭政策

家庭意识形态与政策

联系到资本主义福利国家发展背后的组织原则，家庭和国家的观念是根本性的，这一点在瑞典和德国尤为明显，在这两个国家提

180 高家庭和国家观念中的社会福利干预理念有着悠久的和不同的历史。正如威廉姆斯（1989）所示，在英国和美国，他们在政策改革中的角色不是那么明显，但是他们在形成社会政策的理念背景上仍然扮演着核心角色，在英国尤其如此。与美国一样，英国并不承诺实施干预主义"家庭政策"，虽然英国政治家在表达他们对"家庭价值"的支持时感到为难。自由集体主义、战后社会民主主义和撒切尔主义都回避家庭政策与自由个人主义，尽可能扩张福利国家的边界之间是对立的这一观点。然而不可避免的是，几乎社会政策的每个方面都带有以上观点的味道，并且强化了对于家庭结构和责任以及家庭中的性别角色的传统看法。因此，英国家庭政策的理念包括一些原则，有时候被贴上笨拙的"家庭主义"标签，这与美国主流的意识形态非常接近，并且在一定程度上与德国接近。首先，"家庭"的神圣和隐私总是被看做与家庭的物质福利支持要求相对立的。个人的隐私和自由通常等同于家庭的隐私和自由，这里的"个人"被看做父亲。从女性、孩子和其他依附者的视角看来，他们的个人自由和隐私决不是靠家庭隐私来保障的，这与许多案例中的情

165 况很不一样。（Barrett and McIntosh，1982：第 2 章）

其次，英国家庭政策的第二个原则是支持异性恋婚姻双亲家庭模式。其他"家庭"结构——同居、单身家庭、"残缺"家庭和男女同性恋家庭，都是缺少合法性的家庭形式。在住家、日常看护中心、托儿所或者残障人士的独立生活与被照看的两者择一模式被当做"次优"的替代品，因为"残障人并不完全享有'家庭隐私'，当他们寻求帮助或是被看做需要帮助的时候就放弃了这一权利"（New and David，1985：77）。再次，家庭和社区照顾政策强化了家庭内部的劳动力性别分化，其中女性的首要角色是儿童、老年亲人和其他不能生活自理的家庭成员的非正式的无报酬的照料者。

最后，与许多其他福利国家一样，英国具有较悠久的优生学、新马尔萨斯传统。战后这一传统继续得以延续，同时它还建议社会政策应该鼓励中产阶级白人已婚夫妇生育更多的孩子，劳工阶级夫妇，特别是其中的穷人和少数族裔人群要限制其家庭规模。"官方政策假定'好的养育子女技巧'只存在于完整的白人中产阶级双亲家庭之中"依然是真实。（New and David，1985：79）在整个 20 世

福利分化

纪 70 年代和 80 年代所有这些假定遭到了日益增长的来自女性主义者、男同性恋者、女同性恋者、反种族主义者和许多其他人的挑战。虽然美国的新右派在一些议题上发生了剧烈的分化，但同时撒切尔主义者特别寻求支持一般性原则。女性就业的增长，日益增加的在家照顾老人的负担，越来越高的离婚率和越来越多的单身母亲家庭，这样的家庭结构的变化以及家庭中针对女性和儿童的日益明显的暴力都直接破坏了家庭政策的一般性原则。因此围绕着家庭政策的不同方面产生一系列斗争、道德恐慌和政策辩论。

一般性的支付给所有母亲的儿童津贴成为英国家庭政策的标志性内容。和许多其他西方国家一样，儿童津贴首先是由妇女在 20 世纪初期作为一种对母性的捐助和加强帝国国家力量的提高生育率措施而提出来的。这项运动持续了近半个世纪，直到 1946 年推出"家庭津贴"为止。（Macnicol，1980）家庭津贴实施过程中凯恩斯和贝弗里奇的明确支持起到了重要作用，因为凯恩斯看到了家庭津贴在产生进一步的经济消费需求和确保战后经济增长上起到的乘数促进效果上的重要性。（Land，1975）在第一个 10 年中，家庭津贴与平均收入保持同步，但是从那之后其实际价值持续下降直到被停止。贫困游说运动和妇女运动都强烈支持儿童津贴，因为这是普遍发放的，并且直接支付给母亲的。这两项运动日益增长的力量构成了 20 世纪 70 年代改革的压力，但是仍然有人游说废止家庭津贴转向美国 模式，提高针对儿童的收入税津贴。经过妇女组织和反贫困群体的激烈斗争（Field，1982），工党政府同意逐步推出儿童税收津贴并且将其纳入到新的儿童津贴当中。在撒切尔政府时期，人们通过一场持续性运动来维持儿童津贴的水平，儿童津贴没有与通货膨胀同步并且在 1987 年到 1991 年之间被冻结了。1991 年 4 月儿童津贴提高到与过去 12 个月物价通货膨胀相一致的水平，这表明后撒切尔时代保守党政府向自由集体主义特征的一种回归。1989 年英国儿童津贴的水平在欧共体国家中居于中等水平，既不是特别慷慨也不是很小气。（Brown，1990：27）保守党似乎在这个议题上陷入了巨大的混乱，很多人与反对党站到一起继续支持与物价挂钩的儿童津贴。儿童津贴的衰退以及儿童津贴的废止或改革造成的困境是英国政府在家庭政策上犹豫不决的典型符号，这就和早期工党政府探索建立家庭津贴、废止儿童税收津贴一样。这一方面反映了妇女和穷人的运动而另一方面则是普通男权主义原则的支持者之间的斗争。

单身母亲

167　　英国单亲家庭占所有抚养孩子家庭的比重从 1971 年的 8% 增长到了 1987 年的 14%，与瑞典和美国相比不算高，但是明显要高于德国和其他大多数欧洲国家（表 A.16）。这反映了离婚和未婚妈妈人数的增长。和其他地方一样，单亲家长大部分是女性，今天绝大部分是离婚女性。从历史上来看，单身母亲的待遇根据其处境会有很大的变动，寡妇通常能够享受到相对应得的待遇，而未婚母亲则被看做不是那么应该得到相应待遇的并且通常会被惩罚对待。这种处境上的不同在战后时期随着离婚的增长被明显模糊掉了，同时人们对未婚母亲的态度也慢慢改变。女性运动和贫困游说运动在减少单身母亲的污名上扮演着核心角色，同时国家单亲家庭委员会也是贫困游说运动的重要组成部分。"单亲家庭"和"单身母亲"这两个一般词汇在过去 20 年间变得广为使用。在政策领域，这最明显地反映在政府关于单亲家庭的委托报告当中（Finer，1974），这一报告提出为单亲家长提供家计调查为基础的保证维持生活的津贴。家计调查为基础在贫困游说运动和妇女运动中遭到了多数人的批评，该建议没有得到实施。作为一种适当的替代品，工党政府在 1975 年为单亲家长除了社会救助之外设置了更高水平的儿童津贴和收入。根据当时负责社会保障的国务秘书的说法，这已经是为单亲家长所能做的最多内容了。（转引自 Millar，1989a：28）

　　战后时期单亲家庭的贫困发生率（建立在与社会救助水平相关的净收入基础上）在双亲家庭贫困发生率水平的 3 倍到 6 倍之间徘徊。（Millar，1989a：表 2.1）1981 年有 55% 单亲家庭的净收入低于社会救助收入水平的 140%。单亲家庭净收入占到双亲家庭净收入的比重比瑞典要低得多，但要比美国高得多，基本与德国的水平持平（表 A.18）。英国的单身母亲总是十分明显地依赖于社会救助和儿童津贴作为其收入来源，但是这种依赖在过去 20 年间增长了。在 1978 到 1979 年米勒（1989a：114）发现在一年中的某些时间只有 17% 的单身母亲不申请社会救助。来自于社会保障官员要求单身母亲寻

找工作或是从孩子父亲那里获得生活费的压力在 20 世纪 70 年代和

80 年代减少了不少，这可能是因为范纳乌托邦式观点的影响，他认为"母亲，特别是当他们的孩子还非常小的时候不应该感受到任何来自工作的压力"(Finer, 1974：279)。在 1981 年和 1988 年之间，寻找"缺席的父亲"的社会保障工作人员的数量削减了三分之一，另外接受社会救助的同时又能得到生活费的单亲家长的比重从 50% 下跌到 23%。(DSS, 1990) 在 20 世纪 60 年代单身母亲比已婚母亲更容易找到工作，但从 70 年代早期开始这种情况就少见了。在这方面，英国与本研究中的其他国家很不一样，在英国单身母亲往往比已婚母亲更倾向于工作（表 A. 17）。这种结果可能通过英国相对较少压力的福利制度、贫困陷阱、适用于女性的就业机会和培训的低质量来解释。(NCOPF, 1990)

　　1982 年到 1983 年一个秘密内阁委员会研究了以下问题，即是 *168* 否"现有支持单亲家长的政策打破了确保对儿童充分的支持避免其陷入贫困和鼓励父母负责任的自立行为之间的充分平衡"(*The Guardian*, February 17ᵗʰ 1983)。政府正在考虑是否要朝着后面那个方向改变所谓的平衡，比如通过废除倾向于更好的福利变革，同时像美国的工作福利制度那样对单身母亲施加压力促使其寻找工作。这些特别建议最终失败了，并且在秘密会议后被泄漏给媒体，引起了女性和穷人组织的激烈反抗。1990 年，政府再一次讨论单身母亲问题，并且提出建议法庭直接从"缺席父亲"的收入中扣除孩子的生活费。这一建议无助于提高单身母亲的收入，但是如果成功的话，将会把一部分生活费成本从国家转移到父亲们身上。撒切尔政府对单身母亲问题的反应是混乱的，但是单身母亲确实分别遭受来自贫困和收入不平等的增长、失业增长和福利国家衰落带来的痛苦。虽然没有取得多少明显成功，但是也不能很肯定的说这就限制了单身母亲的母性。混乱之处在于以下两方面的矛盾：一方面希望支持那些母亲们待在家中照看孩子的家庭，另一方面又希望通过鼓励单身母亲通过就业或是从孩子父亲那里获得生活费实现自立，进而减少单身母亲对社会保障制度的依赖。

　　堕胎

　　在英国和美国一样，"堕胎成为我们这个时代女性主义的中心话

题"(Simms，1985：78)，因此堕胎政策上的冲突十分敏锐地展现了
自由集体主义家庭政策的特征。中心内容在于 1967 年堕胎法案，该
法案将最长 28 周孕期的堕胎合法化，只要有两个医生确信继续妊
娠"可能会导致孕妇的生命陷入风险，或者是对孕妇或是家中孩子
的身体或精神健康造成伤害，如果妊娠不终止的话，这种风险会大
得多"。事实上，因为继续妊娠在统计学上意味着更大的健康风险，
这给了医生很大的决定权。因为遭到宗教传统的反对，1967 年法案
在北爱尔兰没有得到执行。英国是在战后最早解禁堕胎政策的国家
之一，但是与瑞典和美国不同的是，女性无权根据需要堕胎，甚至
是在怀孕早期。从 1974 年以来在一些方面英国的堕胎政策和实施与
德国的情况比较类似，在德国相关顾问有权决定是否堕胎。大量间
接因素解释着 1967 年法案的渊源，比如萨立多胺惨案、更为自由的
道德氛围、贫困的卷土重来和堕胎法改革协会（ALRA）有效的压力
群体政治。在这后面是女性在工会运动和政治政党上影响力的不断
增长。在一定程度上，围绕着堕胎问题，阶级政治和女性主义政治
正在发生融合。整个 20 世纪 60 年代女性在获得安全堕胎上的阶级不
平等是一种为人所不能接受的不公平。许多富裕女性能够得到安全
私密和不受法律限制的堕胎服务，不论其合法与否。工人阶级女性
则要面临黑诊所堕胎手术带来的风险，或者是不想要的妊娠。

1966 年提交给议会的最初的妊娠医学终止法案试图将可接受堕
胎的社会背景详细化，比如当"孕妇作为一个母亲的能力将会因为
照看孩子而严重透支"，或者是当"孕妇有缺陷或者是在 16 岁以下
就怀孕，因为被强奸而怀孕"（转引自 Greenwood and Young，1976：
25）。因为医疗行业认为这些条款干预了他们的临床判断，所以这些
条款被废止了，但是关于这些条款的辩论反映了不支持即时堕胎的
焦虑。堕胎法改革委员会和国会担心合法堕胎对"边缘女性"和避
孕失败的"正常女性"的可及性。然而，即时堕胎可能会促使一般
女性忽略避孕和拒绝母性和"家庭生活"。因此，国会和政府坚定反
对女性主义者将即时堕胎作为家庭政策一部分的要求。"自由共识"
将家庭政策这方面的实施推卸给了医生，因为虽然他们在社会工作
或是堕胎建议方面没有接受过任何培训，但是"医生知道一切"。国
家比相信女性更加相信医生。对于即时堕胎的一致性反对方面最明

> 希望医生不是根据他们的判断而是奉命进行手术是与良好
> 的医疗实践相悖的……一些女性发现自己作出决定的负担是如
> 此无助和沉重……她们将容易受到来自父母、丈夫或是男朋友
> 压力的伤害。允许即时堕胎的另一不利之处在于有时候可能会
> 助长忽视避孕警惕。进一步说，已经很高的堕胎数肯定会进一
> 步扩大并且我们认为许多产科医生和妇科医生可能不愿意在这
> 一制度下开展手术。（Lane，1974：65）

德国制度中将决定权留给相关顾问的做法因为干预临床决定的 *170*
判断而被兰尼否决了。因此，兰尼报告建议，在毫无证据的情况
下，医生可以拒绝实施即时堕胎同时女性（不管是否已经得到了建
议支持）不能自己决定堕胎。该报告继续批评医生和其他人，他们
将堕胎法理解为"母亲自身不良的环境状况足以证明堕胎的正当
性……仅仅因为可能会导致困难不足以证明堕胎的正当性"（Lane，
1974：69 - 70）。这里该报告不是用更为专断的口吻，而是暗示允许
一般女性很容易进行堕胎的话可能会破坏家庭价值。正如萨维奇和
范金（1989：1323）的研究所示，尽管国家反对即时堕胎，但到了
20 世纪 80 年代后期，即时堕胎得到了 79% 的一般公众和 73% 的妇
科医生的支持。

1967 年堕胎法取缔了地下诊所中的堕胎服务。英国女性的年堕
胎人数从 1971 年的 101 000 人逐步增长到了 1988 年的 180 000 人，
这部分是因为育龄期妇女人数的增加，但另外也反映了女性态度的
转变和她们对药物健康风险的关注。堕胎法案通过之后，堕胎服务
需求并没有带来由国民卫生服务（NHS）提供的资源和服务的增长。
总的来说，无论是卫生部、卫生行政部门还是资深医生都不认为应
当优先满足寻求堕胎服务女性的需要，堕胎服务多少有点困难地被
整合进产科和妇科服务中。卫生部和卫生行政部门感受到很少来自
赞成堕胎合法化的压力，并且惧怕反堕胎游说运动，而许多医生将
堕胎看做例行的地位低下的不值得去做的工作。（Paintin，1984：
18）因此，大部分堕胎手术是在私人诊所完成的，在特许的慈善诊

186 所或是营利性诊所中堕胎手术不会耽搁，因此比国民卫生服务要安全得多。女性在国民卫生服务中进行堕胎手术要面临许多障碍，特别是毫无同情心的医生和管理上的拖延。1984年皇家妇产学院发现在国民卫生服务提供的堕胎服务中的许多环节存在可以避免的拖沓。(Francome，1986：54) 国民卫生服务中堕胎服务的不足最形象地反映了公立和私营卫生服务供给的巨大差异，后者可能成为堕胎服务的主要供给者而国民卫生服务提供的服务要少得多。1983年，国民卫生服务在北部地区实施了87%的堕胎手术，但在中西部地区只有21%。从卫生行政区域来看，国民卫生服务实施堕胎手术最高的地方是盖茨黑德，为93%；而杜斯伯里只有4%。堕胎法具有讽刺意味的结果是受过更多教育和更多中产阶级妇女能够更容易地越过管理上和经济上的障碍。那些不那么富裕和更加"边缘化"的妇女成为立法者的政策目标，她们被看做更可能在国民卫生服务中接受堕胎服务的，但她们仍然在遭受拖沓和由此造成的高风险之苦。范金 (1986：56) 得出结论说"在美国进行堕胎要容易得多并且堕胎女性的平均年龄更低"。瑞典的情况和美国类似，但德国的情况似乎更接近于英国。

171 在英国已经有两个小孩的女性，在国民卫生服务堕胎手术中同时进行绝育手术的比重是22%，相比之下与非国民卫生服务堕胎手术同时进行绝育手术的比重只有6%。(WRRC，no date：5) 从国际标准来看，甚至和美国相比来说都是一个相当高的水平。严重值得怀疑的是与堕胎同时进行的绝育手术分别是在黑人妇女和穷人妇女身上做的。明显具有危险性副作用的得普乐长效避孕针在英国分别被当做处方开给亚裔妇女，这成为一项长期运动的主题。对于黑人妇女以及白人工人阶级妇女来说，生育控制和妇科服务的种族主义和优生学导向激起了其为争取生育权而进行持续斗争。(Bryan et al.，1985：100 – 107)

在英国，20世纪70年代和80年代堕胎问题从来都是媒体报道的重要议题，同时"生命权"和反堕胎运动积极分子开始谋求修改或是废止1967年堕胎法。为此，国会考虑了许多法案，但是所有法案都被妇女运动否决掉了，在工会运动和医疗行业大多数人的支持下，妇女运动捍卫了堕胎法。在20世纪80年代后期，反堕胎运动集中精力试图将堕胎的合法时限从 28 周下降到 22 周、18 周甚至更少的周数。为了应对这些压力对 1967 年堕胎法最大的修改发生在 1990 年，当时堕胎的合法时限下降到了 24 周。然而，同时国会下院投票支持对于避免对孕妇的身体或精神健康产生严重的持续性伤害的堕胎，或是如果小孩生下来的话会存在很大的风险，小孩也会受到严重障碍遭受身体或精神畸形的痛苦，诸如以上情况的堕胎不受怀孕时间的限制。以前遇到这两种情况堕胎时限也是 28 周。1988 年只有 22 例堕胎在 24 周之后实施，18 例是因为胎儿畸形，4 例是因为孕妇的生命面临危险，法律的宽大化只是意味着对现有情况的合法化说明。(*The Guardian*，April 24th 1990：6) 捍卫和扩大堕胎权和生育权的斗争将会持续多年。

日托与产假

战后自由集体主义和家庭中性别角色的男权主义传统观念的隐
秘结合十分清晰地展现在 5 岁以下儿童的看护政策上。第二次世界大战期间，在工业发达地区建立了 1 600 家地方政府日间托儿所来鼓励女性到工厂就业以实现战争目的。在 20 世纪 40 年代后期教育家和女性工会成员乘着鼓励提高人口出生率的"婴儿潮"氛围和不曾预料到的女性劳动力的持续增长，努力将托儿所纳入到福利国家中。(Riley，1981) 到了 20 世纪 50 年代初期，随着鼓励提高人口出生率主义的衰落和女性注重家庭生活的观念获得优势，只有几百所地方政府托儿所生存了下来。卫生部的政策出现在战后特殊时期发行的被广为引用的通告中，最终取得优势地位并从那时起依然作为政府政策的基础，并在实际操作上已经延伸到 4 岁以下的孩子。内阁接受：

> 医学和其他权威的观点，从孩子的健康和发展的利益以及母亲的福利来看，2 岁以下孩子最合适的地方是在家和妈妈待在一起……追求的正确政策应当是积极劝阻 2 岁以下儿童的母亲们出去工作，为 2 岁到 5 岁的儿童提供托儿学校和班级，以日间托儿所为补充来满足一些儿童的特别要求，这些孩子的母亲受个人条件限制而外出工作，或是他们的家庭环境从健康的角度来看不尽令人满意，或者是因为一些原因不能承担完全照顾

孩子。(Ministry of Health，Circular 221/45)

这一政策在 1968 年得到更多报告的支持，还得到了 1974 年单亲家庭的费列报告的支持、学前教育的卜劳顿报告书（1967）和撒切尔夫人的教育政策白皮书的支持（DES，1972）。在 20 世纪 70 年代和 80 年代，政策在巨大压力下得以实现，包括越来越多的外出就业的母亲需要日托，教育发展专家提出孩子有质量的日托的长远好处，并且进一步明确提供日托在实现平等就业机会上明确的政策意义。20 世纪 70 年代末期的某一时刻，这些压力聚集得如此强大以至于流行儿童看护指南方面的一个有名作者被感动地认为官方政策已经改变为完全赞同日间托儿所，这令她感到遗憾。（Leach，1979）事实上，从 1976 年之后工党政府一方面对福利国家增长进行了严格的限制，另一方面同时重申在观念上支持将临时保姆看做一种低成本的家庭化的日托形式（DHSS，1976）；在以上背景之下，工党政府对施加在其身上的压力无动于衷。在撒切尔政府时期同样的压力继续增长，除此之外，预计在 20 世纪 90 年代随着持续增长的技术工人短缺，雇主已经认识到提供日托以确保技术女性就业者工作的必要性。1990 年 5 月，作为对所有这些要求日托压力的明确反应，撒切尔夫人本人"不再考虑对国家儿童看护政策的需要，她认为这一政策需求将会导致整代待在托儿所中的孩子……无法理解家庭的温
173 馨"（*The Guardian*，May 18th 1990：2）。内阁的表态更加不承担责任，只是强调"除了那些有特殊需要的地方，日托将继续成为父母和私人以及志愿资源之间私人约定的首要问题"（转引自 Moss，1991：133）。1982 年政府推出工厂托儿所税收作为一种"公司福利"，但是在 1990 年预算中因为对日托游说运动的少量让步，这一计划被废止了。当时的财政大臣约翰·梅杰辩解说"并不是说政府鼓励或限制有小孩的女性外出工作"。最近保守党政府虽然已经在私下认识到被压抑的日托需求，但仍然牢牢地维持地方和中央政府不采取措施满足日托需求这样的现状。

这种"不动手"日托政策的结果是公共、私人和志愿组织日托供给的奇特混合以及用质量和成本变动非常大的非正式安排来满足日益增长的需求（表 5.6）。公立学校满足大约 3 岁半和 4 岁儿童的

日托需求，大约一半的学校是全托的。20 世纪 70 年代随着撒切尔夫人教育政策白皮书而来的是非全日制的托儿所迅速扩大（DES，1972），但是在国立学校中 5 岁以下儿童绝大部分是在学前班中 4 岁大的孩子，这些学前班有些时候不适合更小孩子的需要。1980 年教育法撤销了地方教育当局考虑托儿所教育需求的义务，并且从那时起专业的托儿所学校教育开始慢慢衰落。与白皮书的条款相一致的是学校教育并不鼓励母亲们走向就业，因为学校假期和在校天数的缩短，对于父母们来说学校教育是一种令人不满意的日托形式，这也意味着更多地和专职保姆、托儿所及非正规看护打交道。

表 5.6 英国 5 岁以下儿童非父母日托的供给，1985 年

供给类型	供给有效的 0 岁至 4 岁儿童的百分比
国立学校	17.6
私立学校	1.0
地方政府办的日间托儿所	0.9
私人或志愿日间托儿所	0.8
注册保育员	4.0
非注册保育员	0.7
保姆、"互神"姑娘及其他	0.8
合计	25.8

来源：Cohen，1988：表 5.1。

地方政府的日间托儿所提供全托场所，为了完全满足孩子们，*174* 那些照看他们的社会服务部门可能会导致他们陷入危险之中。托儿所工人的收入、工作条件和地位比托儿所教师普遍要低。作为对日益增长的公众对儿童虐待关注的回应，地方政府日间托儿所的数量在 20 世纪 70 年代出明显增加了，但从那时起数量上陷入停顿状态。较少存在整合或组合的日间托儿所和幼儿园。由于缺少中央政府的指导，地方政府的幼儿园和日间托儿所看护提供上存在巨大的地方差异性，这当然反映了不同的地方政治而不是实际的地方需要。许多农村和郊区地方政府只有较少针对 5 岁以下儿童的学校和日间托儿所，而市中心地方政府倾向于提供更多的儿童日托服务。（TC-RU，1990：4，6）私人和义务性托儿所一般都建在工作场所，特别是在国营部门。女性群体和黑人群体建立了为数不少的社区托儿所，进而能够提供更具参与性、反种族主义和反性别主义的儿童看

护。在20世纪80年代末期,私营部门的公司为了留住和使技术女雇员安心工作开始对提供托儿所产生兴趣,最明显的是米兰银行在1989年开设了36家托儿所。然而虽然有政府的鼓励,但英国工业联盟确信绝大部分雇主不可能以米兰银行这种方式对儿童日托作出反应。(Brindle, 1990: 4)临时保姆看护是目前针对3岁以下儿童最为普遍的家庭外看护模式,因为需要在过去20年间临时保姆看护的数量增加了1倍。对于工人阶级女性来说,做临时保姆已经成为在非正规经济中一项十分重要的低收入就业资源。和瑞典一样,英国在关于相比较与托儿所临时保姆看护的质量和满意度上存在诸多不同的观点。(Moss, 1987)临时保姆一般很少得到或得不到社会公益部门的支持。利奇(1979)强烈主张,政府支持将临时保姆看护作为仅次于全职母亲看护第二优的儿童看护方式。虽然地方政府支持临时托儿站按例应该作为日托服务的一种形式,但由于临时托儿站一周只运行几个半天并且通常是由家庭主妇和临时保姆开设的,在这里他们不能被看做一种日托服务。然而如表5.7所示还是有一些母亲在工作时候将孩子放在临时托儿站。有关使用保姆、"互稗"姑娘和"母亲们的帮手"的信息很少见,但是可以看到的是近年来越来越多的中产阶级父母能够雇用保姆。如表5.7所示,在职母亲们为学龄前儿童的看护所作的安排大部分是非正式的。和西方许多其他国家一样,父母们必须在他们的工作和小孩看护之间取得最佳平衡,通常要付出很大代价和面临巨大压力。女性大部分依赖丈夫、祖母和其他亲戚,并且女性如果没有这些支持的话将会遭受很大的痛苦。

表5.7 英国就业女性对其学龄前儿童看护的安排,1980年

安排类型	全职就业者(%)	兼职就业者(%)	所有职业女性(%)
丈夫	13	50	47
祖母	44	24	34
其他亲戚	8	13	13
保育员或朋友	26	14	19
日间托儿所	9	4	4
幼儿园	5	4	4
临时托儿站	3	3	3
保姆	6	2	4

来源:马丁和罗伯特,1984;表4.10。

福利分化

在有效信息的基础上，很难得出在获取和使用日托服务上的阶级和种族分层的确切结论。很明显保姆和私人学校只是对极少数富人来说是可行的。然而似乎工人阶级中学龄前儿童的母亲们更倾向于要么完全离开原来的就业岗位，要么只做兼职工作同时依赖廉价的非正式看护服务。英国家中有 5 岁以下儿童母亲的就业率要低于包括德国在内的本书中研究的其他国家（表 A.15），德国总的女性就业率本身就比较低。日托供给的不足和高成本在英国对于工人阶级母亲们重返职场来说是一个主要障碍。中产阶级和从事专业人士、职业经理的母亲们依靠她们所能想出来的任何昂贵的临时保姆看护、保姆看护和托儿所等儿童看护服务的组合，能够更容易回到全职岗位上。这种阶级差异性与美国和德国的情况很相似，同时瑞典的情况要好一些。对于工人阶级女性来说，除了她们的孩子被认为处于风险之中，其选择更为严重地受到相对较高和不享受津贴的儿童看护成本的限制。

显然在有限根据的基础上，似乎"地方政府托儿所比其他任何 *176* 学前机构为少数族裔儿童提供了更多的看护安排……一项研究发现在这些托儿所中所有儿童的 18% 为加勒比黑人，将近 5% 是印度和巴基斯坦人"（Cohen，1988：28）。在许多方面这显示出福利国家在满足经济上拮据的加勒比黑人和非穆斯林亚裔母亲的需要上做得很好，这些少数族裔母亲通常比白人母亲更加倾向于从事低报酬的全职工作。然而，这些供给被证明主要是针对那些"处于危险"中的儿童的，主流观念暗示只有那些"坏"妈妈们才会把自己的孩子放在全日制托儿所。（Leach，1979）因此，在一定程度上双重标准和病理模式被强加到黑人母亲头上。根据主流观念，白人母亲应该被鼓励待在家中，而黑人孩子应该待在托儿所中因为其在家可能会受到虐待。事实上，根据阿斯拉特-吉尔马（1986：48）的研究，"根据托儿所管理制度核实的信息表明黑人妇女和黑人文化是不成熟的"。诸如这些证据表明黑人母亲必须更多地依赖于相对看护质量较差的临时保姆看护或是亲戚，同时在临时托儿站和幼儿园中的黑人儿童被严重忽视了。

与许多其他西欧国家相比，作为工党法团主义社会契约的一部分和遵守欧共体规则的义务，英国法定产假于 1975 年较晚推出。依据欧洲标准来看,英国法定产假比较漫长,产前 11 周和产后 29 周,但是对于大部分产假来说,其间没有法定产假工资,因此很少有人休满的。取得产假资格的规章相对十分严格。比如,每周工作超过 16 小时的女性必须已经从事相同工作至少两年。1979 年的一项调查发现自从取得产假资格规章进一步从紧以来,只有 54% 的女性符合条件,她们中的大部分从事经理或专业技术职业。(Daniel,1980)少于 6 个雇员的小公司实际上不可能提供法定产假。英国没有法定育婴假。英国的法定产假工资(SMP)在欧共体国家中是最不充分的。1988 年欧共体国家中的绝大部分妇女在至少 16 周产假内能够拿到全额工资的 80% 到 100%。在英国,符合条件的妇女只能领取 6 周 90% 的全额工资,再加上 12 周的税收优惠。法定产假工资的结构在 1987 年和法定病假工资一起进行了重大改革。在此之前她们都是社会保险福利,现在她们成了职业福利,"至于它们由雇主来管理和兑现,同时受到就业合同上的权利获得附加条款的管制……虽然它们在支付上由国家从税收中对雇主进行补偿"(Lonsdale and Byrne,1988:149)。保守党政府的最终目的是将产假和病假工资完全私有化。据估计有 8 万妇女已经失去了领取新结构法定产假工资的资格。(Lonsdale and Byrne,1988:146)

　　除了不充分的法定权利之外,从 20 世纪 70 年代中期以来,许多大雇主正逐渐发展出他们自己的生育相关权利的协议。女性工会会员通常带头对这些协议施加压力,虽然不知道她们参与施压的行动有多普遍,但是行动和妇女们参与施压活动方式的多样性是明显的。(O'Grady and Wakefield,1989)在 20 世纪 90 年代随着对劳动力短缺的日益关注,在零售、银行和工业领域许多私营公司开始提供更长的职业假期,诸如给妈妈们的 5 年期无薪休假。(*The Economist*,July 21ˢᵗ 1990:29)似乎在大企业就职的经理和专业技术女性更容易为职业生育权利协议覆盖,这反映了与法定生育权利比较类似的情况。从事体力工作和兼职就业的女性和在小企业和私人服务业工作的女性则不容易被职业生育权利协议覆盖,这反映了在获得和使用生育相关权利上的十分重要的阶级差异。

　　部分因为英国日托和产假提供上的相对不足,学龄前儿童母亲的就业比例要大大低于包括瑞典和美国在内的其他国家。然而,英国有 5 岁以下儿童的母亲从事全职工作的比重从 1981 年的 7% 上升到了 1989 年的 12%，并且同时期兼职就业的比重从 17% 上升到了 28%。这一现象伴随着婚外生育比重的快速增长（在 1989 年是 27%）引起了关于家庭政策的大规模的政治辩论，在辩论中保守党分裂成 3 个阵营。包括撒切尔夫人在内的传统的"家庭守旧者"认为福利国家做得太少了不能鼓励母亲们呆在家里陪伴年幼的孩子。一些家庭守旧者倾向于给父亲们恢复儿童税收津贴或是给 5 岁以下儿童母亲增加儿童津贴。另一个极端是保守党内的自由主义女性主义者，他们认为福利国家应该使得女性能够在更为公平的环境中在劳动力市场上竞争。比如这可能要通过进一步地在儿童看护成本上减税。最后，"最具力量的保守党阵营是经济现实主义者……在他们看来，家庭政策最迫切的目标在于通过增加女性就业者的数量来抵销中学毕业生数量的下降"（*The Economist*，August 11st 1990：27）。这可能是可行的，比如，通过给予雇主的儿童看护上的减税确保能够给到他们所雇用的妈妈们身上。所有这些建议实际上都涉及公共开支，同时鉴于保守党在干涉主义家庭政策上的犹豫不决，任何实践中的明显政策变化看来都不太可能。在政府中，工党也曾经出现过类似的分化和家庭政策上的犹豫不决。最近，工党致力于提高儿童津贴和给所有地方政府在为 5 岁以下儿童提供广泛、完整的儿童看护服务提出法定责任（Labour Party，1989b：62）同时将关注平等机会和劳动力市场放到显著位置。

医疗保健制度

财务与管理

国民卫生服务或多或少在资本主义国家中是独一无二的，表现 *178* 在为全体人民提供广泛的国家医疗服务，大部分医疗消费是免费的并且大部分由国家直接税收资助，相对来说较少经费来自于社会保险缴费或是地方税收。医疗保健方面的公共支出占总医疗保健支出的比重大约在 90% 左右浮动，远远超出经合组织国家的平均水平（表 A.19），与瑞典的比重水平相接近。国民卫生服务的支持者

194　宣布国民卫生服务长期以来一直资金供给不足，这部分是其严重依赖国家财政和公共开支的国家政治的结果。因此总的卫生支出占GDP 的比重依然明显低于经合组织国家的平均水平，并且从 1960 以来英国和经合组织国家平均水平之间的差距扩大了很多（表 A.20）。根据平均每人医疗保健上的公共开支，甚至美国在 20 世纪 70 年代都超过了英国（表 A.21）。与其他制度相比较，国民卫生服务中较低的管理和人力成本以及在使用资源时可能更高的效率和更少的浪费弥补了资金不足的现状，虽然很难满意地对此进行定量描述。比如美国内科医生的收入是国家平均工资的 5.1 倍，相比之下英国是 2.4 倍。管理占到了大约 5% 的国民卫生服务资源，而在德国管理占到了10%，美国甚至占用了 20% 的医疗保健资源。在 1960 年到 1975 年战后经济繁荣时期，英国的医疗保健总开支增长的速度是实际 GDP 增长速度的两倍，高于经合组织国家医疗保健开支平均增长速度（表 A.22）。在 1975 年到 1984 年的经济危机中这种趋势发生了颠倒，医疗保健开支增长停止了，并且在 1980 年到 1984 年出现了明显的下降。1979 年和 1988 年之间，在撒切尔政府时期，国民卫生服务支出上的平均年实际增长是 1.7%，迄今是战后历届政府中最低的，甚至不足以与老年人口数量的增长保持同步。（Huhne，1989）

　　建立于 1948 年的国民卫生服务仍然是战后自由集体主义启发下英国福利国家最普遍和最牢靠的内容。国民卫生服务的观念是反资本主义的，其中它主张医疗保健不应当是在市场中提供和消费的商品，并且唯一的公共供给能够确保在获得和使用资源上的公平维持在一个可接受的水平上，除此之外更加有效的利用可用做医疗保健
179　的资源。这些基本原则与大部分其他国家的医疗保健财务和管理基础有着很大的差异，甚至是德国和美国这样完全不同的医疗制度，他们也是完全不同于撒切尔主义的。在其他一些基础方面，国民卫生服务与其他医疗制度相接近。首先，以医院为基础的科学医学在国民卫生服务供给中日益取得主导地位，所以国民卫生服务与跨国药品和医学技术公司的关系密切，这些跨国公司的力量影响着资源的分配。医学技术成本的跨国螺旋下降对国民卫生服务资源有着特别的影响，因为政府倾向于将其资源与一般通货膨胀水平挂钩而不是通常与医疗行业相联系的更高价格水平挂钩。其次，国民卫生服

务的大量资源被用于雇员的工资和薪水。至少从 20 世纪 60 年代末期开始，国民卫生服务雇员们为捍卫和提高其收入、工资以及工作条件而展开的各种斗争已经登上了行业关系和政府国民卫生服务预算决定的核心舞台。再次，国民卫生服务资源的分配以及很大程度上对医疗保健的需求是由医疗行业决定的。和其他地方一样，医生控制着医学知识，这使得要求他们对其行为负责面临很大的障碍。在国民卫生服务中，医学专业权力成为其基本管理和财务结构的一部分，这种根本现象在 1948 年到 1991 年之间都没有发生变化。

20 世纪 40 年代中期英国卫生部长安奈林·贝文与医疗行业的高级代表达成了一项著名协议。该协议成为国民卫生服务体制的核心。与美国医疗行业不同的是，20 世纪 40 年代的英国医疗行业对由国家来理顺的私人保险能够形成科学医学发展所需的经济资源毫无信心。私人保险制度在战争期间已经失败了。由战争导致的自然而然的集体主义，使得企业家精神在医疗行业和医院管理者中严重缺席。在 20 世纪 40 年代大背景下，医院的医生尤其喜欢对国民卫生服务抱有热情，同时向中央政府寻求科学医学所需要的巨额投资。因此，作为对确保政府控制投入到国民卫生服务中总资源的回报，贝文基本上将对资源使用和管理的日常控制权让给医疗行业。高级医院医生甚至被允许通过自我授予绩效奖金相当程度上控制自己的报酬。因此，官僚结构被建立起来管理国民卫生服务体制，这种官僚结构有意远离医疗消费者、国民卫生服务雇员（医生除外）和地方政治。管理国民卫生服务体制的地方卫生部门对他们服务的社区没有正式责任。一般医疗从业者坚持要和国民卫生服务体制及其地方管理结构形成一种独立的合同关系，反对贝文提出的将健康中心统一到国民卫生服务体制中作为初级护理基础的观点。回想起来，全科医生持续的独立性也许已经增加了普及性同时也使得其免予在瑞典和美国等国家看到的家庭医生的萎缩，在这些国家，医院为基础的医疗保健更加占据主流。贝文还承认了国民卫生服务体制中的医生私下在国民卫生服务之外的私人诊所行医的权利和使用国民卫生服务支付的病床私下行医的权利。因此，关于一些病人应该为国民卫生服务付费以及国民卫生服务应该和私人医疗保健供给竞争的观点从一开始就存在了。虽然贝文一开始设想的国民卫生服务体制是为不论其出生国状况的任何人提供免费医疗，但是在 1949 年他有条件地开始施压反对"海外游客"享受国民卫生服务。他甚至宣布已经要求移民官员遭返那些来到英国为了获得医疗保健福利的外国人。(Cohen, 1982：6) 随后而来的 1949 年立法给予卫生大臣取消那些原本不是居住在英国的人享受国民卫生服务的权力。这些权力直到 1982 年之前并没有被太多使用，当时政府推出了更为复杂的规则来限制那些来自海外的非英国人享受国民卫生服务，这实际上是制度化的种族主义并且是和移民控制紧密相联系的。(Cohen, 1982) 另一较早打破免费治疗的措施在 1951 年得以实施，当时的工党政府决定由病人承担眼镜和假牙的费用，这一政策变化促使贝文和罗德·威尔逊的辞职。后来在 1951 年，继任的保守党政府推出了处方费用。在撒切尔政府之前，国民卫生服务体制中病人的收费不到国民卫生服务收入的 2%，但是 20 世纪 80 年代之后随着处方和牙科费用的迅速上涨以及眼科检查和牙科检查这些新费用的引入，这一比重上升到了 4%。

私人医疗保健和私人医疗保险从 1948 年到 1979 年稳步增长。然而，1979 年到 1986 年撒切尔政府时期，私人病床和参加私人保险的人数增加了 1 倍。到了 1986 年在英格兰和威尔士有 15% 的医院床位是在私人疗养院和医院中，同时 9.5% 的英国人口由私人医疗保险覆盖。(CSO, 1990a：122) 然而，因为国民卫生服务在医疗行业和一般大众中非常普及，撒切尔政府必须十分谨慎地处理国民卫生服务。几乎所有的保守党成员继续声称他们完全支持建立全面的国民卫生服务体制这一原则以及提供免费服务，但保守党内的自由市场撒切尔翼主张寻求逐步将医疗保健私有化的途径。因此，20 世纪 80 年代私人医疗保健的扩张并不是明显的政府政策战略，而是一系列不同政策变化有意识的默默促进的结果。1981 年在一些方面对私人医疗保健的管制被撤销了，同时国民卫生服务体制中的医生在新规定中可以从事更多的私活；1981 年和 1988 年的预算分别对低收入人群和老年人推出了医疗保险费的个人税收减免。1981 年预算还在税收上作出让步，即"鼓励医生所有的医院的增加……同时也允许企业对于他们支付给雇员的医疗保险费部分不缴纳企业所得税"(Higgins, 1988：88)。在 20 世纪 80 年代私人医疗保险作为一项主要针对专业技术和经理雇员的企业福利发展得很普遍。在 1987 年 45% 的医疗保险政策持有人的保险费部分或全部是由其雇主缴纳的。撒切尔政府培育的"企业文化"鼓励主要来自美国的营利性医疗保健公司到英国投资，在此之前几乎所有私人医疗保健都是由非营利性组织提供的或是由国民卫生服务付费的私人病床提供的。由国民卫生服务工会领导的运动迫使 20 世纪 70 年代的工党政府将国民卫生服务中的私人或付费病床数量减少了一半，其数量到了 1986 年下降到刚刚超过 1 000 张。最终资金不足和日益增长的医疗消费期望，特别是伴随着自 1976 年以来严重的公共开支缩减，导致国民卫生服务性能明显下降了，这使得在堕胎、门诊咨询和选择性手术等领域产生了更多的私人医疗保健需求，通过私人医疗保健服务可以避免在国民卫生服务中排长队等候。

除了鼓励私人医疗保健增长之外，1979 年后保守党对国民卫生 服务政策的其他内容在于促进特殊国民卫生服务协议转让到非国民卫生服务承包人那里。虽然这意味着一个完全不同的概念，其中国民卫生服务变成了私人医疗服务的管理者和监督人，而不是本身直接提供医疗服务；因为其保留了国民卫生服务的名字，这一策略具有较高的公共性外表。这一变化首先起源于 1983 年，当时卫生管理部门指出要将医院清洁、餐饮和洗衣服务打包出去实行招标竞争。完全实施强制性招标竞争（CCT），因为遭到来自卫生管理部门和医辅工作人员工会的强烈抵制而被推迟和破坏。到 1989 年末，77% 的合同是内部授予的，但是强制性招标竞争（CCT）明显降低了医辅工作人员的工资和工作条件（JNPRU，1990），同时产生了大量的失业。1981 年和 1988 年之间国民卫生服务医辅人员总数下降了 33.5%，而同时几乎各级医疗部门的总人数增加了。私人卫生服务承包人的表现得到了许多卫生管理部门的认可，到了 20 世纪 80 年代末期他们得到的新订单和补充订单越来越少。（JNPRU，1990）由于缺乏任何官方证据表明国民卫生服务的医辅工作的效率得到了提高，因此不得不接受工会的观点，即强制性招标争竞仅仅是一种手段，"通过该手段使得国民卫生服务的雇员做同样的工作或是为了更少的钱努力工作，同时通过该手段还实现了政府准备将投入水平降低到完全最低水平甚至更低"（JNPRU，1990：46）。除了堕胎服务和一些精神疾病服务之外，将医疗保健服务外包出去的情况迄今比较少见。

鉴于对于国民卫生服务的资金不足和其他缺陷日益增长的公共关注，撒切尔夫人亲自策划和主持了一项秘密的"国民卫生服务评估"，该评估在 1988 年进行了 1 年时间，最终在 1989 年 1 月出版了白皮书。白皮书（DOH，1989）在"国内市场"设计的基础上提出了国民卫生服务的全新激进概念。在这一模式中，3 个"财政拨款持有者"[地方卫生管理部门（DHAs）、服务外包的全科医生和私人保险计划]代表医疗服务消费者从 3 类相互竞争的医院（地方卫生管理部门管理的医院、自治的国民卫生服务医院和私人医院）那里购买医疗服务。作为对白皮书的回应，《英国医学杂志》的编辑写道：

182   由于较低的管理成本和获得高水平医疗服务上的一致性，讨论传统医疗服务的终结并不是空穴来风……实施财政拨款和独立医院等新结构使得新医疗服务行为很明显看起来如同商业公司一样。（Lock，1990：1）

写作的时候，我们不可能对这一会导致国民卫生服务沿着不同的私有化道路发展的重要改革的所有的可能影响作出准确评价。白皮书中的建议，在 1990 年的医疗服务法中以立法形式确定下来，实质上等同于国民卫生服务的市场化。（Petchey，1989：96）目前的改革计划是否将会恶化病人护理以及进一步加剧健康不平等是激烈争论的焦点，同时这也取决于很多未知的因素。一些全科医生和住院医生确信改革将会使得国民卫生服务更为有效和更好使用。（Feinmann，1989）其他医生认为改革将会加剧医疗保健质量上的现有阶级、种族和性别不平等（Savage and Widgery，1989；Rea，1989），特别是对于老人和慢性病患者来说更是如此。代表英国医疗行业的英国医学会（BMA）以白皮书中的建议应当首先进行试点为由强烈反对白皮书中的建议。20 世纪 90 年代围绕着改革的实施在政府、国民卫生服务管理者、医生和其他国民卫生服务就业者之间将会出现持续的斗争，而作为国民卫生服务消费者的患者依然没有多少参与权。

中央政府与国民卫生服务管理

正如上文讨论到的，国民卫生服务的结构使其有意远离地方政

党政治，远离代表患者的压力和利益群体政治。来自各方面的压力
形成了国民卫生服务政策，但是这些压力都以声称代表患者的医疗
行业和中央政府为媒介。因此，甚至比其他医疗保健制度更明显的
是，英国医疗保健政策的主要权力斗争是医疗行业和政府之间的斗
争。与此紧密联系的是国民卫生服务与其雇员（包括医生在内）之
间围绕着雇员收入和工作条件的斗争，从 20 世纪 60 年代末期以来这
类斗争经常引发成为罢工等劳工行动。因此，我们将专注于中央政
府在形成临床资源的管理上的努力。

因为最初已经给予医生在全部国民卫生服务预算内的临床资源
管理上或多或少的完全决定权，所以从 20 世纪 60 年代以来政府越来
越积极地寻求影响这些资源的分配。直到 20 世纪 60 年代初期为止中
央政府在国民卫生服务资源使用的形成上起到很小的作用，但是随
着 1962 年医院计划的实施这一状况发生了改变。医院计划的核心是
地区普通医院（DGH）这一概念，建立这种医院的目的在于为绝大
部分人提供综合性的医院服务。这些机构成为国民卫生服务的重要
堡垒，它们通过规模经济和国家统一标准将会提高效率和推进公
平。但是，

> 对医院服务应当是什么样这样的基本看法几乎完全取决于 *183*
> 医学界的共识……没有迹象表明在医院计划中考虑到其他可能
> 的条件，比如患者就医的可及性或者是医院规模对人员士气及
> 招募的影响。

虽然医院计划的实施促使数以百计的地方和专业医院关闭，但
是在随后的 30 年间该计划的实施只是零星进行并且离计划的完成还
差得很远。由于投资不足，医院为基础的科学医学占支配地位，公
共责任的缺乏以及官僚惰性导致的国民卫生服务的各类问题中，医
院计划是最重要和典型的研究个案。从 20 世纪 60 年代末期开始，政
府集中精力努力强化国民卫生服务管理者的力量使其作为效率管理
的责任人，其目的不仅在于满足医疗行业的影响，也是对国民卫生
服务工会日益上升力量的反应。随着合理化的管理结构和专业化管
理的提升，资源计划机制最终在 1974 年进行了大规模的重组。最

200 终，这一重组强化了医疗行业的力量，给予他们在卫生管理部门中的代表权和在基础管理部门和地方管理团队中的否决权，这一政策被克莱因多少有些宿命论地（1989：95）称做"明确化的医学工会组织主义现实"。

20世纪70年代中期工党政府面临日益增长的患者要求纠正医疗保健资源严重地区分布不平衡的压力，这种不平衡从国民卫生服务建立以来就在不断扩大之中。1976年政府制定了一项计划（RAWP－资源配置工作组）在国民卫生服务内部对资源根据地区和需要进行分配。经过10年改革到了20世纪80年代中期，资源配置工作组的做法通过将英格兰东南部的资源转往中部和北部，已经有效降低了国民卫生服务不同地区间的资源不一致。然而，"我们仍然不知道特定资源是如何被投入到医疗服务中去的，以及这一变化对病人看护的结果会有什么样的影响"（Allsop，1989：61）。工党政府也试图阻止较低层次医疗保健服务的萎缩，这种医疗服务因为人们追求精确的高科技医院医疗服务而不被重视。因此，政府在1976年公布了其优先发展政策，该政策通过国家计划优先为针对老年人、有认知困难的人和精神病患者的医疗及社区照顾服务提供资源。然而，"很快所有资源分配的目标数字都被放弃了"（Allsop，1989：62），并且优先发展政策更多地变成一种对希望的表述而不是有效的资源管理干预，特别是该政策又遇到了更为严格的缩减公共开支管理。

184 毫无疑问，撒切尔政府并没有公开放弃实施资源配置工作组和优先发展政策，同时在管理国民卫生服务资源上将注意力更加集中在效率问题而不是公平问题上。当然，由于缺乏医疗保健的真正效率应当是什么样的清晰概念，政府倾向于使用来自于私人企业的效率标准，而将这种效率标准运用到医疗保健上是有问题的。然而政府颁布了一系列措施来削减成本和提高效率，包括针对医辅服务的强制性招标竞争，增加更多的看病人数、更多的日间看护治疗，包括针对全科医生的药品限制名单在内的推动对药物的一般性替代以及在实施这些措施过程中针对管理者的绩效工资。20世纪80年代早期从英国卫生与社会保障部到地方卫生管理部门在内的一连串管理部门开始将一套新优先权施加予国民卫生服务……其内容在于强调管理的巨大重要性"（Davidson，1987：43）。最重要的变化是在20世纪80年代中期格林费斯报告（1983）之后对国民卫生服务管理的重构。格林费斯坚决反对在1974年改组中被奉为圭臬的"一致性管理"，因为"没有动力寻找和接受直接的个人责任来为发展管理计划，确保实施的安全和监管实际成绩负责"。因此，个人经理被引入到国民卫生服务的所有层次上，使用一系列指标来追求成本效率。在"企业经济"、工会力量的削弱和对行业垄断的批评等更为宽泛的撒切尔主义背景下，后格林费斯国民卫生服务管理有着更大的信心和意愿将政府的目的从医辅工作者转向医生，因此是对国民卫生服务供给者相对自主性传统的挑战。管理监督的威胁比事实更为重要，在一定程度上说服医疗行业本身检查其自身行动。（Klein，1989：212）然而，所谓的管理革命能否有助于在经费持续不足的情况下实现更高效率的医疗保健依然十分不确定。一位从私人企业招聘来的国民卫生服务地区的一般经理在1988年辞职了，他抱怨说他还没有将自己的角色设想成为拆买资产的专家。在资金不足和医疗工会组织主义的背景下，撒切尔政府在把管理效率强加给国民卫生服务上而产生抵触的斗争中表现出来的不耐烦促使人们对国民卫生服务进行反思。国民卫生服务的"市场化"对于要从国民卫生服务中挤出更多的成本效率来说是一种更为激进和更具风险的策略。显然，政府没有对改革建议进行成本—收益的分析，因此成本和收益完全不确定。（Robinson，1990）

健康状况与健康不平等

通过死亡率状况来衡量的英国人口的比较健康状况在主要工业 *185* 国家中居于中等位置，明显好于美国同时明显差于瑞典（表A.23）。虽然国民卫生服务对实现平等的卫生服务供给可及性上的正式承诺没有能够成功实现，但是国民卫生服务普遍主义的观念对于缓解医疗保健供给和健康结果上的不平等产生了巨大的公共压力，另一方面这也疏远了医疗保健供给和健康结果两者之间的联系。这些压力在20世纪70年代达到了顶峰，作为对这些压力的反应工党政府推出了资源配置工作组方案、优先发展政策，并且在1977年形成了一份关于健康不平等的专家报告。布莱克报告（以工作团队的负责人的名字来命名）主要关注于因职业社会阶层和决定英国社会统计数据的分层参数导致的健康结果的不平等。该报告得出结论：

> 较低地位的职业群体相比之下更差的健康体验发生在生命历程的各个阶段……英国在这方面的阶层倾斜程度似乎要比一些可进行比较的国家更为严重……同时变得越来越明显。经过20年的国民卫生服务到了20世纪70年代初期……处于职业阶层Ⅰ和Ⅱ（专业人士和经理人）中35岁及以上的男性和女性的死亡率逐步下降，而同时处于职业阶层Ⅲ和Ⅳ（半熟练和不熟练的体力劳动者）中的35岁及以上的男性和女性的死亡率变化很小甚至恶化了。(Townsend et al.，1988：2)

该报告建议政府注入大量资金到国民卫生服务中以弥补资金不足，同时实施综合性的反贫困计划，包括实施更为有效的行动、提升优先发展政策、促进更好的医疗保健行动以及针对工人阶级社区的预防医疗服务。布莱克报告在1980年出版，最终被保守党政府废除。紧接着布莱克报告出现的是在1988年出版的《健康分化》，该书证实了最初的发现并且推论说：

> 从1971年到1981年的10年间英国各种原因导致的死亡率出现了下降，但是这种提升并不是平等地在所有人中经历的。非体力劳动者群体死亡率的下降要大于体力劳动者群体，结果两个人群之间的差距进一步扩大了。进一步说，女性体力劳动者中冠状动脉心脏病和肺癌的死亡率在过去10年中实际上提高了，同时非体力劳动女性的相关死亡率实质上下降了。同时从1974年到1984年之间体力劳动者和非体力劳动者在慢性病死亡率上的差距进一步扩大了。(Townsend et al.，1988：353)

《健康分化》和布莱克报告一样被政府坚决废除了。围绕着健康状况的阶层不平等和疾病预防策略继续成为热议的话题，特别是心脏病、艾滋病、饮食和食品安全等方面。20世纪80年代各种各样不同的公共卫生运动得以发展起来，这些运动通常都是由非专业人士和激进的专业人员联合起来发起和支持的，最为重要的例子就是

由同性恋运动领导的预防艾滋病的斗争。而地方正在努力建立一种综合性的新公共卫生运动。(PHA，1988)

英国的官方统计数据没有反映黑人的健康状况，这预示着官方关注的缺乏。健康状况的阶层结构和黑人特别集中在较少享有特权的职业社会阶层上，以及他们更容易遭受失业和贫困，这些毫无疑问意味着黑人的健康状况一般明显要差于白人。很少有有效证据表明这种"结构性"影响正发挥作用。(Townsend et al.，1988：248 - 254；Baxter and Baxter，1988) 国民卫生服务供给中直接的种族歧视或是主观种族主义的证据来自于各个层次医疗服务中个人体验的报告，其中包括护理，因症就诊和患者许可，接待和处理以及一般性服务。(McNaught，1987：13 - 15；Donovan，1986) 然而，由于国民卫生服务的封闭和不负责任的特征以及制定有效的投诉面临障碍，因此挑战国民卫生服务中的主观种族主义尤其困难并且很难取得成功。英国种族平等委员会在年度报告中几乎从来不提及医疗保健供给上的种族歧视。

已经存在一些运动和批评性评论以削弱国民卫生服务中的制度化种族主义和提升针对黑人社区的国民卫生服务为目的。地方运动使得卫生管理部门注意到医院饮食和下葬上的文化差异以及克服语言差异。然而，绝大部分注意力集中到了不同程度影响黑人社区的一些特殊疾病和健康问题上，其中值得注意的有加勒比黑人中的镰状细胞性贫血，亚洲人中的软骨病和在所有黑人社区中特别是巴基斯坦和孟加拉裔黑人社区中高水平的婴幼儿死亡率。因为持续的游说和地方激进主义行动增加了医疗行业和公众的警觉，镰状细胞性贫血的问题已经被推上了国民卫生服务议程。然而对于镰状细胞性贫血患者来说，"医疗条件差并且单个患者在与国民卫生服务互动的时候仍然面临很大的问题"(McNaught，1987：55)。亚洲人中的软骨病发病率及其成人发病率在 20 世纪 80 年代初期成为一项政府资助运动的主题。这种疾病与体内维生素 D 的摄入量低有关，因此该运动主要建议亚洲人在做饭的时候使用人造黄油（战争期间用来补充维生素 D，预防软骨病）而不是精炼奶油，同时多晒太阳，这样能够自然增加体内维生素 D 水平。英国健康和社会保障部莫名其妙地拒绝在面粉中添加维生素 D 的想法。遏制软骨病运动是建立在这一观

第五章 英国：自由集体主义福利国家

念之上的，即亚洲人因为忽视了营养而有一种固有的不健康的饮食习惯。解决软骨病的方法很简单："长远来说答案在于依靠健康教育和转向西方的饮食习惯和生活方式。"（Pearson，1986：49 - 50）该运动的种族优越主义在亚裔社区广受批评，同样该运动没有能够成功应对亚裔人群健康状况中的贫困和医疗保健服务的不可及性。不管是作为这项运动的结果，还是由其引发的争论或其他因素，软骨病的发病率下降了。

1984 年遏制软骨病运动并入到由英国健康和社会保障部发起的亚裔母婴运动（AMBC）中用来降低亚裔社区中的婴幼儿死亡率。又一次将责任推向改变亚裔母亲们的行为而不是挑战国民卫生服务中产科服务中的制度化和主观种族主义，更别提婴儿死亡率和贫困之间的联系。实际上，亚洲母婴运动招募亚洲女性作为"联系人"在国民卫生服务工作人员和亚裔母亲之间充当媒介，虽然受到国民卫生服务强加的严格的制度化限制，但这已经为医疗服务的提升提供了平台（Rocheron，1988）。围绕着黑人社区健康状况的众多反抗运动案例中，有三个对于国民卫生服务的冷漠是一种日益增加的挑战（McNaught，1987：第 3 章；Kushnick，1988；Grimsley and Bhat，1988）。1939 年一份大量出版的关于工人阶级已婚妇女健康状况的报告（Spring Rice，1939）生动详尽地记载了战争期间工人阶级妇女令人震惊且日益恶化的健康状况，该报告写道：

> 国家医疗保险制度不对男性被保险人的妻子提供保障，她在生病的时候仍然必须去看私人医生……忍耐力越大……经济能力越差，越会延期更长时间找到她所需要的建议。（Spring Rice，1939：198）

1948 年国民卫生服务的引入毫无疑问在提高工人阶级女性医疗保健服务可及性上迈出了巨大的一步，同时为战后女性死亡率的下降做出了贡献。当然，在战后时期还是有证据表明女性中间在健康状况和国民卫生服务的有效使用上继续存在阶级不平等。（Doyal，1985：238 - 245）女性一般比男性更容易患有慢性和衰退性疾病，而与急性病治疗相比较，国民卫生服务中对慢性和衰退性疾病的治疗会出现资源不足的情况。(Pascall,1986:193)近年来,女性中癌症和心脏病的发病率增长得要比男性快。

在医疗保健的女性主义批评和国民卫生服务不利的个人经验的鼓动下,在过去的20年间英国出现了无组织的但颇具影响的女性健康运动。除了争取我们上文讨论过的生育自由之外,关注点集中在宫颈癌和乳腺癌检查的不充分和无效率、妇科门诊的供给(Foster,1989)、分娩的医疗化以及在各级国民卫生服务体制中工作的女职员较低的地位等问题上。虽然近75%的国民卫生服务工作人员是女性,地位较高的专业岗位和高级管理岗位仍然主要由男性占据。(Doyaland Elston,1986:193-203)鉴于政府授予医疗行业在国民卫生服务中以巨大的权力,持续性的男性主导从根本上影响着医疗服务中的优先顺序和习惯。无处不在的男性主导和科学医学的联盟在分娩管理上表现得尤其突出(Graham and Oakley,1981)——常规超声检查,在家分娩的实质终结,人工分娩,由助产婆走向医疗专业人员,产钳助产和剖腹产数量的日渐增加及胎儿监测技术。最近几年在英国以及其他地方,以上这些和其他发展的益处正不断受到女性的质疑,这代表着对医学正统的明显挑战。在英国,这一冲突在1985年到1986年间达到了重要的顶峰,当时温迪·萨维奇,一个主张女性导向医疗服务的产科医生在支持对分娩进行更为积极的技术性管理的高级同僚的一再坚持下被中止行医。温迪·萨维奇以这样的形式就其看病手法遭受审讯,即受到一名律师和两名高级产科医生的问讯。在她被停职的15个月中,掀起了一股巨大的从地方社区到更大范围内的支持其复职的浪潮。这一事件给我们一个独特的视角来看待国民卫生服务中关于资源和病人护理决策的秘密且莫名其妙的世界。最终温迪·萨维奇恢复原职是对国民卫生服务中男权主义医学正统力量的巨大挑战。

结论

本书第一次以种族、阶级和性别分化为基础,同时以种族化和*189*男权资本主义普通结构中社会政策的跨国差异性为背景来关注社会政策的影响。这些关注点中的大部分置于原先社会政策研究和政策分析主流之外，至少在英国是这样。三篇重要的有关最近英国政策变动的学术评论由希尔斯、约翰生、萨维奇和罗宾斯在1990年出版。这三篇评论信息量很大并且通俗易懂，将会被广为使用。然而，这三篇评论都没有给予种族、阶级和性别问题更多的关注。总的来说，这三篇研究反映和加强了英国社会政策分析有价值的经验传统。甚至使用职业社会阶层作为一项批判性参数看起来是学术流行的淡化。人们对于在政策分析中使用和操作"阶级"这一概念仍然存有很大的反感，大概是出于对其马克思主义含义的恐惧。然而，在英国，阶级（无论使用何种定义）对于社会结构和分析福利国家的功能与影响具有明显的根本性作用。

在英国围绕着性别和社会政策分析相关的议题对于主流来说依然有些不重要，虽然过去20年间在这一领域形成了大量的女性主义学识。正如麦克莱恩和格罗夫斯（1991：2）所述："包括一些近期著名文本在内的主流社会政策文献继续在令人惊讶的程度上将女性边缘化。""女性议题"和女性主义结合起来在一些社会科学中被看做一个从主流分离出来的特殊领域。因此，在英国有关女性和社会政策的批判性文献现在非常多，但是它们被主流忽视，虽然这大大提升了女性在社会政策学术团体中的上游中的代表程度。

在英国对种族和社会政策的批判性分析主要是在社会政策的学术"训练"之外进行的。在英国没有关于种族和社会政策的一般教科书，同时在社会政策学术团体中也很少见到黑人的面孔。种族问题甚至在很大程度上比性别和阶层还要在社会科学学科中被边缘化。尽管如此，种族关系研究和反种族主义运动及斗争依然是政策议程中的议题。

这一章尽力展示了战后英国福利国家的三根支柱——社会保障、医疗保健和家庭政策——包括植入在阶层结构中支持家庭和国家的男权及殖民观念的福利公民权意识。因此，直到20世纪70年代自由集体主义福利国家逐步形成了一系列观念和现实之间的矛盾，比如：对最小社会福利的承诺，大量贫困和劳动纪律相关的社会保障措施的现实；对女性全职家庭福利角色的承诺和女性就业需求的现实；对来自前殖民地的外籍劳工福利公民权的承诺以及确定主观的制度化和结构化种族主义的现实。这些矛盾不断变化直到20世

70 年代初期才达到相对令人满意的结果，从那以后变得更差了。和许多其他国家一样，从 20 世纪 70 年代初期开始，若干因素影响了福利国家的重构和缩减。这些因素包括税收上反对福利国家无效率的反弹、福利开支的通货膨胀影响以及对大量失业的重现。英国阶级的脆弱意味着这些发展在英国要比其他发达资本主义国家经历得更加激烈。福利国家的重构和削减频繁受到福利需求的持续的抵制，这种福利需求来自于福利消费者、专业认识和一般就业者同时也来自于女性、黑人和其他群体中的贫困游说和新社会运动。

从 1979 年保守党政府执政开始，兴起了一场针对福利国家的断断续续但激烈的斗争，同时撒切尔主义者在试图转向一种更加集中化的，同时或多或少对私人福利供给进行公共管理的美国福利国家版本上取得了一些成功。地方和中央政府应该成为管理者，同时允许各种私人福利形式（包括营利性和非营利性）的存在，以上观点现在不仅为新右派的智囊，也包括许多左翼人士广为接受。政策变动的步伐趋于渐进和实用主义，但是这为 1987 年后的"第三轮"社会保障、就业培训、国民卫生服务、教育和住房改革集聚了动力。通过福利供给来实现对公平和社会正义的自由集体主义观念上承诺的很多内容已经淡化了或消失了，更不用说结果了。很少有人怀疑 20 世纪 80 年代在收入、健康状况和其他福利参数上的职业社会阶层的不平等扩大化了。按照马克思的说法，战后工人阶级中收入较高和工作更为稳定的那部分人和失业以及低收入的那部分人之间的物质福利的分化比过去任何时候都进一步加剧。自 20 世纪 70 年代中期以来在性别和种族不平等方面发生了什么总的变化并不十分清楚。和美国一样，可以看到女性和黑人中的阶层分化现象进一步强化和固化了。一部分富裕的少数族裔从企业经济和部分市场导向的机会平等中获益，同时另一方面包括单身母亲和年轻黑人在内的下层社会正遭受日益增长的贫困和社会隔离之苦。

然而，虽然在撒切尔主义之下这些方面产生了明显的变化，但 *190* 是仍然可以说自由集体主义的重要内容仍然保留了下来。撒切尔主义无意中成功地将福利平等和需要议题与福利效率和效力等重要议题同样进一步推上政治议程。包括贫困游说运动、妇女运动、反种族主义压力、残疾人运动等的新社会运动并没有被一扫而空，并且一

208 定程度上成功地调和了撒切尔主义措施的负面影响，还可以发挥其优势作用。因此，泰勒－古柏（1985：63）在20世纪80年代中期的著作中主张撒切尔主义社会政策实施的第一个五年所展示的更多的是对过去的继承而非差异。对社会政策的撒切尔式试验的评价具有很大的争议性。比如，约翰生（1990）强调撒切尔主义的"成功"体现在通过将福利需求和服务私有化重构了福利国家，提升了社会不公平，并且使得福利管理更加缺少民主和责任。这一分析与本章中进行的分析很接近。然而，形成明显对比的是，罗格朗（1990）认为福利国家不仅几乎完整地保存了下来，而且在一些领域繁荣发展，并且对20世纪80年代的经济成功做出了主要贡献。人们可能并没有充分意识到撒切尔主义社会政策推行的动力无疑在"下层社会"的组织化和暴力压力下而放慢了。1981年和1985年的城市骚乱以及1990年的反人头税运动是明显骚乱式抗议的最突出的例子，这促成了保守党内部另一种思想的出现。在宽松的舆论环境和教会的支持下，和新社会运动一样福利压力和利益群体的打击有助于削弱对撒切尔保守主义的支持，这也有助于1990年11月撒切尔夫人的下台。写作本书的时候（1991年6月），英国社会政策未来的方向还不确定，但是一种稳健的转向，要么回头转向自由集体主义要么向前转向社会市场法团主义，似乎是可能的。对20世纪80年代末期的政策变化的影响作出完全评估只有到20世纪90年代中期才有可能，因此不能过早地对由撒切尔主义主导的自由集体主义的转型有多深以及能持续多久形成结论。

191 　　20世纪90年代以来，英国福利国家似乎继续在从战后的自由集体主义转向由国家管理的采取营利和非营利形式并举的私人福利这一问题上犹豫不决。反对党不同程度地承诺福利国家的更大责任以及福利机会和结果的更大平等，但是很少有人支持瑞典的社会民主模式。联邦德国的模式是建立在独一无二的德国背景下的福利混合经济基础上的，这也不能简单地照搬到英国。在新右派看来，很明显他们对20世纪90年代中期甚至以后通过更为激进的撒切尔式道路发展福利国家越来越不耐烦。1990年9月一群新右派保守党下院议员明显是在撒切尔夫人的鼓动下，提出了福利国家完全私有化的纲领性建议，也就是将社会保障和医疗保健建立在私人保险基础之上，同时为完全私有化的教育制度建立赠券制度。（CPC，1990）这些建议在战后几十年间有规律地显现出来，但是在保守党内部对这些建议的支持毫无疑问上升了。然而，保守党内和选民中对这些建议的支持程度看起来非常有限，正如我们看到的从 1990 年 11 月以来，梅杰政府暂时转向广泛认可的同一民族托利主义。可以肯定的是，围绕着英国福利国家的斗争在 20 世纪 90 年代将会长久而艰巨。   *192*

第六章　福利分化：过去、现在与将来

　　在 20 世纪 70 年代和 80 年代，本书所讨论的四个福利国家都遭受日益增长的压力，受困于日益增长的福利与服务的需求和日益减少的资源供给的钳制。在劳动力市场上，充分就业的终结以及非正式、间歇和兼职就业的增长颠覆了福利制度的社会保险基础。失业人群中的贫困现象卷土重来。在家庭政策方面，女性就业的扩大以及妇女运动的出现挑战着社会政策的男权基础。越来越多的女性承担着来自就业和无报酬的家务的双重负担。医疗保健制度的成本和期望在技术的、行业的、人口的和患者的压力推动下急速膨胀。虽然福利需求日益增长，但是对福利收益和服务的直接性公共供给的资助都削减了，表现为更大程度上在英国和美国，较少程度上在德国和瑞典。通过更为严格的行政管理和私有化原理来实现福利国家中更好的经济效率的努力并没有按照自己的方式取得预计的成功。结果福利方面的社会不平等似乎在 20 世纪 70 年代和 80 年代扩大化了。这里，我们集中关注社会阶级、性别和种族不平等。有相当多的证据表明，最近以来，相对富裕的中产阶级和有技能的劳动阶级已经成功地捍卫了他们在福利国家中的利益，同时少数工人阶级正遭受相对于他们需求的社会福利份额下降之苦。在过去 20 年间，女性在福利国家中的权利普遍得到了提升，但是劳动力市场中的性别不平等和隔离并没有明显变化。随着女性更多地依赖福利国家和来自就业的收入，而较少依赖男性，一种新男权制出现了。在获取和对福利收益与服务的需求上的种族不平等在所有四个国家依然十分严重，同时有证据表明这些现象在过去 20 年间可能进一步加剧了。这一议题似乎还没有成为瑞典和德国社会政策议题的内容。在美国和英国，该议题已经提上了议程，但是仍需要更为有效的反种族主义政策来纠正潜在的趋势。因此，福利国家变得更加不公正，同时也没有明显变得更具经济效率。虽然削减了福利国家，但是因为大量外部因素影响到内部社会政策，未来持续的经济增长在所有四个国家看起来是不确定的。没有福利国家的缓冲作用，四种国家政体将会经历更为严重的社会冲突，同时对于过去 20 年间遭到抑制的福利需求诉诸于更为专制主义的应对。自由民主主义政体完全依赖于福利国家实现经济和政治延续。然而在一定程度上，福利国家的意识形态和经济成本是在逐渐耗尽竞争性法人资本主义经济活动的精神动力。这是一把双刃剑，至少在资本主义背景下，只要你愿意，这一矛盾将永远存在。

从 1991 年看来，本书研究的所有 4 个福利国家的未来看起来更 *194* 加不确定。似乎很少有可能回到维持战后福利国家扩张的政治和经济条件中去，体现在福利共识中的战后阶级"和解"日渐淡去。由于社会生态学原因以及来自东欧和不发达地区人们对西方日益增加的压力，很长时期内持续经济增长似乎是不可能的。然而，正如米什拉（1990）所述，西方政府迄今已经以不同的和熟练的方法来处理福利需求和供给之间相互冲突的压力。在瑞典，随着 20 世纪 90 年代早期的经济危机关于福利国家未来的争论激化了，很明显越来越多的人接受福利国家已经达到极限、需要作进一步削减这样的观点。然而，这些措施的实施将会是渐进的并且紧密受到劳工运动和新社会运动的影响。在联邦德国，福利国家的未来将明显取决于对前民主德国的合并。这一过程正在对福利国家制造巨大的增加的需求压力——特别是失业的大量上升和东西德之间生活水平的巨大差异。德国统一时的乐观主义很快就消退了，看起来社会市场经济足以满足东德居民福利需要的观念越发不可能了。在美国福利收益和服务的削减以及私有化在布什政府时期得以继续，同时捍卫福利权、民权和妇女权利的斗争继续制约着福利削减和私有化带来的冲击。新右派不能从根本上颠覆福利国家，但是福利自由主义也处于下降趋势。富人和穷人之间日益可见的增长的社会分化似乎引起了富人日趋压抑的反应和穷人逐渐增长的犯罪反应。英国从 20 世纪 70 年代中期以来在社会政策共识上的转变可能在本书研究的福利国家中是最剧烈的。福利国家的重构，特别是在撒切尔主义影响之下，加重了不同社会阶级以及劳动阶级内部的不平等。黑人和女性在福利国家中的处境在一些方面提高了，在另外一些方面变差了。直到1991 年，英国福利国家的未来发展轨迹可能会走很多不同的道路——泛欧洲法团主义、复兴自由集体主义或是撒切尔主义更为友好的形式。某种程度上将这三者生硬地掺合到一起似乎最有可能。

欧共体在1992 年底完成了单一市场，并且围绕着社会宪章的争论只是很少引起其对社会政策更大范围影响的讨论，至少在英国是这样。英国政府成功地将社会宪章中关于就业者的基本就业权稀释到了最低水平。然而，欧洲委员会对欧洲同一社会宪章和社会市场观念的承诺为法团主义理论进入到英国劳工运动和所有三大主流政党中提供了一个政治契机。在过去20 年间来自欧洲委员会与就业相关的指令以及欧洲法院的判决对英国社会权利的改革起到了一些进步影响，特别对于女性就业者来说更是如此。瑞典政府申请加入欧共体，反映了对其国内资本投资撤退到欧共体内部12 国现实的担忧。无疑瑞典资本希望欧共体内部的竞争将会迫使瑞典下调税率和福利国家的财政负担。因此，从表面上来看，在扩大的欧共体内部实施社会政策的趋同化将会在不久的将来实现。然而，从本书所讨论的瑞典、德国和英国的福利国家政体间的巨大差异这一视角来看，这种发展似乎是不可能的。当考虑到欧共体中相对富裕和经济上成功的地区（巴黎—法兰克福—米兰三角）与相对贫穷和经济上不成功的地区（在位置上边缘的地区）之间的社会经济差异，这种可能性就更低了。落后地区只有当他们能够提供更低的劳动力成本和税率时，才能够和富裕地区进行竞争。最有可能的前景是建立欧洲联合国家，实现单一的经济市场，但各组成国家之间的社会政策又有很大的差异，关于这一点由莱布弗里德（1991）作过深入讨论。这可能看起来与美国的情况非常相似，在这方面这可能是欧洲社会政策未来的"工作"模式。

欧共体发展的影响以及1992 年西欧制度化的种族主义特别让人担心。社会福利欧洲对少数族裔的权利和处境的关注非常少，并且只有少数国家有反种族主义的基本立法。即将实施的更为严格的全欧洲移民控制和程序部分是因为以下的发展：

欧洲种族主义大众文化，他们将所有第三世界的人定义为移民和难民，同时将所有移民和难民当做恐怖分子和毒贩，这不可能将本国居民和移民区分开，或者将移民和难民区分开，更别说区分不同的黑人。他们都要随身携带护照。并且正是由普遍种族主义煽动的全欧洲基础上的制度化种族主义各个方面的出现预示着欧洲转向专制主义。(Sivanandan，1991：v)

韦伯（1991）和班扬（1991）将最近几年欧共体成员国的种族主义移民控制和泛欧洲警务行动的强化用图表示出来。因此，要塞化欧洲的出现对墙内的种族化少数族裔和墙外的人们都有巨大的影响。

总的来说，本书中 4 个福利国家的社会政策研究和以跨国为基 *196* 础的研究一样都倾向于忽视种族、阶级和性别结果造成的问题以及由种族主义和男权主义结构化资本主义制度形成的福利国家。当然，这只是对政策分析家工作和生活的更大政治环境的一种反应。然而，没有什么必然或从根本上决定着这些边缘化过程。在 20 世纪 80 年代批判性社会政策分析对于主流传统来说明显是一种冲击，其中女性主义分析的发展表现得最为明显。尽管资本主义社会作为整体走向反向转变，但这种冲击还是存在的，特别是在学术世界中更是如此。随着新右派的逐渐失宠、斯大林主义的失败和社会福利欧洲的增长，批判性跨国政策分析的机会具有前所未有的前途。

统 计 附 录

福利开支

"真实社会开支"是指在包括教育但不包括住房开支的每一个
福利领域根据物价通胀调整过的数字，因此该数字根据每个领域
产出和单位投入价格的不同变动来进行调整，所以应该能够更为
准确地反映所提供的实际服务和福利。"真实国内生产总值"是根
据经济运行的一般通货膨胀水平进行调整过的数值。

$$真实收入弹性 = \frac{真实社会开支平均年增长（\%）}{真实国内生产总值平均年增长（\%）}$$

因此，这可以衡量社会支出是如何与 GDP 相关的。较低的数字和越
来越多的福利削减是与经济状况相关的。

表 A.1　作为国内生产总值一定比例的社会开支的增长

	真实社会支出占真实 GDP 的百分比		真实收入弹性	
	1960 年（%）	1981 年（%）	1960—1975 年	1975—1981 年
联邦德国	20.4	29.2	1.8	0.6
瑞典	15.9	33.5	2.0	4.0
英国	14.8	23.1	1.9	2.5
美国	11.3	20.2	2.3	0.9
经合组织 19 个国家平均水平	13.7	24.3	1.7	2.1

来源：经合组织，1985b；表 4。

福利、税收和工资

表 A.2　收入来源、税收和福利的相对重要性，1980 年，
以变量的平均价值占平均总收入的百分比来衡量

变量	联邦德国（%）	瑞典（%）	英国（%）	美国（%）
市场收入				
工资和薪金	63.1	64.5	72.0	75.8
自营收入	16.7	3.7	4.5	6.7
财产所得	1.1	2.7	2.7	5.8
年金养老金	2.3	0.0*	2.5	2.6
合计	83.3	70.8	81.7	90.8
公共现金津贴				
儿童津贴	1.4	1.3	2.2	0.0
家计调查为基础的补助金	0.6	4.4	2.1	1.3
其他津贴	14.5	23.6	12.9	6.8
合计	16.5	29.2	17.2	8.0
其他现金收入	0.2	0.0	1.1	1.2
总收入	100.0	100.0	100.0	100.0
减去：				
所得税	14.8	28.5	13.6	16.5
工资税（雇员）	7.7	1.2	3.3	4.5
净现金收入	77.5	70.2	83.1	79.0

* 因为技术原因，瑞典年金养老金包含在公共现金津贴当中。
来源：奥希根斯等人，1990：表 2.1。

收入分配

比较收入分配的数据需要考虑国家之间在住户或家庭规模上的　*198*
差异性。瑞典的家庭和住户规模要比美国、英国和联邦德国要小，
这三个国家的住户和家庭规模分布比较接近。一般说来人均收入较
低的家庭或住户的规模更大，相反规模较小的家庭或住户的人均收
入更高。"等效收入"一词被用来描述那些已经根据家庭或住户规模
调整过的收入数据。一些数据是以住户为基本单位，其他数据源是
以家庭为基本单位。表 A.3 摘录了索耶（1976）1972 年到 1973 年的
一些数据，同时表 A.4 摘录了卢森堡收入研究所（LIS）1980 年的一
些数据。正如奥希金斯等人解释的那样（1990：20 - 21）。这两个表

使用不同统计基础，没有直接可比性。不过，这两个表格在许多方面有着十分类似的结果。但是：

> 在索耶的分析中，英国的收入分配似乎和瑞典一样平等……而卢森堡收入研究中心的数据显示英国明显没有瑞典那么公平……索耶的数据还显示西德的收入分配要比美国更公平，同时其收入最低的五分之一人群的收入占比比卢森堡收入研究中心数据显示的要相对高得多。(O'Higgins et al.，1990：37)

表 A.3 和表 A.4 证实了一些熟悉的假设，即穷人和中等收入人群之间的净收入差距是美国最宽，瑞典最窄，同时联邦德国和英国处于中间位置。这两个表还显示出最富裕人群和中等收入人群之间的净收入差距，分别是联邦德国最高，瑞典最低，美国和英国处于中间位置。

另一个通常被用来比较收入分配不平等程度的变量是基尼系数，阿特金森（1974）曾经全面解释过该概念。完全平等的收入分配其基尼系数为零，基尼系数随着不平等程度而上升，直到完全不平等达到数值100（有的时候也使用 0 到 1 的测量办法作为替代）。表 A.3 和表 A.4 也显示基尼系数是建立在相同的统计基础上的，同时他们之间和上面一样有着类似的结论。表 A.5 通过展示当总收入和净收入分配进行比较时基尼系数下降了多少，表明税收和社会保障收益的影响。这表明在德国税收和津贴对福利分配的影响相对较小，同时在美国和瑞典税收和津贴对福利分配的影响要明显得多，英国再次处于中间位置。虽然相对不平等的总收入分配必须被考虑进来，美国在这方面的表现看起来有些奇怪。然而美国的税收和津贴制度比总收入分配同样不平等的德国更具积极的影响。

表 A.3　根据住户大小调整过的住户可支配收入的分布百分比，1972—1973 年

住户五分位分群	联邦德国（%）	瑞典（%）	英国（%）	美国（%）
最低五分之一	6.5	7.3	6.1	4.9
第二五分之一	10.3	14.1	12.2	10.9
第三五分之一	14.9	19.0	18.4	17.5
第四五分之一	21.9	24.7	24.0	24.6
最高五分之一	46.3	35.0	39.3	42.1
基尼系数	38.6	27.1	32.7	36.9

来源：索耶，1976：表 10。

表 A.4　五分位数分群的家庭等效净收入的分布百分比，1980 年

五分位分群	联邦德国（%）	瑞典（%）	英国（%）	美国（%）
最低五分之一	7.5	10.6	9.0	6.1
第二五分之一	12.7	16.1	13.5	12.8
第三五分之一	16.1	19.1	18.0	18.1
第四五分之一	20.7	23.1	23.4	24.4
最高五分之一	43.0	31.1	36.1	38.6
基尼系数	34.0	20.5	27.3	32.6

来源：奥希根斯等人编，1990：表2.2。

表 A.5　通过基尼系数在家庭等效总收入和净收入之间的
下降来衡量的税收和社会保障转移的影响，1980 年

	基尼系数下降数量
联邦德国	1.2
瑞典	4.4
英国	2.4
美国	4.5

来源：奥希根斯等人编，1990：表2.2。

收入贫困

卢森堡收入研究所（LIS）首次进行了一些不同福利国家间贫困 *200* 的有意义的比较。由斯米丁等人进行的贫困分析运用贫困的"经济距离"概念，该概念是这样计算的：

> 等效可支配收入根据家庭计算，然后将那些收入分配到家庭中的每个人，这样就能得到个案家庭中所有人中位数位置的等效收入。贫困线定义为中位数的一半。这条线在有些国家（比如美国）比国家贫困线要高，在其他国家（比如存在最低生活保障线的瑞典）要低于国家贫困线。（Smeeding et al.，1990：58）

表 A.6 展示了收入转移效果前后的经济距离贫困率，这是一种现金形式的社会保障收益。瑞典收入转移前较高的贫困率主要是因为卢森堡收入研究所没有将瑞典年金养老金的影响分离出

来。甚至将这一因素考虑进来，我们丝毫不怀疑瑞典的社会转移迄今为止对降低贫困的影响是最大的，而美国社会转移的影响最小，英国和联邦德国处于中间位置。瑞典老人收入转移后的贫困实际上是不存在的，但是在美国和英国的老人中依然存在。因为救济制度导致的单亲家庭贫困的下降在瑞典非常普遍，而在美国很少见，英国和联邦德国处于中间位置。收入转移对贫困的影响在瑞典、联邦德国和英国的双亲家庭中相对明显，但是在美国却十分微小。

表 A.6 收入转移前和后的经济距离贫困率

		贫困人口百分比（%）				
	贫困	合计	老年家庭	单亲家庭	双亲家庭	其他家庭
联邦	转移前	28.3	80.3	34.8	12.9	20.1
德国	转移后	6	9.3	18.1	3.9	5.4
	降低百分比	78.8	88.4	47.1	69.8	73.1
瑞典	转移前	41	98.4	55	21.3	30.5
	转移后	5	0.1	9.2	5	7
	降低百分比	87.8	99.9	88.3	76.5	77
英国	转移前	27.9	78.6	56.3	17.6	12.1
	转移后	8.8	18.1	29.1	6.5	4.1
	降低百分比	68.5	77	48.3	63.1	68
美国	转移前	27.3	72	58.5	16	15.4
	转移后	16.9	20.5	51.7	12.9	5.5
	降低百分比	38.1	71.5	11.6	19.4	36.4

来源：斯米丁等人编，1990：表3.5。

养老金支出与老年人收入

表 A.7 公共和私营部门养老金支出占国内生产总值的比重，1980 年

	社会保障（%）	政府雇员（%）	私营部门年金（%）	个人保险（%）
联邦德国	8.3	2.2	0.5	0.8
瑞典	9.7	1.0	0.5	0.15
英国	6.4	2.0	1.0	0.1
美国	5.0	1.5	1.4	0.3
18 个国家平均水平	6.2	1.71	0.55	0.45

来源：艾斯平－安德森，1990：表4.2。

	社会保障 (%)	公共部门雇员 (%)	私营部门年金 (%)	个人私人养老金 (%)
联邦德国	70.4	18.6	4.2	6.8
瑞典	85.5	8.8	4.4	1.3
英国	67.3	21.1	10.5	1.1
美国	60.9	18.3	17.1	3.7
18 个国家平均水平	68.2	18.9	4.5	6.0

来源：艾斯平 - 安德森，1990：表 4.3。

表 A.9　65 岁及以上家庭收入来源（总家庭收入的百分比）

	工作收入 (%)	财产性收入 (%)	私人养老金 (%)	社会保障转移收入 (%)
联邦德国（1978 年）	11.9	11.6	3.9	68.5
瑞典（1980 年）	11.1	8.8	– *	78.1 **
英国（1980 年）	23.8	9.1	5.5	54.6
美国（1980 年）	26.8	15.4	5.5	37.3

* 因为其他少量收入来源所以加总起来达不到 100。
** 因为技术原因瑞典的年金养老金纳入到社会保障转移收入中。
来源：艾斯平 - 安德森，1990：表 4.4。

失业

　　经合组织使用的标准化失业率（表 A.10）是指总劳动力的一定 *202* 百分比，这里的总劳动力包括"文职雇员、个体经营者、没有报酬的家务劳动者、军队中的专业和应征人员以及失业者"。失业者定义为"处于工作年龄的人，在特定时期内处于没有工作状态，同时可以工作并且正在寻找能够获得收入的就业机会"（OECD，1990b：76），这是一个比通常只包括在就业部门登记过的失业者的国家定义更为宽泛的定义。然而，处于培训计划中的人并不包括在失业者当中，那些永久性脱离劳动力市场的人也不包括在内。

表 A.10　标准化失业率

平均	1964—1967 年	1968—1973 年	1974—1979 年	1980—1987 年	1989 年
联邦德国	0.6	1.0	3.2	6.0	5.5
瑞典	1.6	2.2	1.9	2.7	1.4
英国	2.5	3.3	5.0	10.5	6.4
美国	4.2	4.6	6.7	7.6	5.2
经合组织平均水平	2.7	3.2	4.9	7.5	6.1

来源：经合组织，1989a：表 2.20；经合组织，1990a：22。

表 A.11　接受失业保险救济的人占失业者的百分比

年份	1973（%）	1975（%）	1977（%）	1979（%）	1981（%）	1983（%）
联邦德国	56	66	54	51	55	45
瑞典	N/A	50	42	48	52	60
英国	39	49	42	41	N/A	31
美国	41	77	53	42	41	44

说明：N/A 表示无效。
来源：鲁本斯，1989：表 5。

女性与就业

表 A.12　女性劳动力占总劳动力的百分比

年份	1950（%）	1960（%）	1968（%）	1974（%）	1980（%）	1987（%）	1950—1987 年之间的增长（%）
联邦德国	35.1	37.3	36.1	37.2	37.8	39.3	4.2
瑞典	26.3	33.6	38.1	41.8	45.2	48.0	21.7
英国	30.7	32.7	34.7	37.4	39.2	41.4	10.7
美国	28.9	32.5	36.1	38.7	42.0	44.3	15.4
经合组织平均水平	N/A	33.7	34.8	36.5	38.7	40.7	N/A

说明：N/A 表示无效。
来源：经合组织，1989a：表 2.3；经合组织，1985a：表 1.2。

表 A.13　女性劳动力占 15—64 岁女性人口的百分比

年份	1950（%）	1960（%）	1968（%）	1974（%）	1980（%）	1987（%）	1950—1987 年之间的增长（%）
联邦德国	44.3	49.2	47.1	49.8	50.0	52.0	7.7
瑞典	35.1	50.1	56.6	64.9	74.1	79.4	44.3
英国	42.9	46.1	49.8	54.3	58.3	62.6	19.7
美国	37.6	42.6	46.9	52.3	59.7	65.9	22.3
经合组织平均水平	38.2	45.8	46.4	49.3	53.2	56.8	18.6

来源：经合组织，1989a：表 2.8；巴克，1988：表 2.2。

表 A. 14　男性和女性失业者占男性和女性劳动力的百分比

	1960—1967 年（%）		1968—1973 年（%）		1974—1979 年（%）		1980—1987 年（%）		1960—1987 年（%）	
	男	女	男	女	男	女	男	女	男	女
联邦德国	0.9	0.7	0.8	0.9	2.9	4.4	6.1	8.1	2.8	3.6
瑞典	1.3	2.1	2.1	2.4	1.6	2.2	2.6	2.8	1.9	2.4
英国	1.7	1.1	3.2	1.0	5.2	2.5	11.9	7.3	5.7	3.1
美国	4.5	5.9	3.9	5.8	5.9	7.8	7.5	7.8	5.5	6.8
经合组织 平均水平	2.4	3.1	2.5	3.5	4.0	5.5	6.6	7.8	4.0	5.0

来源：经合组织，1989a；表 2.16，表 2.17。

表 A. 15　有 5 岁以下儿童妇女的劳动力状况百分比

	不在劳动力中（%）	失业（%）	总合就业（%）
联邦德国（1985 年）	61	7	32
瑞典（1983 年）	18	–	82 *
英国（1985 年）	61	11	29
美国（1986 年）	46	6	48 **

* 有 7 岁以下儿童妇女的比重；学校教育开始于 7 岁。

** 有 6 岁以下儿童妇女的比重；学校教育开始于 6 岁。

来源：莫斯，1989；表 2。

单亲父母

表 A. 16　由单亲父母供养的有孩子的家庭　　　　

	单亲家庭占所有 有孩子家庭的百分比（%）	单亲家庭中由女性 养家的近似百分比（%）
联邦德国（1982 年）	11.4	84
瑞典（1983 年）	19.0	N/A
英国（1984 年）	13.0	91
美国（1984 年）	25.7	89

说明：N/A 表示无效。

来源：米勒，1989a：表 1.5。

表 A. 17　单身母亲和已婚母亲的就业百分比

国家	单身母亲（%）	已婚母亲（%）
联邦德国（1982 年）	60	42
瑞典（1979 年）	86	64
英国（1982—1984 年）	39	49
美国（1980 年）	71	60

来源：米勒，1989a：表 7.2。

表 A.18　单亲家庭每个成年人等效净收入占双亲家庭的百分比*，1980 年

联邦德国	78
瑞典	87
英国	76
美国	57

*这是对家庭相对救济福利位置的衡量，并且根据家庭规模差异进行了修正。
来源：豪泽和菲舍尔，1990：表 6.2。

医疗保健支出与健康状况

表 A.19　医疗保健的公共开支占医疗保健总开支的百分比

年份	1960（%）	1975（%）	1980（%）	1984（%）
联邦德国	67.5	80.2	79.3	78.2
瑞典	72.6	90.2	92.0	91.4
英国	85.2	90.3	90.2	88.9
美国	24.7	42.5	42.5	41.4
经合组织平均	61.0	76.2	79.0	78.7

来源：经合组织，1987：表 18。

表 A.20　医疗保健总开支占国内生产总值的百分比

年份	1960（%）	1975（%）	1980（%）	1984（%）
联邦德国	4.7	7.8	7.9	8.1
瑞典	4.7	8.0	9.5	9.4
英国	3.9	5.6	5.6	5.9
美国	5.3	8.6	9.5	10.7
经合组织平均	4.2	7.0	7.2	7.5

来源：经合组织，1987：表 18。

表 A.21　按照当前汇率以美元计的人均公共医疗开支

年份	1970	1984
联邦德国	163	844
瑞典	309	1176
英国	140	585
美国	135	678

来源：经合组织，1987：表 18，表 20。

表 A.22　医疗保健总开支相对于国内生产总值的真实弹性*

年份	1960—1975	1975—1984	1980—1984	1960—1984
联邦德国	1.2	0.9	0.1	1.3
瑞典	2.4	1.6	0.02	2.7
英国	2.1	1.0	0.4	2.1
美国	1.8	1.2	0.9	1.7
经合组织平均	1.6	1.3	0.5	1.6

* 包括私人和公共医疗开支在内的医疗保健总开支是"真实"数字，根据医疗保健价格指数而通货紧缩。国内生产总值也是"真实"的，其根据国内生产总值紧缩指数（比如总的通货膨胀）而通货紧缩。弹性是指真实医疗保健开支增长与真实国内生产总值增长在特定时期的比率。
来源：经合组织，1987：表21。

表 A.23　根据17种不同年龄性别死亡率和婴儿死亡率评价的健康状况

	标准化死亡指数* 1975 年	名次	婴儿死亡率** 1983—1988 年
联邦德国	1.23	10	9.1 (1988)
瑞典	0.76	1	6.8 (1985)
英国	0.91	4	9.4 (1985)
美国	1.18	9	10.4 (1986)
荷兰	0.80	2	
法国	1.11	8	7.0 (1986)
澳大利亚	1.01	5	9.2 (1984)
意大利	1.04	6	10.9 (1985)
加拿大	1.08	7	9.1 (1983)
瑞士	0.86	3	6.9 (1985)

* 对于每一个年龄—性别测量来说，每一个国家的比率由除以10个国家的平均值得来。标准化指数由所有17种测量指数的平均值计算得来。
** 第一年里每1 000位出生儿中死亡人数。
来源：麦克斯韦，1981：表3，表4；经合组织国家经济调查（每年针对每个国家）。

参 考 文 献

ÅBERG, R. , SELÉN, J. and THAM, H. (1987) "Economic resources" in ERIK-
   SON, E. and ÅBERG, R. (eds.) *Welfare in Transition*, Oxford, Oxford Univetsity
   Press.
ACHDUT, L. and TAMIR, Y. (1990) "Retirement and well-being among the eldefly"
   in SMEEDING, T. , O'HIGGINS, M. and RAINWATER, L. (eds.) *Poverty, Ine-
   quality and Income Distribution in Comparative Perspective*, Hemel Hempstead, Har-
   vester Wheatsheaf.
ADAMS, C. and WINSTON, K. (1980) *Mothers at WorR : Public Policies in the United
   States, Sweden and China*, New York, Longman.
ADAMS, P. (1989) "Family policy and labour migration in East and West Germany"
   Social Service ReView, 63, 2.
ALBER, J. (1983) "Some causes of social security expenditure development in West-
   ern, Europe 1949 - 1977" in LONEY, M. , BOSWELL, D. and CLARKE, J.
   (eds.) *Social Policy and Social Welfare*, Milton Keynes, Open Univetsity Press.
ALBER, J. (1986) "Germany" in FLORA, P. (ed.) *Growth to Limits*, vol. 2, Ber-
   lin, de Gruytef.
ALCOCK, P. (1987) *Poverty and State Support*, London, Longman.
ALFORD, R. (1975) *Health Care Politics*, Chicago, University of Chicago Press.
ALLSOP, J. (1989) "Heanh" in McCARTHY, M. (ed.) *The New Politics of Wel-
   fare : An Agenda for the 1990s*? Basingstoke, Macmillan.
AMENTA, E. and SKOCPOL, T. (1989) "Taking exception : explaining the distinc-
   tiveness of American public policies" in CASTLES, F. (ed.) *The Comparative Histo-
   ry of Public Policy*, Cambridge, Polity Press.
ANDERSON, O. (1972) *Health Care : Can There Be Equity*? New York, John Wiley.
ARDAGH, J. (1987) *Germany and the Germans*, London, Hamish Hamilton.
ASCHENBAUM, W. (1986) *Social Security : Visions and Revisons*, Cambridge, Cam-
   bridge University Press.
ASHFORD, D. (1986) *The Emergence of the Welfare States*, Oxford, Blackwell.
ASRAT-GIRMA. (1986) "Afro-Caribbean children in day care" in AHMED, S. ,
   CHEETHAM, J. and SMALL, J. (eds.) *Social Work with Black Children and their
   Families*, London, Batsford.
ATKINSON, A. B. (1974) "Poverty and income inequality in Britain" in WEDDER-
   BURN, D. (ed.) *Poverty, Inequality and Class Structure*, Cambridge, Cambridge
   Univetsity Press.
ATKINSON, A. B. and MICKLEWRIGHT, J. (1989) "Turning the screw : benefits for

the unemployed, 1979 – 1988" in ATKINSON, A. B. (ed.) *Poverty and Social Security*, Hemel Hempstead, Harvester Wheatsheaf.

BAKKER, I. (1988) "Women's employment in comparative perspective" in JENSON, J. , HAGEN, E. and REDDY, C. (eds.) *Feminization of the Labor Force*, Cambridge, Polity Press.

BALDWIN, P. (1990) *The Politixs of Social sodarity : Class Bases of the European Welfare Srate*, *Cambridge*, Cambridge University Press.

BALL, W. and SOLOMOS, J. (1990) *Race and Local Politics*, Basingstoke, Macmillan.

BARRETT, M. and McINTOSH, M. (1982) *The Anti-social Family*, London, Verso.

BAWDEN, D. L. and PALMER, J. (1984) "Social policy : challenging the welfare state" in PALMER, J. and SAWHILL, I. (eds.) *The Reagan Record*, Cambridge. (MA), Ballinger.

BAXTER, C. and BAXTER, D. (1988) "Racial inequalities in health : a challenge to the British National Health Service" *International Journal of Health Services*, 18, 4.

BEECHEY, V. and PERKINS, T. (1987) *A Matter of Hours : Women, Part-time Work and the Labour Market*, Cambridge, Polity Press.

BEN-TOVIM, G. , GABRIEL, J. , LAW, I. and STREDDER, K. (1986) *The Local Politics of Race*, Basingstoke, Macmillan.

BERFENSTAM, R. and WILLIAM-OLSSON, I. (1973) *Early Child Care in Sweden*, London, Gordon and Breach.

BERGSTRAND, C. (1982) "Big profit in private hosoitals" *Socia Policy*, Fall.

BERNSTEIN, B. (1984) "Welfare dependency" in BAWDEN, D. L. (ed.) *The Social Contract Revisitted*, Washington DC, Urban Institute Press.

BJORKLUND, A. and HOLMLUND, B. (1990) "Unemployment policy : lessons from Sweden" *Economic Review*, January.

BJÖRKMAN, J. W. (1989) "Politicizing medicine and medicalizing politics : physician power in the US" in FREDDI, G. and BJORKMAN, J. W. (eds.) *Controlling Medical Professionals*, London, Sage.

BLOCK, F. (1987) "Social policy and accumulation : a critique of the new consensus" in REIN, M. , ESPING-ANDERSEN, G. and RAINWATER, L. (eds.) *Stagnation and Renewal in Social Policy*, Armonk. (NY), M. E. Sharpe.

BODENHEIMER, T. (1989) "US health Policy in the austerity era" *Socoal Science and Medicine*, 28, 6.

BORCHORST, A. and SIIM, B. (1987) "Women and the advanced welfare state-new kind of patriarchal power?" in SASSOON, A. (ed.) *Women and the Stare*, London, Hutchinson.

BRANDES, S. (1976) *American Welfare Capitalism 1880 – 1940*, Chicago, University Of Chicago Press.

BRAUNS, H. -J. and KRAMER, D. (1989) "West Germany : the break up of consensus" in MUNDAY, B. (ed.) *The Crisis in Welfare*, Hemel Hempstead, Harvester Wheatsheaf.

BREUGHEL, I. (1989) "Sex and race in the labour market" *Feminist RevieW*, 32, Summer.

BRINDLE, D. (1990) "Firms 'cannot afford child care' " *The Guardian*, April 25th.

BROBERG, A. and HWANG, P. (1991) "Day care for young children in Sweden" in MELHUISH, E. and MOSS, P. (edS.) *Day Care for Young Children*, London, Routledge.

参考文献

226　BROWN, E. R. (1979) *Rockefeller Medicine Men*, Berkeley, Universlty of California Press.

BROWN, J. (1990) *Child Benefit : Options for the 1990s*, London, Save Child Benefit and Child Poverty ACtiOn Group.

BROWN, J. and SMALL, S. (1985) *Occupational Benefits as Social Security*, London, Policy Studies Institute.

BRYAN, B. , DADZIE, S. and SCAFE, S. (1985) *The Heart of the Race : Black Women's Lives in Britain*, London, Virago.

BUNYAN, T. (1991) "Towards an authoriarian European state" Race and Class, 32, 3.

BURGHES, L. (1987) *Made in the USA : A Review of Workfare*, London, UnempIoyment Unit.

BURTON, J. (1988) "Workfare : ethics and efficency" *Economic Affairs*, April/May.

CARENS, J. (1988) "Immigration and the welfare state" in GUTMAN, A. (ed.) *Democracy and the Welfare State*, Princeton. (NJ), Princeton University Press.

CARR-HILL, R. (1989) "Inequalities in health : the country debate" in FOX, J. (ed.) *Health lnequalities in European Countries*, Aldershot, Gower.

CASTLES, F. (1982) "The impact of parties on public expenditure" in CASTLES, F. (ed.) *The Impact of Parties*, London, Sage.

CASTLES, F. (1989) (ed.) *The Comparative History of Public Policy*, Cambridge, Polity Press.

CASTLES, S. (1984) *Here for Good : Western Europe's New Ethnic Minorities*, London, Pluto Press.

CASTLES, S. and KOSACK, W. (1973) *Immigrant Workers and Class Structure in Western Europe*, Oxford, Oxford University Press.

CLARKE, S. (1988) "Overaccumulation, class struggle and the regulation approach" *Capital and Class*, 36, Winter.

COCKBURN, C. (1987) *Two-Track Training : Sex Inegualities and the Youth Training Scheme*, BaSingstoke, Macmillan.

COHEN, B. (1988) *Caring for Children : Services and Policies for Childcare and Equal Opportunities in the United Kingdom*, London, Commission of the European Communities.

COHEN, S. (1982) *From Ill Treatment to No Treatment*, Manchester, Manchester Law Centre Immigration Handbook 6.

COLLINS, S. (1983) "The making of the black middle Class" *Social Problems*, 30, 4.

COOK, J. and WATT, S. (1987) "Racism, women and poverty" in GLENDIN-NING, C. and MILLAR, J. (eds.) *Women and Poverty in Britain*, Brighton, Wheatsheaf.

CPC. (1990) *Choice and Responsibility : The Enabling State*, London, Conservative Political Centre.

CRE. (1990) *Commission for Racial Equality : Annual Report 1989*, London, CRE.

CSO. (1988) "The effects of taxes and benefits on household income, 1986" *Economic Trends*, December.

CSO. (1989) *Social Trends 1989*, London, Central Statistical Office, HMSO.

CSO. (1990a) *Social Trends 1990*, London, Central Statistical Office, HMSO.

CSO. (1990b) "The effects of taxes and benefits on household income, 1987" *Economic Trends*, May.

DAHLERUP, D. (1987) "Confusing concepts-confusing reality : a theoretical discussion of the patriarchal state" in SASSOON, A. (ed.) *Women and the State*, London, Hutchinson.

DAHLGREN, G. and DIDERICHSEN, F. (1986) "Strategies for equity in health : report from Sweden" *International Journal of Health Services*, 16, 4.

DANIEL, W. (1980) *Maternity Rights : The Experience of Women*, London, Policy Studies Institute.

DAVID, M. (1983) "Sexual morality and the new right" *Critical Social Policy*, 2, 3.

DAVIDSON, N. (1987) *A Question of Care : The Changing Face of the National Health Service*, *London*, Michael Joseph.

DEPPE, H. -U. (1989) "State and health" *Social Science and Medicine*, 28, 11.

DERBYSHIRE, I. (1987) *Politics in West Germany*, London, Chambers.

DES. (1972) *Education : A Framework for Expansion*, White Paper, Cmnd 5174, London, Department of Education and Science, HMSO.

DEX, S. and SHAW, L. (1986) *British and American Women at Work*, Basingstoke, Macmillan.

DHSS. (1976) *Low Cost Day Care Provision for the Under Fives*, London, Department of Health and Social Security, HMSO.

DIDERICHSEN, F. (1982) "Ideologies in the Swedish health sector today" *International Journal of Health Services*, 12, 2.

DIDERICHSEN, F. and LINDBERG, G. (1989) "Better health-but not for all" *International Journal of Health Servies*, 19, 2.

DiNITTO, D. and DYE, T. (1983) *Social Welfare : Politics and Public Policy*, Englewood Cliffs. (NJ), Prentice-Hall.

DOH. (1989) *Working for Patients*, White Paper, Cm 555, London, Department of Health, HMSO.

DONOVAN, J. (1986) *We Don't Buy Sickness*, *It Just Comes : Health*, *Illness and Health Care in the Lives of Black People in London*, Aldershot, Gower.

DOYAL, L. (1985) "Women and the National Health Service : the carers and the careless" in LEWIN, E. and OLESEN, V. (eds.) *Women*, *Health and Healing*, London, Tavistock.

DOYAL, L. and ELSTON, M. A. (1986) "Women, health and medicine" in BEECHEY, V. and WHITELEGG, E. (eds.) *Women in Britain Today*, Milton Keynes, Open University Press.

DOYAL, L. , HUNT, G. and MELLOR, J. (1981) "Your life in their hands : migrant workers in the National Health Service" *Critical Social Policy*, 1, 2.

DSS. (1990) *Support for Lone-Parent Families*, Department of Social Security, House of Commons Paper 328, London, HMSO.

DUENSING, E. (1988) *America's Elderly : A Sourcebook*, New Brunswick. (NJ), Centre for Urban Policy Research.

DUNLEAVY, P. (1989) "The United Kingdom : paradoxes of an ungrounded statiSm" in CASTLES, F. (ed.) *The Comparative History of Public Policy*, Cambridge, Polity Press.

EC. (1989) *Poverty in Europe*, unpublished study, European Commission.

ECONOMIST. (1990) "School desegregation : magnet bribes" *The Economist*, April 28th.

EDSALL, T. (1984) *The New Politics of Inepuality*, New York, W. W. Norton.

EDYE, D. (1987) *Immigrant Labour and Government Policy*, Aldershot, Gower.

EHRENREICH, B. and ENGLISH, D. (1979) *For Her Own Good : 150 Years of the Experts' Advice to Women*, London, Pluto Press.

228   EISENSTEIN, Z. (1984) *Feminism and Social Equality*, New York, Monthly Review Press.

ELLIS, K. and PETCHESKY, R. (1972) "Children of the corporate dream : an analysis of day care as a political issue under capitalism" *Socialist Revolution*. (San Francisco), 2, 6.

ERIKSON, R. (1987) "Disparities in mortality" in ERIKSON, E. and ÅBERG, R. (eds.) *Welfare in Transition*, Oxford, Oxford University Press.

ERLER, G. (1988) "The German paradox : non-feminization of the labor force and post-industrial social policies" in JENSON, J. , HAGEN, E. and REDDY, C. (eds.) *Feminization of the Labor Force*, Cambridge, Polity Press.

ESPING-ANDERSEN, G. (1990) *Three Worids of Welfare Capitalism*, Cambridge, Polity Press.

FARLEY, R. (1984) *Blaks and Whites : Narrowing the Gap ?* , Cambridge. (MA), Harvard University Press.

FEDERATION OF GERMAN PENSIONS INSURANCE INSTITUTES. (1988) "Evolution in the structure of employment and its consequences for general pensions schemes' " *International Social Security Review*, 3.

FEINMANN, J. (1989) "Doctors" dilemmas' *New Statesman and Society*, March 17th.

FIELD, F. (1982) *Poverty and Politics*, London, Heinemann.

FINER, M. (1974) *Report of the Committee on One-Parent Families*, vol. 1, Cmnd 5629, London, HMSO.

FINN, D. (1987) *Training Without Jobs : New Deals and Broken Promises*, Basingstoke, Macmillan.

FORMAN, M. (1983) "Social security is a women's issue" *Social Policy*. (US), Summer.

FOSTER, P. (1989) "Improving the doctor / patient relationship : a feminist perspective" *Journal of Social Policy*, 18, 3.

FRANCOME, C. (1986) *Abortion Practice in Britain and the US*, London, Allen and Unwin.

FRIEDMAN, R. , GILBERT, N. and SHERER, M. (eds.) . (1987) *Modern Welfare States*, Brighton, Wheatsheaf.

FURMANIAK, K. (1984) "West Germany : poverty, unemployment and social insurance" in WALKER, R. , LAWSON, R. and TOWNSEND, P. (eds.) *Responses to Poverty*, London, Heinemann.

GEBHARDT-BENISCHE, M. (1986) "Family law, family law politics and family politics" *Women's Studies International Forum*, 9, 1.

GEORGE, V, and WILDING, P. (1985) *Ideology and Social Welfare*, London, Routledge.

GIBBON, P. (1990) "Equal opportunities policy and race equality" *Critical Social Policy*, 28, Summer.

GIDDENS, A. (1979) *Central Problems in Social Theory*, Basingstoke, Macmillan.

GILDER, G. (1981) *Wealth and Poverty*, New York, Basic Books.

GILROY, P. (1987) *There ain't No Black in the Union Jack*, London, Hutchinson.

GIMENEZ, M. (1989) "The feminization of poverty : myth or reality?" *International Journal of Health Services*, 19, 1.

GINSBURG, N. (1979) *Class, Capital and Socia Policy*, London, Macmillan.

GINSBURG, N. (1989) "Instutional racism and local authority housing" *Critical Social Policy*, 24.

GLASGOW, D. (1980) *The Black Underclass*, San Francisco, Jossey-Bass.

GLAZER, N. (1986) "Welfare and 'welfare' in America" in ROSE, R. and SHIRATORI, R. (eds.) *The Welfare Srate East and West*, New York, Oxford Universitv Press.

GORDON, D., EDWARDS, R. and REICH, M. (1982) *Segmented Work, Divided Workers*, Cambridge, Cambridge University Press.

GORDON, L. (1977) *Woman's, Body, Woman's Right : A Social History of Birth Control in America*, Harmondsworth, Penguin.

GORDON, L. (1988) "What does welfare regulate?" *Social Research*, 55, 4.

GORDON, M. (1988) *Social Security Policies in Industrial Countries*, Cambridge, Cambridge University Press.

GORDON, P. (1985) *Policing. Immigration : Britain's Internal Controls*, London, Pluto Press.

GORDON, P. (1986) "Racism and social security" *Critical Social Policy*, 17, Autumn.

GORDON, P. and NEWNHAM, A. (1985) *Passport to Benefits : Racism in Social Security*, London, Child Poverty Action Group and the Runnymede Trust.

GOUGH, I. (1979) *The Political Economy of the Welfare State*, Basingstoke, Macmillan.

GOULD, A. (1988) *Control and Conflict in Welfare Policy : The Swedish Experience*, Harlow, Longman.

GRAF, W. (1986) "Beyond social democracy in Germany?" in MILIBAND, R., SAVILE, J. and LIEBMAN, M. (eds.) *Socialist Register 1985 / 6*, London, Merlin Press.

GRAHAM, H. and OAKLEY, A. (1981) "Comparing ideologies of reproduction : medical and maternal perspectives on pregnancy" in ROBERTS, H. (ed.) *Women, Health and Reproduction, London*, Routledge.

GREENWOOD, V. and YOUNG, J. (1976) *Abortion in Demand*, London, Pluto Press.

GRIFFITHS, R. (1983) *Report of the NHS Management Inquiry*, London, DHSS, HMSO.

GRIMSLEY, M. and BHAT, A. (1988) "Health" in BHAT, A., CARR-HILL, R. and OHRI, S. (eds.) *Britain's Black Population : A New Perspective*, Aldershot, Gower.

GROVES, D. (1987) "Occupational pension provision and women's poverty in old age" in GLENDINNING, C. and MILLAR, J. (eds.) *Women and Poverty in Britain*, Brighton, Wheatsheaf.

GRUNOW, D. (1986) "Debureaucratisation and the self-help movement : towards a restruc-turing of the welfare state in the FRG?" in OYEN, E. (ed.) *Comparing Welfare States*, Aldershot, Gower.

HAKIM, C. (1989) "Workforce restructuring, social insurance coverage and the black economy" *Journal of Social Policy*, 18, 4.

HALLETT, G. (1985) "Unemployment and labour market policies : some lessons from West Germany" *Social Policy and Administration*, 19, 3.

HAMMAR, T. (1984) "Sweden" in HAMMAR, T. (ed.) *European Immigration Policy*, Cambridge, Cambridge University Press.

HANSON, R. (1987) "The expansion and contraction of the American welfare state" in GOODIN, R. and LE GRAND, J. (eds.) *Not Only the Poor*, London, Allen and Unwin.

230 HARPER, K. (1990) "Where have all the unemployed gone?" *The Guardian*, June 8th.

HAUG, F. (1986) "The women's movement in West Germany" *New Left Review*, 155.

HAUSER, R. and FISCHER, I. (1990) "Economicwell-being among one-parent families" in SMEEDING, T., O'HIGGINS, M. and RAINWATER, L. (eds.) *Poverty, Inequality and Income Distribution in Comparative Perspective*, New York, Harvester Wheatsheaf.

HECLO, H. (1974) *Modern Social Politics in Britain and Sweden*, New Haven, Yale University Press.

HECLO, H. and MADSEN, H. (1987) *Policy and Politics in Sweden*, Philadelphia, TemPle University Press.

HEDSTROM, P. and RINGEN, S. (1990) "Age and income in contemporary Society" in SMEEDING, T., O'HIGGINS, M. and RAINWATIER, L. (eds.) *Poverty, Inequality and Income Distribution in Comparative Perspective*, Hemel Hempstead, Harvester Wheatsheaf.

HEIDENHEIMER, A., HECLO, H. and ADAMS, C. (1990) *Comparative Public Policy : The Politi Of Social Choice in America, Europe and Japan*, 3rd edn, New York, St Martin's Press.

HERNES, H. (1987) "Women and the welfare state : the transiton from private to public dependence" in SASSOON, A. (ed.) *Women and the State*, London, Hutchinson.

HESSE, B. (1984) "Women at work in the Federal Republic of Germany" in DAVIDSON, M. and COOPER, C. (eds.) *Women at Work*, New York, John Wiley.

HEWIETT, S. (1987) *A Lesser Life : The Myth Of Women's Liberation*, London, Michael Joseph.

HIGGINS, J. (1981) *States of Welfare*, London, Heinemann.

HIGGINS, J. (1986) "Comparative social policy" *Quarterly Journal of Social Affairs*, 2, 3.

HIGGINS, J. (1988) *The Business of Medicine : Private Health Care in Britain*, Basingstoke, Macmillan.

HILL, R. (1988) "Cash and noncash benefits among poor black families" in MxADOO, H.

PIPES. (ed.) Blak Families, *Newbury Park. (CA)*, Sage.

HILLS, J. (1990) (ed.) *The State of Welfare : The Welfare State in Britain Since 1974*, Oxford, Oxford University Press.

HIMMELSTEIN, D. and WOOLHANDLER, S. (1984) "Medicine as industry : the health-care sector in the United States" *Monthly Review*, April.

HIRSCH, J. (1980) "Developments in the political system of West Germany Since 1945" in SCASE, R. (ed.) *The State in Western Europe*, London, Croom Helm.

HM TREASURY. (1989) *The Government's Expenditure Plans 1989 – 90 to 1991 – 92*, Chapter 21 "Supplementary analyses and index", London, HMSO.

HOCHSCHILD, J. (1988) "Race, class, power and the welfare state" in GUTMAN, A. (ed.) *Democracy and the Welfare State*, Princeton. (NJ), Princeton University Press.

HOGWOOD, B. (1989) "The hidden face of public expenditure : trends in tax expenditures in Britain" *Policy and Politics*, 17, 2.

HOSKYNS, C. (1988) " 'Give us equal pay and we'll open our own doors' " in BUCKLEY, M. and ANDERSON, M. (eds.) *Women, Equality and Europe*, Bas-

福利分化

ingstoke, Macmillan.

HOUSEOFCOMMONS. (1990) *The Income Support System and the Distribution of Income*, Report of the Select Committee on Social Services, London, HMSO.

HOUSE OF LORDS. (1989) *Equal Treatment for Men and Women in Pensions and Other Benifits*, 10th Report of the House of Lotds Select Committee on the European Commun-ities, 1988 – 9 Session, London, HMSO.

HUHNE, C. (1989) "Useful reforms, but the health service is still anaemic" *The Guardian*, February 15th, P. 14.

JENKINS, R. (1988) "Discrimination and equal opportunity in employment : ethnicity and race in the UK" in GALLIE, D. (ed,) *Employment in Britain*, Oxford, Basil Blackwell.

JNPRU. (1990) *The NHS Privatisation Experience*, London, Joint NHS Privatisation Research Unit.

JOHNSON, N. (1990) *Reconstructing the Welfare State*, Hemel Hempstead, Harvester Wheatsheaf.

JOHNSON, P. and WEBB, S. (1989) "Counting people with low incomes : the impact of recent changes in official statistics" *Fiscal Studies*, 10, 4.

JONES, C. (1985) *Patterns of Social Policy*, London, Tavistock.

KAHN, A. and KAMERMAN, S. (1987) *Child Care : Facing the Hard ChOices*, Dover. (MA), Auburn House.

KAMERMAN, S. and KAHN, A. (1978) (eds.) *Family Policy : Government and Families in Fourteen Countries*, New York, Columbia University Press.

KATZNELSON, I. and KESSELMAN, M. (1979) *The Politics of Power*, New York, Harcourt Brace Jovanovich.

KAYE, G. (1987) "Current regulation" in BENJAMIN, B. , HABERMAN, S. , HELOWICZ, G. , KAYE, G. and WILKIE, D. *Pensions : The Problems of Today and Tomorrow*, London, Allen and Unwin.

KEINER, G. (1986) "The question of induced abortion" in LIGHT, D. and SCHULLER, P. (eds.) *Political Values and Health Care*, London : MIT Press.

KERANS, P. , DROVER, G, and WILLIAMS, D. (1988) *WelFare and Workr Participation*, BaSingstoke, Macmillan.

KINDLUND, S. (1988) "Sweden" in KAHN, A. and KAMERMAN, S. *Child Support : Cross – Cultural Studies*, Newbury Park. (CA), Sage.

KJELLSTRÖM, S. -Å. and LUNDBERG, O. (1987) "Health and health care utilization" in ERIKSON, E. and ÅBERG, R. (eds.) *Welfare in Transition*, Oxford, Oxford University Press.

KlEIN, R. (1989) *The Politics of the NHS*, Harlow, Longman.

KORPI, W. (1978) *The Working Class in Welfare Capitalism*, London, Routledge.

KORPI, W. (1983) *The Democratic Class Struggle*, London, RoutledRe.

KUSHNICK, L. (1988) "Racism, the National Health Service and the health of black people" *International Journal of Health Services*, 18, 3.

LABOUR PARTY. (1989a) *Ten years of Inequality : Britain-Europe's Poor Relation*, File on Fairness, 3, London, Labour Party.

LABOUR PARTY. (1989b) *Labour Party Policy Review*, London, Labour Party.

LAND, H. (1971) "Women, work and social security' " *Social and Economic Administration*, 5, 3.

LAND, H. (1975) "The introduction of family allowances' " in HALL, P. , LAND, H. , PARKER, R. and WEBB, A. (eds.) *Change, Choice and Conflict in Social Policy*, London, Heinemann.

参考文献

232 LANE, J.-E. and ARVIDSON, S. (1989) "Health professionals in the Swedish system' " in FREDDI, G. and BJÖRKMAN, J. (eds.) *Controlling Medical Professionals*, London, Sage.

LANE, M. (1974) *Report of the Committee on the Working of the Abortion Act*, vol. 1, Cmnd 5579, London, HMSO.

LARSSON, S. (1991) "Swedish racism : the democratic way' " Race and Class, 32, 3.

LARWOOD, L. and GUTEK, B. (1984) "Women at work in the USA" in DAVIDSON, M. and COOPER, C. *Women at Work*, Chichester, Wiley.

LASCH, C. (1977) *Haven in a Heartless World*, New York, Basic Books.

LAWSON, R. (1980) "Poverty and inequality in West Germany" in GEORGE, V. and LAWSON, R. (eds.) *Poverty and Inequality in Common Market Countries*, London, Routledge.

LEACH, P. (1979) *Who Cares? A New Deal for Mothers and their Small Children*, Harmondsworth, Penguin.

LEAMAN, J. (1988) *The Political Economy of West Germany 1945 – 1985*, Basingstoke, Macmillan.

LEE, P. and RABAN, C. (1988) *Welfare Theory and Social Policy*, London, Sage.

LE GRAND, J. (1987) "The middle-class use of the British social services" in LE GRAND, J. and GOODIN, R. (eds.) *Not Only the Poor : The Middle Classes and the Welfare State*, London, Allen and Unwin.

LE GRAND, J. (1989) "An international comparison of distribution of ages-at-death" in FOX, J. (ed.) *Health Inequalities in European Countries*, Aldershot, Gower.

LE GRAND, J. (1990) "The state of welfare" in HILLS, J. (ed.) *The State of Welfare*, Oxford, Oxford University Press.

LE GRAND, J. and WINTER, D. (1987) "The middle classes and the defence of the British welfare state" in LE GRAND, J. and GOODIN, R. (eds.) *Not Only the Poor : The Middle Classes and the Welfare State*, London, Allen and Unwin.

LEIBFRIED, S. (1979) "Public assistance in the Federal Republic of Germany" in PART – INGTON, M. and JOWELL, J. (eds.) *Welfare Law and Policy*, London, Frances Pinter.

LEIBFRIED, S. (1991) "Towards a European welfare state?", unpublished manuscript, Center for Social Policy Research, Bremen University.

LEUCHTENBURG, W. (1963) *Franklin D. Roosevelt and the New Deal 1932 – 1940*, New York, Harper and Row.

LEWIS, J. (1989) " 'It all really starts in the family..' : community care in the 1980s" *Journal of Law and Society*, 16, 1.

LIGHT, P. (1985) *Artful Work : The Politics of Social Security Reform*, New York, Random House.

LILJESTRÖM, R. (1974) A *Study of Abortion in Sweden*, Stockholm, Royal Ministry of Foreign Affairs.

LILJESTRÖM, R. (1978) "Sweden" in KAMERMAN, S. and KAHN, A. (eds.) *Family Policy : Government and Families in Fourteen Countries*, New York, Columbia University Press.

LINTON, M. (1984) "By all accounts they should be bust" *The Guardian*, October 9th.

LOCK, S. (1990) "Steaming through the NHS-time for the profession to unite" in *The NHS Review-What it Means*, London, British Medical Journal.

LONSDALE, S. (1985) *Work and Inequality*, London, Longman.

福利分化

LONSDALE, S. and BYRNE, D. (1988) "Social security : tom state insurance to pri- 233
vate uncertainty" in BRENTON, M. and UNGERSON, C. (eds.) *Year Book of
Social Policy1987 - 8*, Harlow, Longman.

LUBOVE, R. (1968) *The Struggle for Social Security 1900 - 1935*, Cambridge.
(MA), Harvard University Press.

LUSTGARTEN, L. (1987) "Racial inequality and the limits of the law" in JEN-
KINS, R. and SOLOMOS, J. (eds.) *Racism and Equal Opportunities Policies in the
1980s*, Cambridge, Cambridge University Press.

MacGREGOR, S. (1981) *The Politics of Poverty*, London, Longman.

McK1NLAY, J., McK1NLAY, S. and BEAGLEHOLE, R. (1989) "A review of the
evidence concerning the impact of medical measures on recent mortality and morbidity
in the US" *International Journal of Health Services*, 19, 2.

MACLEAN, M. and GROVES, D. (eds.) (1991) *Women's Issues in Social Policy*,
London, Routledge.

McNAUGHT, A. (1987) *Health Action and Ethnic Minorities*, London, Bedford
Square Press, for the National Community Health Resource.

MACNICOL, J. (1980) *The Movement for Family Allowances*, 1918 - 1945, Lon-
don, Heine-mann.

MARABLE, M. (1983) *How Capitalism Underdeveloped Black America*, London, Plu-
to Press.

MARABLE, M. (1984a) "Black families : what's in 'crisis' -and what's not",
Guardian. (New York weekly), May 30th, p. 19.

MARABLE, M. (19841b) *Race, Reform and Rebellion*, London, Macmillan.

MARTIN, J. and ROBERTS, C. (1984) *Women and Employment : A Lifetime Perspec-
tive*, London, HMSO.

MAXWELL, R. (1981) *Health and Wealth*, Lexington. (MA), Lexington Books.

MEACHER, M. (1989) "Employment" in McCARTHY, M. (ed.) *The, New Poli-
tics of Welfare : An Agenda for the 1990s*, Basingstoke, Macmillan.

MICKLEWRIGHT, J. (1989) "The strange case of British earnings-related unemploy-
ment benefit" *Journal of Social Policy*, 18, 4.

MILES, R. (1989) *Racism, London*, Routledge.

MILLAR, J. (1989a) *Poverty and the Lone Parent Family*, Aldershot, Avebury.

MILLAR, J. (1989b) "Social security, equality and women in the UK" *Policy and
Politics*, 17, 4.

MILLER, S. M. and JENKINS, M. (1987) "Challenging the American welfare state"
in FERGE, Z. (ed.) *The Dynamics of Deprivation*, Aldershot, Gower Press.

MINFORD, P. (1983) *Unemployment : Cause and Cure*, Oxford, Martin Robertson.

MISHRA, R. (1984) *The Welfare State in Crisis*, Brighton, Wheatsheaf.

MISHRA, R. (1990) *The Welfare State in Capitalist Sociaty*, Hemel Hempstead, Har-
vester Wheatsheaf.

MOELLER, R. (1989) "Reconstructing the family in reconstruction Germany" *Femi-
nist Studies*, 15, 1.

MORGAN, R. (ed.) (1984) *Sisterhood is Global*, Harmondsworth, Penguin.

MORRIS, R. (ed.) (1988) *Testing the Limits of Social Welfare*, Hanover. (NH),
University Press of New England.

MOSS, P. (1987) *A Review of Childminding Research*, London, Thomas Coram Re-
search Unit.

MOSS, P. (1988) *Childcare and Equality of Opportunity*, London, The European
Commis-sion.

234   MOSS, P. (1989) "The costs of parenthood" *Critical Social Policy*, 24, Winter.

MOSS, P. (1990) "Childcare in the European Communities 1985 – 1990" *Women of Europe : Supplements*, 31, Brussels, Commission of the European Communities.

MOSS, P. (1991) "Day care for young children in the United Kingdom" in MEL-HUISH, E.

and MOSS, P. (eds.) *Day Care for Young Children*, London, Routledge.

MOYNIHAN, D. (1973) *The Politics of a Guaranteed Income*, New York, Random House.

MULLER, W. (1989) "Germany, West" in DIXON, J. and SCHEURELL, R. (eds.) *Social Welfare in Developed Market Countries*, London, Routledge.

MURRAY, C. (1984) *Losing Ground : American Social Policy 1950 – 1980*, New York, Basic Books.

MURSWIECK, A. (1985) "Health policy-making" in VON BEYME, K. (ed.) (1985) *Politics and Policy in the Federal Republic of Germany*, Aldershot, Gower.

MYRDAL, A. (1945) *Nation and Family : The Swedish Experiment in Democratic Family and Population Policy*, London, Kegan Paul.

MYRDAL, G. (1938) "Population problems and policies" *Annals of the American Academy of Political and Social Science*, 197, March.

MYRDAL, G. (1940) *Population and Democracy*, Cambridge. (MA), Harvard University Press.

NACAB. (1991) *Barriers to Benefit : Black Claimants and Social Security*, London, National Association of Citizens Advice Bureaux.

NASENIUS, J. and VEIT-WILSON, J. (1985) "Social policy in a cold climate : Sweden in the eighties" in BRENTON, M. and JONES, C. (eds.) *Yearbook of Social Policy in Britain 1984 – 5*, London, Routledge.

NATIONAL RAINBOW COALITION. (1988) "A national health program for the United States" *Critical Social Policy*, 22.

NAVARRO, V. (1975) *National and Regional Health Care Planning in Sweden*, US Department of Health, Education and Welfare Publication. (NIH) 74 – 240, Washington DC, Government Printing Office.

NAVARRO, V. (1989) "Why some countries have national health insurance, others have national health services, and the US has neither" *Social Science and Medicine*, 28, 9.

NCOPF. (1990) *Barriers to Work : A Study of Lone Parents' Training and Employment Needs*, London, National Council for One Parent Families.

NECKERMAN, K., APONTE, R. and WILSON, W. J. (1988) "Family structure, black unemployment and American social policy" in WEIR, M., ORLOFF, A. S. and SKOCPOL, T. (eds.) *The Politics of Social Policy in the United States*, Princeton. (NJ), Princeton University Press.

NEIDHARDT, F. (1978) "The Federal Republic of Germany" in KAMERMAN, S. and KAHN, A. (eds.) *Family Policy : Government and Families in 14 Countries*, New York, Columbia University Press.

NEW, C. and DAVID, M. (1985) *For the Children's Sake : Making Child Care More Than Women's Business*, Harmondsworth, Penguin.

NOLAN, B. (1989) "An evaluation of the new official low income statistics" *Fiscal Studies*, 10, 4.

NORRIS, P. (1987) *Politics and Sexual Equality*, Brighton, Wheatsheaf.

NOVAK, T. (1988) *Poverty and the State*, Milton Keynes, The Open University Press.

O'CONNOR, J. (1973·) *The Fiscal Crisis of the State*, New York, St Martin's Press. 235
OECD. (1985a) *The Integration of Women into the Economy*, Paris, Organization for
Economic Cooperation and Development.
OECD. (1985b) *Social Expenditure 1960 – 1990*, Paris, OECD.
OECD. (1987) *Financing and Delivering Health Care*, Paris, OECD.
OECD. (1989a) *Historical Statistics : 1960 – 1987*, Paris, OECD.
OECD. (1989b) *Sweden : OECD Economic Survey 1988/1989*, Paris, OECD.
OECD. (1990a) *Main Economic Indicators*, April 1990, Paris, OECD.
OECD. (1990b) *Quarterly Labour Force Statistics*, 1, Paris, OECD.
O'GRADY, F. and WAKEFIELD, H. (1989) *Women, Work and Maternity : The In-
side Story*, London, Maternity Alliance.
O'HIGGINS, M. (1985) "Inequality, redistribution and recession : the British experi-
ence, 1976 – 1982" *Journal of Social Policy*, 14, 3.
O'HIGGINS, M. , SCHMAUS, G. and STEPHENSON, G. (1990) "Income distribu-
tion and redistribution : a microdata analysis for seven countries" in SMEEDING,
T. , O'HIGGINS,
M. and RAINWATER, L. (eds.) *Poverty, Inequality and Income Distributian in Com-
parative Perspective*, Hemel Hempstead, Harvester Wheatsheaf.
OHRI, S. and FARUKI, S. (1988) "Racism, employment and unemployment" in
BHAT, A. , CARR-HILL, R. and OHRI, S. (eds.) *Britain's Black Population :
A New Perspective*, Aldershot, Gower.
OLOFSSON, G. (1988) "After the working-class movement : the new social move-
ments" *Acta Sociologica*, 31, 1.
OLSSON, S. (1986) "Sweden" in FLORA, P. (ed.) *Growth to Limits*, vol. 1,
Berlin, de Gruyter.
OLSSON, S. (1987) "Towards a transformation of the Swedish welfare state?" in
FRIED – MAN, R. , GILBERT, N. and SHERER, M. (eds.) *Modern Welfare
States*, Brighton, Wheatsheaf.
OLSSON, S. (1989) "Sweden" in DIXON, J. and SCHEURELL, R. (eds.) *Social
Welfare in Developed Market Countries*, London, Routledga.
OPCS. (1989) *Labour Force Survey 1987*, London, Office of Population Censuses and
Surveys, HMSO.
OWEN, S. and JOSHI, H. (1990) "Sex, equality and the state pension" *Fiscal
Studies*, 11, 1.
PAINTIN, D. (1984) "Late abortion – problems and possibilities" in *Abortion Services
in London*, London, Women's Reproductive Rights Campaign.
PARKER, J. and MIRRLEES, C. (1988) "Welfare" in HALSEY, A. H. (ed.)
British Social Trends since 1900, Basingstoke, Macmillan.
PASCALL, G. (1986) *Social Policy : A Feminist Analysis*, London, Tavistock.
PEARSON, M. (1986) "Racist notions of ethnicity and culture in health education" in
RODMELL, S. and WATT, A. (eds.) *The Politics of Health Education : Raising
the Issues*, London, Routledge.
PETCHESKY, R. (1984) *Abortion and Woman's Choice*, New York, Longman.
PETCHESKY, R. (1985) "Abortion in the 1980s : feminist morality and women's
health" in LEWIN, E. and OLESEN, V. (eds.) *Women, Health and Healing*,
London, Tavistock.
PETCHEY, R. (1989) "The NHS Review-the politics of destabilisation" *Critical Social
Policy*, 25, Summer.
PFLANZ, M. (1971) "German health insurance : the evolution and current problems of

the pioneer system" *International Journal of Health Services*, 1, 4.

PHA. (1988) *Beyond Acheson : An Agenda for the New Public Health*, Birmingham, Public Health Alliance.

PHILLIPS, D. (1991) "Day care for young children in the United States" in MELHUISH, E. and MOSS, P. (eds.) *Day Care for Young Children*, London, Routledge.

PINKNEY, A. (1984) *The Myth of Black Progress*, Cambridge, Cambridge University Press.

PIVEN, F. and CLOWARD, R. (1971) *Regulating the Poor*, New York, Vintage.

PIVEN, F. and CLOWARD, R. (1977) *Poor People's Movements*, New York, Vintage.

PLOTNICK, R. (1989) "How much poverty is reduced by state income transfers?" *Monthly Labor Review*, July.

PLOWDEN, B. (1967) *Children and their Primary Schools : A Report of the Central Advisory Council for Education*, London, HMSO.

PONTUSSON, J. (1984) "Behind and beyond Social Democracy in Sweden", *New Left Review*, 143.

PONTUSSON, J. (1987) "Radicalization and retreat in Swedish Social Democracy", *New Left Review*, 165.

POWER, M. (1988) "Women, the state and the family in the US" in RUBERY, J. (ed.) *Women and Recession*, London, Routledge.

RAFFEL, N. (1987) "The US health system-a brief description" in RAFFEL, M. and RAFFEL, N. (eds.) *Health Policy Formulation, Implementation and Impact*, Chichester, John Wiley.

RAPAPORT, R. and MOSS, P. (1989) *Exploring Ways of Integrating Men and Women as Equals at Work*, unpublished report to the Ford Foundation.

RÄTHZEL, N. (1991) "Germany : one race, one nation?" *Race and Class*, 32, 3.

REA, D. (1989) "Changing the patients' role" *Critical Social Policy*, 25, Summer.

RENNER, C. and NAVARRO, V. (1989) "Why is our population of uninsured and underinsured persons growing?" *International Journal of Health Services*, 19, 3.

REUBENS, B. (1989) "Unemployment insurance in the United States and Europe, 1973 – 83" *Monthly Labor Review*, April.

RILEY, D. (1981) "The Free Mothers : pronatalism and working mothers in industry at the end of the last war in Britain" *History Workshop Journal*, 11, Spring.

RIMLINGER, G. (1971) *Welfare Policy and Industrialization in Europe, America and Russia*, New York, John Wiley.

ROBINSON, R. (1990) *Competition and Health Care*, London, King's Fund Institute.

ROCHERON, Y. (1988) "The Asian Mother and Baby Campaign : the construction of ethnic minorities' health needs" *Critical Social Policy*, 22, Summer.

RODRIGUEZ-TRIAS, H. (1982) "Sterilization abuse" in HUBBARD, R., HENIFIN, M. and FRIED, B. (eds.) *Biological Woman-the Convenient Myth*, Cambridge. (MA), Schenkman.

ROSE, R. and SHIRATORI, R. (1986) *The Welfare State East and West*, New York, Oxford University Press.

ROSENBERG, P. and RUBAN, M. (1986) "Social security and health care systems" in LIGHT, D. and SCHULLER, P. (eds.) *Political Values and Health Care*, London : MIT Press.

RUBERY, J. (1988) "Women and recession : a comparative perspective" in RU-
BERY, J. (ed.) *Women and Recession*, London, Routledge.

RUBERY, J. and TARLING, R. (1988) "Women's employment in declining Brit-
ain" in RUBERY, J. (ed.) *Women and Recession*, London, Routledge.

RUGGIE, M. (1984) *The State and Working Women*, Princeton. (NJ), Princeton
University Press.

RUGGIE, M. (1988) "Gender, work and social progress" in JENSON, J., HA-
OEN, E. and REDDY, C. (eds.) *Feminization of the Labor Force*, Cambridge,
Polity Press.

RUGGLES, P. and O'HIGGINS, M. (1987) "Retrenchment and the New Right" in
REIN, M., RAINWATER, L. and ESPING-ANDERSEN, G. *Renewal and Stagna-
tion in Social Policy*, Armonk. (NY), M. E. Sharpe.

RUZEK, S. (1978) *The Women's Health Movement*, New York, Praeger.

SAFRAN, W. (1967) *Veto-Group Politics : the Case of Health Insurance Reform in West
Germany*, San Francisco, Chandler.

SALMON, W. J. (1985) "Profit and health care : trends in corporatization and propri-
etization" *International Journal of Health Services*, 15, 3.

SASSOON, A. (1987) *Women and the State*, London, Hutchinson.

SAVAGE, S. and ROBINS, L. (eds.) (1990) *Public Policy under Thatcher*, Bas-
ingstoke, Macmillan.

SAVAGE, W. (1986) *A Savage Enquiry : Who Controls Childbirth?*, London, Vira-
go.

SAVAGE, W. and FRANCOME, C. (1989) "Oynaecologists' attitudes to abortion"
The Lancet, December 2nd.

SAVAGE, W. and WIDGERY, D. (1989) "Working for patients?" *New Statesman
and Society*, February 10th.

SAWYER, M. (1976) *Income Distribution in OECD Countries*, Paris, Organization for
Economic Cooperation and Development.

SCHMIDT, M. (1978) "The politics of domestic reform in the Federal Republic of Ger-
many" *Politics and Society*, 8, 2.

SCHMIDT, M. (1989) "Learning from catastrophes : West Germany's public policy"
in CASTLES, F. (ed.) *The Comparative History of Public Policy*, Cambridge, Poli-
ty Press.

SCOTT, H. (1982) *Sweden's "Right to be Human"*, London, Allison and Busby.

SCRIVEN, J. (1984) "Women at work in Sweden" in DAVIDSON, M. and COOP-
ER, C. (eds.) *Women at Work*, Chichester, John Wiley.

SERNER, U. (1980) "Swedish health legislation" in HEIDENHEIMER, A. and EL-
VANDER, N. (eds.) *The Shaping of the Swedish Health System*, London, Croom
Helm.

SIEGRIST, J. (1989) "Steps towards explaining social differentials in morbidity : the
case of West Germany" in FOX, J. (ed.) *Healh Inequalities in European Coun-
tries*, Aldershot, Gower.

SIIM, B. (1987) "The Scandinavian welfare states-towards sexual equality or a new
kind of male domination?" *Acta Sociologica*, 30, 3/4.

SIIM, B. (1988) "Towards a feminist rethinking of the welfare state" in JONES, K.
B. and JÓNASDÓTYIR, A. G. (eds) *The Political Interest of Gender*, London,
Sage.

SIMMS, M. (1985) "Legal abortion in Britain" in HOMANS, H. (ed.) *The Sexual
Politics of Reproduction*, Aldershot, Gower.

238   SIVANANDAN, A. (1988) "Introduction" to WALRAFF, G, *Lowest of the Low*, London, Methuen.

SIVANANDAN, A. (1991) "Editorial" *Race and Class*, 32, 3.
SKOCPOL, T. (1987) "America's incomplete welfare state" in REIN, M. , RAINWATER, L. and ESPING-ANDERSEN, O. (eds.) *Stagnation and Renewal in Social Policy*, Armonk. (NY), M. E. Sharpe.
SMEEDING, T. , RAINWATER, L. , REIN, M. , HAUSER, R. and SCHÄBER, G. (1990) "Income poverty in seven countries : initial estimates from the LIS database" in SMEEDING, T. , O'HIGGINS, M. and RAINWATER, L. (eds.) *Poverty, Inequality and Income Dixtribution in Comparative Perspective*, Hemel Hempstead, Harvester Wheatsheaf.
SOLOMOS, J. (1987) "The politics of anti-discrimination legislation : planned social reform or symbolic politics?" in JENKINS, R. and SOLOMOS, J. (eds.) *Racism and Equal Opportun-ities Policies in the 1980s*, Cambridge, Cambridge University Press.
SOLOMOS, J. (1989) *Race and Racism in Contemporary Britain*, Basingstoke, Macmillan.
SONTHEIMER, K. (1972) *The Government and Politics of West Germany*, London, Hutchinson.
SPRING RICE, M. (1939) *Working Class Wives : Their Health and Condition*, Harmonds-worth, Penguin.
STACK, C. (1974) *All Our Kin : Strategies for Survival in a Black Community*, New York, Harper and Row.
STAPLES, C. (1989) "The politics of employment-based insurance in the United States" *International Journal of Health Services*, 19, 3.
STARK, T. (1988) *A New A-Z of Income and Wealth*, London, Fabian Society.
STARR, P. (1982) *The Social Transformation of American Medicine*, New York, Basic Books.
STARR, P. and IMMERGUT, E. (1987) "Health care and the boundaries of politics" in MAIER, C. (ed.) *Changing Boundaries of the Political*, Cambridge, Cambridge University Press.
STATISTISCHES JAHRBUCH. (1989) *Statistisches Jahrbuch 1989 für die Bundesrepublik Deutschland*, Stuttgart, Metzler-Pooschel.
STEELE, J. (1988) "The high price of a country's health" *The Guardian*, January 25th.
STEPHENS, J. (1979) *The Transition from Capitalism to Socialism*, London, Macmillan.
STONE, D. (1980) *The Limits of Professional Power*, Chicago, University of Chicago Press.
SUNDOVIST, K. (1987) "Swedish family policy and the attempt to change paternal roles" in LEWIS, C. and O'BRIEN, M. (eds.) *Reassessing Fatherhood*, London, Sage.
SWEDISH INSTITUTE. (1988) "General facts on Sweden" *Fact Sheets on Sweden*, Stock-holm, Swedish Institute.
TAYLOR, D. (1989) "Citizenship and social power" *Critical Social Policy*, 26, Autumn.
TAYLOR-GOOBY, P. (1985) *Public Opinion, Ideology and State Welfare*, London, Routledge.
TCRU. (1990) *Under Fives Services : Provision and Usage*, London, Thomas Coram

Research Unit.

THERBORN, G. (1989) " 'Pillarization' and 'popular movements' " in CAS-TLES, F. (ed.) *The Comparative History of Public Policy*, Cambridge, Polity Press.

THERBORN, G. and ROEBROEK, J. (1986) "The irreversible welfare state" *International Journal of Health Services*, 16, 3.

TINGSTEN, H. (1973) *The Swedish Social Democrats : Their Ideological Development*, Totowa. (NJ), Bedminster Press.

TITMUSS, R. (1958) *Essays on "the Welfare State"* , London, Unwin.

TITMUSS, R. (1974) *Social Policy*, London, Allen and Unwin.

TOWNSEND, P. (1979) *Poverty in the United Kingdom*, Harmondsworth, Penguin.

TOWNSEND, P. , DAVIDSON, N. and WHITEHEAD, M. (1988) *Inequalities in Health*, Harmondsworth, Penguin.

US BUREAU OF THE CENSUS. (1979) *The Social and Economic Status of the Black Population in the US : An Historical View 1790 – 1978*, Washington DC, US Department of Commerce.

US BUREAU OF THE CENSUS. (1987) *Statistical Abstract of the United States 1987*, Washington DC, US Department of Commerce.

VALENTINE, C. (1968) *Culture and Poverty*, Chicago, University of Chicago Press.

VALKONEN, T. (1989) "Adult mortality and level of education : a comparison of six countries" in FOX, J. (ed.) *Health Inequalities in European Countries*, Aldershot, Gower.

VOGEL, J. (1987) "The victims of unemployment : labour market policy and the burden of unemployment" in FERGE, Z. and MILLER, S. (eds.) *The Dynamics of Deprivation*, Aldershot, Gower Press.

VOGELHEIM, E. (1988) "Women in a changing workplace : the case of the Federal Republic of Germany" in JENSON, J. , HAGEN, E. and REDDY, C. (eds.) *Feminization of the Labor Force*, Cambridge, Polity Press.

WALKER, A. (1987) "The poor relation : poverty among old women" in GLENDIN-NING, C. and MILLAR, J. (eds.) *Women and Poverty in Britain*, Brighton, Wheatsheaf.

WALKER, M. (1990) "The thin white – collar line" *The Guardian*, April 21st.

WALKER, M. (1991) "Sentencing system blights land of free" *The Guardian*, June 19th.

WALKER, R. , HARDMAN, G. and HUTTON, S. (1989) "The occupational pension trap" *Journal of Social Policy*, 18, 4.

WALLRAFF, G. (1988) *Lowest of the Low*, London, Methuen.

WEBBER, F. (1991) "From ethnocentrism to Euro – racism" *Race and Class*, 32, 3.

WEINSTEIN, J. (1968) *The Corporate Ideal in the Liberal State*, Boston. (MA), Beacon Press.

WEIR, M. , ORLOFF, A. S. and SKOCPOL, T. (1988) *The Politics of Social Policy in the United States*, Princeton. (NJ), Princeton University Press.

WHITEBOOK, M. , HOWES, C. and PHILLIPS, D. (1989) *Who Cares? – Child Care Workers and the Quality of Care in America*, Oakland. (CA), Child Care Employee Project.

WHITTLE, C. (1977) *Social Assistance in the Federal Republic of Germany*, mimeo, background paper for the Review of Supplementary Benefit, London, DHSS.

WIDGREN, J. (1982) "The status of immigrant workers in Sweden" in THOMAS,

240   E. -J. (ed.) *Immigrant Workers in Europe* : *Their Legal Status*, Paris, The Unesco Press.

WILENSKY, H. (1975) *The Welfare State and Equality*, Berkeley, University of California Press.

WILENSKY, H. , LUEBRERT, G. , HAHN, S. and JAMIESON, A. (1985) *Comparative Social Policy* : *Theories*, *Methods*, *Findings*, Berkeley, University of California Institute of International Studies, Research Series 62.

WILLIAMS, F. (1989) *Social Policy* : *A Critical Introduction*, *Cambridge*, Polity Press.

WILSON, D. (1979) *The Wefface State in Sweden*, London, Heinemann.

WILSON, D. (1987) " The welfare state in America " in FORD, R. and CHAKRABARTl, M. (eds.) *Welfare Abroad* : *An Introduction to Welfare Provision in Seven Countries*, Edinburgh, Scottish Academic Press.

WILSON, W. J. (1978) *The Declining Significance of Race*, Chicago, University of Chicago Press.

WILSON, W. J. (1987) *The Truly Disadvantaged*, Chicago, University of Chicago Press.

WOODALL, P. (1990) "Survey-the Swedish economy" *The Economist*, March 3rd.

WOOLHANDLER, S. , HIMMELSTEIN, D. , SILBER, R. , BADER, M. , HARNLY, M. and JONES, A. (1985) "Medical care and mortality : racial differences in preventable deaths" *International Journal of Health Services*, 15 , 1.

WRENCH, J. (1987) "The unfinished bridge : YTS and black youth" in TROYNA, B. (ed.) *Racial Inequality in Education*, London, Tavistock.

WRRC. (no date) *Sterilisation*, mimeo, London, Women ' s Reproductive Rights Campaign. YOUNG, H. (1988) "Stark dreams of the American way" *The Guardian*, March 16th.

ZAPF, W. (1986) "Development, structure and prospects of the German social slate" in ROSE, R. and SHIRATORI, R. (eds.) *The Welfare State East and West*, New York, Oxford University Press.

索　引 *

Abortion，堕胎　7，25，27，181

Adams，C.，亚当斯　9，26，57，127

AFDC，以有小孩需要抚养的家庭为
　目标的福利计划　107 – 109

AIDS，艾滋病　25，133，186

Alber，J.，阿尔伯　20，69，71，74

anti-racism/anti-racist analysis，反种族
　主义分析　14，17，83，95，189

anti-racist movements，反种族主义运
　动　5，8

Bevan，Aneurin，安奈林·贝文
　61，179，180

Beveridge，W.，贝弗里奇　6，8，
　10，13，32，139，141 – 143，
　144，150，158，166

birth control，生育控制　6

Bismarck，O. von，俾斯麦　8，10，
　13，15，72，89，92

Bodenheimer，T.，博登海默　131，134

Brown，E.，布朗　133 – 134

Butskellism，巴茨凯尔主义　141，158

Byrne，D.，伯恩　176 – 177

Castles，F.，卡斯尔斯　20，24

Castles，S.，19，46，81 – 82，83

Catholicism/Roman Catholic Church，
　天主教　22，27，87，95

CDU，基督教民主联盟　67，69，
　72，76，84，86，91

child benefit（s），儿童津贴　50，
　80，85，117，158，166 – 167

childminding，日托　55 – 56，88，
　124，125，173，174，175

Citizenship，公民权　11，47，81 –
　82，141，144，150，161 – 165

Civil Rights Act 1964（USA），年民权
　法案　115 – 116

Clarke，S.，克拉克　12，13

Class/class differences，阶级分化
　3，20，194

Cloward，R.，克洛　8，16，108，
　109，152 – 153

CRE，英国种族平等委员会　47，
　164，186

Compulsory competitive tending（Brit-
　ain），强制性招标竞争　181 – 182，

缩写列表

AFDC 以有小孩需要抚养的家庭为目标的福利计划（美国）

ALRA 堕胎法改革协会

AMA 美国医学会

AMBC 亚裔母婴运动

AMI 美国医学国际

AMS 瑞典劳工局

ATP 收入关联养老金

BMA 英国医学会

CCT 制性招标竞争

CDU 基督教民主联盟（联邦德国）

CRE 英国种族平等委员会

CSU 基督教社会联盟（联邦德国）

DGB 德国工会联盟

DGH 地区普通医院

DHA 地方卫生管理部门

DHSS 英国卫生与社会保障部

DSS 社会保障部

EC 欧洲委员会

ERA 平等权利修正案

ERS 收入相关补助

ET 就业培训

FES 家庭支出调查机构

FDP 自由民主党（联邦德国）

FRG 联邦德国

GDP 国内生产总值

GDR　民主德国

GNP　国民生产总值

GP　全科医生

HMO　健康维护组织（美国）

KV　疾病保险基金（联邦德国）

LIS　卢森堡收入研究所

LO　瑞典工会联盟

MSC　人力服务委员会

MHI　国家医疗保险（美国）

NHS　英国国民卫生服务

OASDHI　老年、孤寡、残疾和健康保险（美国）

OBRA　1981年统括预算调整法（美国）

OECD　经济合作与发展组织

RAWP　资源配置工作组

SA　社会救助

SACO　瑞典白领工会联盟

SAP　瑞典社会民主党

SB　社会津贴（瑞典）；补充福利（英国）

SERPS　收入相关国家养老金计划

SMA　瑞典医学会

SMP　法定产假工资

SI　疾病保险

SPD　社会民主党（联邦德国）

SSI　补充保障金（美国）

TEC　培训和企业委员会

UIB　失业保险救济

YTS　年轻人培训计划

图书在版编目（CIP）数据

福利分化：比较社会政策批判导论/（英）金斯伯格著；
姚俊，张丽译.—杭州：浙江大学出版社，2010.6

书名原文：Divisions of Welfare：A Critical Introduction
to Comparative Social Policy

ISBN 978-7-308-07666-1

Ⅰ.①福… Ⅱ.①金…②姚…③张… Ⅲ.①社会福利-社会
政策-对比研究-瑞典、德国、英国、美国 Ⅳ.①D57

中国版本图书馆 CIP 数据核字（2010）第 106930 号

福利分化：比较社会政策批判导论

[英] 诺尔曼·金斯伯格　著　姚俊　张丽　译

策　划	曾建林
责任编辑	赵　琼
文字编辑	张　黎
装帧设计	王小阳
出版发行	浙江大学出版社
	（杭州天目山路 148 号　邮政编码 310007）
	（网址：http://www.zjupress.com）
排　版	北京京鲁创业科贸有限公司
印　刷	杭州杭新印务有限公司
开　本	640mm×960mm　1/16
印　张	16
字　数	237 千
版印次	2010 年 10 月第 1 版　2010 年 10 月第 1 次印刷
书　号	ISBN 978-7-308-07666-1
定　价	38.00 元